浙江省教师教育基地(宁波大学)资助出版

本书是浙江省哲学社会科学基金项目"多元文化背景下的'中国教育学'研究"（课题编号：NQ05JY02）的研究成果

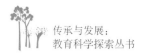

传承与发展：
教育科学探索丛书

生成中的中国教育学研究

吴黛舒　著

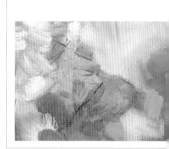

中国社会科学出版社

图书在版编目(CIP)数据

生成中的中国教育学研究／吴黛舒著 . —北京：中国社会科学出版社，
2012. 11

(传承与发展：教育科学探索丛书)

ISBN 978 - 7 - 5161 - 1291 - 5

Ⅰ.①生… Ⅱ.①吴… Ⅲ.①教育学—研究—中国 Ⅳ.①G40

中国版本图书馆 CIP 数据核字 (2012) 第 199654 号

出 版 人	赵剑英	
责任编辑	李庆红	
责任校对	周 昊	
责任印制	李 建	

出　　　版	中国社会科学出版社	
社　　　址	北京鼓楼西大街甲 158 号 (邮编 100720)	
网　　　址	http://www.csspw.cn	
	中文域名:中国社科网　　010 - 64070619	
发 行 部	010 - 84083685	
门 市 部	010 - 84029450	
经　　　销	新华书店及其他书店	

印　　　刷	北京君升印刷有限公司	
装　　　订	廊坊市广阳区广增装订厂	
版　　　次	2012 年 11 月第 1 版	
印　　　次	2012 年 11 月第 1 次印刷	

开　　　本	710 × 1000　1/16	
印　　　张	17. 75	
插　　　页	2	
字　　　数	295 千字	
定　　　价	49. 00 元	

《传承与发展：教育科学探索丛书》
编 委 会

主　编　刘剑虹

副主编　孙玉丽　邵光华

编　委　乐传永　刘世清　陶志琼　吴黛舒

　　　　冯铁山　徐建平　熊和平　郑东辉

　　　　张光陆　王　浩

总　序

　　教育是什么，它能做什么，又该怎样做？对这些教育最本质的问题，人们试图从不同的视角给出确切的答案，但这些答案如同回答"人是什么"一样扑朔迷离，因为教育研究的对象是活生生的人；而对人的研究，正如爱尔维修所言，人是摆在不同人们眼前的一个模特儿，每一个教育家或教育工作者都可以从不同的立场和视角考察人有关教育的某些方面，谁也不能确定是否确证了教育的全部本质与全部内涵。人是自然存在物与社会存在物的统一，无论是作为自然存在物，还是作为社会存在物，人都是一个未完成的存在。这就意味着人具有与生俱来的生成性本质。而教育的终极关怀与根本宗旨就在于：确立人在教育中的崇高地位，让教育融人人的生命与心灵发育成长的过程，让人行走在自我成长的路上，进而发展为富有个性的理想自我。人的未完成存在与教育价值追求的定在，决定培养人的教育只能是创造性的，决定教育学学科理论、知识不是先在的、现成的、制作的，只能是在教育理论和实践的探索中萌发、发展、建构的。

　　海德格尔认为，我们每个人都走在路上，而且是走在林中布满荆棘的路上。教育的世界里也有许多路，有通衢大道，有羊肠小道；有在场之路，也有不在场之路。教育与教育研究的魅力恰恰在于此：每条路各行其是，无论你选择什么样的道路，采取什么样的态度，信奉什么样的信念，教育只有走在崎岖的探索路上，徜徉于教育的山水之间，沉湎于教育的画卷之中，你才可以领略教育的殊异风景，领悟隐匿于丰富多彩之中的教育真谛；才有可能把准教育内在因素与外在因素的辩证关系，把握教育教学工作规律的脉搏；才会发展人的自然禀赋与潜藏的善性，促使受教育对象行走在自我成长与发展的路上。

　　"田庐弥望，海桑苍苍。"三江汇流的宁波，背依赤堇山，面朝大海。独特的地理环境孕育独特的人文精神：在行走中实践，在实践中进取。追溯前人的脚步：七千年前的河姆渡祖先刀耕火种，开创了中华民族新石器时期农耕文明的先河；八百年前的唐代祖先涉江过海，开凿了沟通"黄土文明"与"海洋经济"对接的通道；百年来的中国近代、现代灿如星河的"宁波帮"儒商更是以家乡、中国、世界为起航的港口，创造了一个又一个叱咤风云的商海奇迹。历世缅邈，宁波地域文化尽管不断注入时代的源流活水，其精神也逐渐演变为爱家兴邦的互助精神、张扬个性的开拓精神、锲而不舍的务实精神、信誉至上的诚信精神和兼容并蓄的开放精神，宁波人勇于探索的生命底色永远不变。

宁大人承继这种生命的底色，秉承"实事求是，经世致用"的校训，发扬"兼容并包、自强不息、务实创新、与时偕行"的宁大精神，在众多海内外"宁波帮"和"帮宁波"人士的大量帮助和广泛支持下，不断探索既适应学生长远发展需要，又满足地方发展需求的人才培养模式，使宁波大学成为一所具有鲜明特色的综合性的教学、研究并重的地方大学。作为一所地方综合性大学，历史的传统与现实的需要决定其教育学的发展必须以宁波区域教育为探索的出发点与立足点，其教育学人首先必须成为宁波区域教育田园栖居者。坚持高校为地方社会、经济、文化服务，是宁波大学的办学宗旨，同样也是宁波大学教育学学科建设的重要使命。而实现这个崇高的使命的重要途径就是行走与实践。近十年来，宁波大学教育学科一大批教授、博士紧跟前人的步伐，深入学校、深入中小学课堂，或兼职中小学副校长，或与中小学教师互换角色，不仅在宁波区域教育田园行走，而且勇于从实践中探索教育新理念、实践教育新途径和新方法，努力做到服务地方与学术研究的统一，取得了比较丰硕的教育教学和科学研究成果。为了不断推出富有原创性、继创性、可操作性的教育理论与实践成果，不断深化区域教育研究的力度、广度、深度，经过相关教育学人的认真组织、评审，决定推出"传承与发展：教育科学探索丛书"系列学术专著。这些著述都是宁波大学教育学人多年行走与实践的心血之作。他们或纵观几代天骄的教育历史，挖掘深埋其中的教育意义；或横跨一方厚土的教育田野，实践蕴育表里的教育真谛。

科学研究与学术创新的历史性特征，常常是在我们回顾探索者行走过的道路所产生的生命感动与灵魂震颤中感受到的。这些学者的学术研究起始于教育现实中的问题，承继了宁波教育先贤"行走与实践"的治学品质。行走，能够从多种因素、多个侧面、多个视角审视师与生、教与学等区域教育系统中多种矛盾对立的内容；实践，能够增长学术生命的活力与学术研究的效度与信度。风帆正举，在向"两个文明"建设进军的伟大变革中，在迎接海洋经济发展的历史机遇与挑战中，期待我们的学校，我们的老师，尤其是宁波大学教育学人，责无旁贷地肩负起历史的、时代的、职业的神圣使命，在区域教育中行走并实践，发出有特色、有影响的教育声音。是为序。

聂秋华

序

《生成中的中国教育学研究》是吴黛舒教授的新作，但却是作者积三年博士、两年博士后所形成的潜心研究之功，经六年高等学校教育学研究与教学之练而完成的"薄发"之作。只因她曾是我的学生，直至今日我们的研究旨趣依然相投，且共同为生成中的"中国教育学"而努力，故只能"义不容辞"地担当起作"序"之事，尽管我是不"好"也非"善"作序者。

一读书名即可知，这不是一个小而易写的题目。近代以来，中国一代代的教育学者都不能回避这个难答的"中国教育学"问题。今天，轮到吴黛舒这样的 70 后出生，21 世纪初成长起来的教育学新人来回答了。我在感慨这一难题在中国生命力的顽强之同时，也为作者有此碰硬的学术勇气而欣喜。

其实，作大题、难题，可虚作、浅作，也可实作、深作。吴黛舒选择了后者，这也是她写来并不轻松的原因。从全书的运思和结构来看，她是用了大力气的。全书从实存问题的性质和分析入手，明晰了研究的重点所在，继而在学科史和学术史的视野中阐发了学科危机与学科发展的关系，再进入到中国教育学的危机与发展问题的具体剖析，从而得出了当今中国教育发展需完成一系列的立场转换、研究范式转型的结论。言之理据，至此已属明白，本可终篇。但作者却把全书的终点推到另一个层面，对作者本人参与其内、参悟其中和创生其体的"生命·实践教育学"的生成态进行案例式解读。这一笔的添加和作为全书最终的落脚之处，实有可能成为添足之多，甚至招来非议。但作者选择了直面，选择了言说。在我看来，这是她想用自己的研究亲历，来说明"中国教育学"的生成之路就在脚下，同时表达她对中国教育学创生之必要与可能的真诚信念。

　　我毫不掩饰对吴黛舒作为一名教育学者，为中国教育学的当代发展而责任担当、真诚投入的欣赏。无疑，在她的学术生涯中还有很长的路要走，但我相信：有如此情怀和研究能力的人，不会漂浮、不会喧哗、不会摇摆，也不肯轻易止步。我更相信：中国教育学的明天，寄托于这样一批新一代教育学人的成长。

　　"难题"说到底由人而作，"难题"之解也只有靠肯担当和有作为的人持续努力方成。

　　愿作者这一次的解题，能引出更多的解题人。

叶　澜

2012 年 5 月 8 日

目　录

导　论

——中国教育学问题

"中国教育学"不是一种在现实中乌有而仅存于未来的诗意想象，也不是一种要经历长路漫漫的学术修炼而骤然在柳暗花明处被发现的桃花源式的先在的学术理想。对于我们来说，它不以"发现"的方式被"找到"，也很难以"凝视"的方式来注目；它就在我们中，在我们的思考中和行动中，它就是我们关于教育的思考和行动。

这是对中国教育学研究的一个前提假设，同时又是对中国教育学发展状况的一个事实判断。

"生成中的"：意味着中国教育学有生成、仍然在生成，它既是一种存在着的"实体"，又是指一种成长发育的过程；因此我们不仅需要研究它既有的生成性（现实形态），而且还要探讨它可能的、应然的生成性（未来的理想形态），同时还要尝试揭示它从现实形态向未来形态转化的过程。

"中国教育学"：意味着研究的对象是教育学"在中国"的发展现象和问题，无论从来源上看，它是源于哪个国家的，抑或是借鉴哪个学科的；当然，最重要的是去研究和认识在模仿、借鉴过程中有关教育和教育学思想的一种真实自主的"在中国"的存在和生成。

"生成中的中国教育学"：意味着要了解中国教育学的生成环境、"营养"来源和成分、生成形态等。

所以，本文没有凭空建构"中国教育学"庞大体系的宏旨和雄心，只是尝试在当前中国学术转型的大背景下，去认识那些为中国教育学转型所付出的既有努力、所获得的既有积淀：认识其所"是"，并思考其"所以是"，当然，也不可避免地会产生一些其"应该是"的油然想象。

百年岁月，对一个人的自然生命来说，是一个很难超越的界限；但一个世纪的风雨之后，中国的教育学依然"年轻"。"年轻"意味着希望、生命力和广阔的发展前景，但也意味着稚嫩、不成熟，意味着需要新的磨砺和锻造。

在百年与百年的交接之际，整个人文社会学科，都在忙着对自己进行一次世纪的清理盘点，也一并策划着一次新世纪的"开门大吉"。

中国的教育学研究，没有理由不加入到这个清理和策划的行动中。

一 "中外"关系问题
——影响中国教育学发展的一个世纪问题①

近代社会的中国教育和中国教育学的产生发展过程其实是在内忧外患形势下发生的一个"无中生有"的过程，在一定意义上，是一个把中国的传统教育和传统教育思想暂时"搁置"在一边，"另起炉灶"的一种新型教育②、一种新型教育思想的出现和变化过程。同时，对教育思想的表达方式也是崭新的，即第一次出现了制度化的"学科"形式，出现了学科"体系"和"规范"。这是中国教育和"教育思想"的第一次"转型"，即由中国的传统型，切换成以西方为样板的"近代型"。

中国"学科"形态的教育学一开始就是"移植"的，它不是土生土长的自然产物。当然，因为有了移植而来的"教育学"这个靶子，"反移植"论作为对立面几乎同时共生共在，只不过相比来势汹涌、历时久长的浩大借鉴和移植风潮而言，在实践和理论两个层面，其力量显得相对微小和薄弱，而且还更多是停留在暗哑的"呼吁"中。具有原创性的探索

---

① 本书中，教育学不是只代表一门学科，而是代表拥有几十门分支学科的庞大学科群，它是教育学学科群的总称。教育科学则是教育学学科群的泛称。如果单指高等师范教育中一门教学学科的"教育学"，文中会特别指明。

叶澜教授在报告《关于中国教育学发展的世纪问题的审视》中提出，一个多世纪以来，贯穿始终的影响中国教育学发展的世纪问题主要有三个：政治意识形态与学科发展的关系问题是头号问题；其次是"中外"问题，再次是学科性质问题。把这三个问题进行一次"聚焦"，就是"教育学的独立性的学术品格和力量的问题"。"聚焦教育研究——基础教育改革与发展新视野论坛第二次全国会议"，华东师范大学，2003 年 11 月 21—23 日。

② 这从以下教育事件中就可以反映出来：1898 年成立京师大学堂，这是我国创办的第一所具有现代教育形式和教学内容的大学；1905 年清朝废除科举制度。科举制是中国一千多年来社会为维护单一的教育文化取向最有力的措施和保障，对科举制的废除意味着对中国传统文化取向的废弃，也意味着对一种异文化的取向和认同。

和生成不是没有①，但是，被已占据统领地位的西方型教育、西方型教育理论和教育学研究、西方型学科标准"过滤"掉了，没有获得进入中国教育学研究主流的机会和力量。

中国的传统教育和传统教育思想以及一个世纪以来的原创性的教育探索没有进入到中国教育学研究的主流，不等于和近代型教育学同时诞生的"中外"关系问题不影响中国教育学的发展。事实上，"中外"关系问题至今已经是一个伴随着中国文化的发展而发展、并随着更深入的文化交流而复杂化的、缠绕了中国教育学研究一百多年的老问题了。不过，尽管是同一个问题，在不同的文化背景下，在不同的历史阶段，这一问题的表现形态、对这一问题的提问方式和解答方式又有很大的差异。为了更好地认识中国教育学发展中的"中外"关系问题，有必要首先认识中国不同历史时期的文化发展状况和文化发展问题。

二　中国教育学问题形成的文化背景②

（一）世界文化发展的多端性和多元性

文化的多端性是客观存在的，人类文化初创时期就呈现出多端性的文化发展状态。从世界历史的宏观视角来看，在人类文明的初期，有希腊、罗马文化，以希伯来圣经为核心的犹太文化，印度文化，中国文化，它们分别演化出后来的西方文明、基督教和伊斯兰教文化、佛教文化和儒教文化。③ 从中

---

① 如张子和、石联星、钱亦石等，都或多或少地有了从中国社会的实际出发，创建中国教育学的思想萌芽。张子和的教育学思想表现在对外来教育学进行适合中国实际的改造意图上，石联星反对对外来教育学的表面模仿，钱亦石则认为中国的教育学应建立在"反帝反封"两大社会基石上。陶行知、梁漱溟等的教育实验和在此基础上形成的教育思想，也是非常"本土"的。详细资料见郑金洲、瞿葆奎《中国教育学百年》，教育科学出版社 2002 年版；孙培青主编《中国教育史》，华东师范大学出版社 2000 年版，等。

② 对于文化背景的考察，主要思路和观点都借助了文化学、史学等其他领域的研究成果和观点。由于一些认识已经在不同研究领域中具有了普遍性和共识性，故具体出处与来源不易考察，暂时未加注明。

③ 汤因比考察了人类历史上曾经存在的"二十三"个文明社会，其中，仍然作为主要力量在现在"活着"的有：西方基督教社会；东南欧和俄罗斯的东正教社会；从大西洋到中国长城以外，横跨北非和中东，而以沙漠地带为中心的伊斯兰教社会；在印度热带次大陆上的印度社会；在沙漠地区和太平洋之间的亚热带和温带地区的远东社会。参见［英］汤因比《历史研究》（上），曹未风等译，上海人民教育出版社 1997 年版，第 10 页。斯宾格勒详细举认了八个文化。参见［德］斯宾格勒《西方的没落》，齐世容等译，商务印书馆 2001 年版，第 34 页。亨廷顿认为，当代冲突的文明主要是：中华文明、日本文明、印度文明、伊斯兰文明、西方文明、拉丁美洲文明。参见［美］亨廷顿《文明的冲突与世界秩序的重建》，周琪等译，新华出版社 1999 年版，第 29—30 页。

国文化发展历史的角度看，中国先秦时期形成了秦陇文化、三晋文化、齐鲁文化、巴蜀文化、荆楚文化、吴越文化等。

文化发展的多元性不同于文化的多端性，多元性必须同时具备三个条件：不同文化在同一时间和同一空间遭遇；不同文化之间相互作用和影响；不同文化都发生变化，文化的"纯粹性"不复存在。所以"多元性"描述的是不同文化遭遇后相互之间作用和影响的一种过程性的状态，而不是相对静止的"点"状分布的多端性的状态。

多端性和多元性相当于雅斯贝尔斯对人类文明的两个"轴心期"的描述。他说："人类历史如同进行了两次大呼吸：第一次从普罗米修斯时代开始，经过古代文明通往轴心期；第二次与新的普罗米修斯时代即科技时代一起开始，它将通过与古代文明类似的规划、组织建设，或许会进入第二个轴心期。……这两次呼吸的本质区别是：第二次是人类整体进行的，而第一次却像分裂为几次相似的呼吸，是地方性的，没有一个地方对整体具有决定性的作用。"[1]

多端性是第一个轴心期文化发展的基本状态；第二个轴心期文化发展的特征是多元性，并呈现以下发展趋势[2]：

文化一体化的趋向出现，并在一定条件下被不断强化。

人类文明的初创期，各种文明从不同地域和民族发生，并从一开始就显示出不同的差异和个性，如中国文化把伦理置于首位（家庭伦理和政治伦理），而希腊人充分地发展了理性、科学、逻辑的精神与方法，希伯来文化以唯一神论的信仰和宗教为特色。各个文明之间呈点状布局，基本上没有交流通道（也许有一些零星和断续的交流）。这一时期，是赫尔德的经典文化定义——系统的、有边界的、民族的文化概念所描绘的景象，也是雅斯贝尔斯所指的"地方性"呼吸时期。第二个轴心期，在第一个轴心期形成的各种个性文化基础上，借助科技时代创造的经济技术条件，走向了全球化进程。由于文化的接触和沟通，原初的文化个性和界限逐渐

---

① ［德］雅斯贝尔斯：《历史的起源与目标》，魏楚雄等译，华夏出版社 1989 年版，第 33—34 页。

② 世界文化发展趋势部分主要参考文献——李文堂：《全球化语境中的文化身份与文化冲突》，载杨适主编《原创文化与当代教育》，社会科学文献出版社 2003 年版；［英］齐格蒙特·鲍曼：《全球化——人类的后果》，郭国良·徐建华译，商务印书馆 2001 年版；［美］罗兰·罗伯特：《全球化——社会理论与全球文化》，梁光严译，上海人民出版社 2000 年版；赵林：《告别洪荒——人类文明的演进》，东方出版社 1998 年版，等。

模糊，文化发展的"多维"特征表面看来呈现出"一维"化或世界"一体化"的趋势，各种族、各地区、各国家之间相互闭塞的历史，发展成有联系以至于密切联系为一体的"共同发展史"；文化自我的兴衰史不复存在，每一个体文化的变动都会引起整体或其他部分的震荡；文化发展之间的祥和和独立景象让位于彼此间的相互冲突和浸染。赫尔德的经典文化定义也不再适合描述这种"共同呼吸"的、混合的、无边界的、普世的、个体的，而且在一定意义上是同质的、平面的、非中心的全景式的文化景观。

近代以后，就全球范围而言，"现代化"和"全球化"是表征文化一体化发展的两个典型术语：

现代化是以时间性作为标尺理解文化发展和进化的一种方式。在西方历史目的论的启蒙理性中，历史被设想是有着一种内在的一贯性与发展历程的，至少近代历史是沿着一个明确的"现代化"的方向在运动；现代性被认为是人类文化的目标和终结，而以现代性建构为目标的现代化，则是实现普世文化认同的必要过程。由于现代化首先是内生于欧美等西方国家，在时间的一维坐标中，后发国家的现代化也就是"西方化"，大多数民族国家是在以"现代化"或进步性的"合理化"为标准进行操作。摩尔根的 savagery（野蛮的）—barbarism（半开化的）—civilization（文明的）的文明次序的演进、希腊人的文明与野蛮之分、基督教的异教观和现代文化的理性主义模式，都从时间的一维性中获得某种文化的自我理解和优越意识。在韦伯、马克思、帕森斯的理论话语里，现代化被描述为传统的解构和重塑的过程。20 世纪下半叶，福山从文化的角度去解读战后的国际政治格局，坚持历史目的论和启蒙理性的立场，相信西方自由民主制度在全球范围内凯旋，因此历史在这里终结，也还是从时间的一维角度对世界文化发展命运的一种预测。

在西方目的论的启蒙理性那里，现代化是文化的时间凝聚，全球化则是文化在空间上的扩展。全球化一般被描述为各地域、各民族、各文明共同加入的现代化的历史进程。全球化与现代化一样"是不可逃脱的命运，是无法逆转的过程"①。但启蒙主义的历史目的论和普遍历史理念确信的

---

① ［英］齐格蒙特·鲍曼：《全球化——人类的后果》，郭国良、徐建华译，商务印书馆2001 年版，第 1 页。

却是文化的殊途同归，是把全球化看成现代性扩张的自然结果。在全球化的语境中，同一的世界市场、模式化的民族—国家与同质化的大众文化构成一幅普世文化的格局和图景。自由资本和移民的全球流动，跨国公司的崛起，大规模的通信基础设施的建立，使人的生活建立在传媒、通信和各种交通工具上，直接导致了现代人的生活方式和文化认同上的变化。工业化、都市化带来的建筑风格、交通工具、生存方式、人际模式、审美取向等的趋同，使人身处异乡产生"疑似故乡"的亲近感和熟悉感，而回归故乡又产生"疑似他乡"的距离感和陌生感。文化身份的时空特征，使传统文化表现出时代性和民族性，但在现代化与全球化的理论话语和实际背景下，却成为文化身份的一种隐性特征，进而退隐为现代性与全球性的"底色"或背景。

但是，在文化一体化的过程中，同时存在的另一面却是文化差异性的强化以及由此带来的文化之间的冲突。全球化并不意味着世界文化大同，尽管它被描述为不同地区、民族加入同一的现代化的历史进程，但是在非西方社会的解释中，全球化更容易被理解成西化甚至是美国化。"全球化既联合，又分化"①。由于文化身份和文化认同的复杂性、多层次性，在一定情况下文化认同的危机和冲突不可避免。文化的现代性也不意味着文化的空间特性会泯灭，尽管可能在现代性面前被遮掩。由于性别、血统、种族、历史、地理、语言、宗教、民族、国家等因素带来的文化差别仍然存在，即使文化认同基于的三个最基本和稳定的因素：血统、土地和语言，也能在现代性和全球化的这两个理论话语和现代性在全球的扩张中，成为造就全球文化多维度紧张关系的基础，成为加剧文化传统复兴并导致文化冲突的始作俑者。在今日全球化浪潮中，各种各样的种族主义、文化保守主义、民族主义和原教旨主义，既可以作为对现代化进行动员的发动力量，也可以成为对现代性压迫、对文化普世主义的对抗和挑战力量。种族问题、恐怖主义、人权对抗、网络战争等字眼和依附理论、后殖民主义、东方主义、文化帝国主义等话语，不断混合发酵，熏蒸刺激着被现代性和全球化抑制的民族性情结，激发出或点状的、或区域性的；或温柔的、或剧烈的文化冲突和对抗。福山的估计现在看来确实是过于乐观。

---

① ［英］齐格蒙特·鲍曼：《全球化——人类的后果》，郭国良、徐建华译，商务印书馆2001年版，第2页。

　　从文化的角度解读世界政治格局的还有亨廷顿、约瑟夫·奈和哈拉尔德·米勒，他们不同于福山。亨廷顿看到了文化既是统一的力量，也是分裂的力量，本着"对敌人的渴望"，在文明的断层线上重新找到了自己的敌人；他断言未来的危险冲突可能发生在傲慢的西方和不宽容的伊斯兰、独断的儒家中国之间；而实际上，伊斯兰是西方的夙敌，西方与伊斯兰之间沿着断层线的冲突已经持续了1300年。所谓的自由民主主义和马克思列宁主义在20世纪的冲突，与伊斯兰和基督教之间持续而深刻的冲突关系相比，不过是短暂而表面的历史现象。①约瑟夫·奈坚持文化作为一种软力量的独立作用，是政治、经济、军事这些硬力量不可替代的，他持广义的文化冲突观念，指出更多的冲突可能发生在文明内部，种族之间、教派之间、兄弟族群之间、性别之间、传统价值与现代生活之间。

　　虽然亨廷顿用"奥克汉姆的剃须刀"②来简化了复杂的国际关系，把世界重置于"西方——非西方"、"我们反对他们"的二元思维框架里，但他却准确地洞察了非西方社会对西方的普世主义和现代性回应中存在的内在"紧张"。非西方社会在接受现代性的同时，也拒斥着西方普世主义的价值观。现代性起源于西方，但现代化并不意味着西化，而是按本土化、民族化的方式改写着。全球化的压力可能直接引发非西方社会本土意识的增强和民族情绪的激化，当然也可能带来文明的祥和和共享。《文明的共存》作为亨廷顿的反题③，表达出一种乐观主义的预测：文明冲突现象并非自然之力的结果，而是人为引起的，因此人类完全可以依靠自身的力量来逾越这个障碍，文明的共存是可以实现的。

　　或历史终结于"同质化"，或因为差异而冲突，或因为差异而共存，

---

① ［美］亨廷顿：《文明的冲突与世界秩序的重建》，周琪等译，新华出版社1998年版，第119、231页。

② 在科学史上，"言简意赅"或"简约性"成为一种美德而广泛流传，即一种完美的理论应该建立在少量、简洁的基本设想之上，同时尽可能做到详尽的解释。这种科学精神以著名的后经院哲学家、现代科学的先驱威廉·冯·奥克汉姆的名字命名，被称为"奥克汉姆的剃须刀"。但是，哈拉尔德·米勒认为，在美国，无论自然科学家还是社会科学家，在研究中都追随这种取材于自然科学的理论假设模式，而且是从字面上去理解简约性美德，结果他们将"婴儿和水"一起从自己的理论中泼了出去。在他们的理论中，不仅剔除了所有多余的东西，也同时丢弃了许多有用的思想，而这些思想对现实的理解认识恰恰是必不可少的。他认为，亨廷顿就是用"奥克汉姆的剃须刀"裁割了世界政治的复杂性和文化发展的复杂性。参见［德］哈拉尔德·米勒《文明的共存》，郦红等译，新华出版社2002年版，第15—16页。

③ ［德］哈拉尔德·米勒：《文明的共存》，郦红等译，新华出版社2002年版。

都隐含着对每一个个体民族文化命运的"揣度"，或者也都是在对各个具体的民族文化主观"宣判"的基础上得出的结论。但是，不可抗拒的"一体化"趋势势必同时撩拨起不可抗拒的民族意识对它的反弹。因此，多元文化的发展场景，需要一个复杂的符号系统来描绘，其中更多的是由两极的或反义的语词交错汇合构成，如全球化和本土化、冲突和融合、现代和传统等。全球化浪潮虽然起始于世界经济的普遍联系和整体互动，但它却绝对不仅仅是纯粹的经济事件，它在推广以市场经济体制规范为基础的经济秩序、营造一种"全球一体化"的社会运动的同时，也在特定时空中日渐凸现文化多元化的事实。现在的多元文化表现为在一切领域里的全球性和本土性、全球化和本土化相逆的过程，一方面，全球共同的规则和资源不断由本土性的东西转换出来；另一方面，各种文化之间的交流、碰撞引起生活世界的碎化、社会结构的分化、认知和道德的相对性、经验范围的拓宽、短暂性。作为个体单位的民族或国家为了自己的可持续性的发展，要不停地创造、发掘属己的本土性并迅速促成向全球市场的转化；为全球化贡献的属己性越多，越能够表现自己的活力，突出自己的价值，稳固自己的地位。所以，文化多元的发展情景不是靠单独的"冲突论"和"一体化"等个别语汇就可以描述出来的一种现象，而是由融合、冲突、共存和民族性、本土性以及本土化、文化变异和创造等一套符号系统共同描述的复杂景观，"冲突论"和"融合论"（福山的历史终结论也是融合论的一种），都遮蔽了多元文化相互作用关系的复杂性。如中西文化之间的冲突，就曾经被简化为时间维度上的"古今"冲突，"空间身份"被遮蔽了。

外来文化的"本土化"① 问题和在"本土化"变得日常的状态下保持民族文化本土性的问题，成为各个国家和民族尤其是发展中的国家和民族在文化发展上回避不了的一个现实课题。

---

① 如果说20世纪中叶以前，"本土化"作为一种学术运动，局限于世界某些地区的某些学术领域，第二次世界大战以后，本土化则开始逐步成为一场世界性的学术运动。战后，许多隶属于西方国家的殖民地政治上获得独立，这种世界政治结构的重大变动也直接影响了非欧美国家社会科学研究者的学术活动，促使了这些国家学术群体的自主意识和反省意识。与此同时，随着知识社会学和科学哲学的发展，人们也开始对西方社会科学知识的普遍适用性，提出了越来越多的批评和质疑。在这样一种社会政治和学术变动大背景下，学术研究的本土化也就自然而然地获得了越来越多的国家或地区的响应和重视。

（二）中国的多元文化和文化发展的基本问题

1. 中国多元文化发展的阶段性特征①

第一阶段，传统社会儒术独尊格局基本不变的文化发展时期和"文化发展问题"的沉睡。

汉代以后，儒家虽然经历了几次大的冲击，形成了几种文化并存的局面，如魏晋时期，道儒互补（兼胡人汉化）；唐宋时期，儒、道、释三教并举；明清之际，西方基督教传入。但是儒术独尊的格局总体并没有发生根本的改变。

历史上儒家文化虽历经冲击但仍能保持住自己的基本特性，和当时世界文化发展的多端性特征有关。"地方性"的、相对孤立的文化发展局面，使遭遇在一个国家或一定区域内部的各种文化，在力量对比上能保持相当的悬殊程度。历史上儒家文化的"东道主"身份优势，以及政统的支撑，即文化大一统和政治大一统相辅相成，保证了儒家文化的绝对稳固地位。儒家学说是政权认定的"官学"、"国学"，因而有一套"内修"和"外辅"的维护其绝对统治地位的社会运作机制，在内部大力倡导"学者慕响，儒教聿兴"；对外，中断持续百年之久的中西文化交流，如清雍正元年（1723 年）驱逐全部西方传教士，乾隆末年严禁西教，就是政治手段对文化直接维护的表现。

第二阶段，世界现代化进程中风雨飘摇的中国传统文化发生整体危机的时期和"文化发展问题"出现。

近代中国在外力的胁迫下，从本土文化的一元格局走向与异域文化的不平等对话。汉代以来，中国传统文化内在地从多元走向统一，并随着王朝的更替变得越来越内敛、专制、静止和僵化的时候，西方文化也同时经历着文化的变迁，最终形成相对统一和成熟的欧洲大陆文化体系。欧洲大陆的文化体系是外向的、扩张的。经过漫长的古代社会的自我发展、自我酝酿，处于世界两极的两种文明不可避免地开始了改变各自历史命运的"相遇"。

---

① 文化发展阶段特征主要参考吴黛舒《文化变异与中国教育的文化抉择》，《教育理论与实践》2002 年第 8 期；洪晓楠：《文化哲学思潮简论》，上海三联出版社 2000 年版；安宇：《冲撞与融合——中国近代文化史论》，学林出版社 2001 年版。

与文化发展的第一个时期相比，这时文化冲突呈现出迥然不同的新特征。古代历史上，虽然也有外来文化的冲击，文化有斗争也有融合，有排斥也有吸收，但均未对中国的政治、经济和社会造成根本性的、颠覆性的影响，因而，文化变异基本上是以量变、渐变的方式进行。而鸦片战争以后，文化冲突发生在不同性格的文化之间，以威胁整个社会文化结构为目的和特征，文化变异以质变和突变的形式表现出来。

一般认为，1895 年中日甲午战争结束到 1925 年的三十年是中国近代史的"转型期"，即从传统的儒家意识形态向现代性范式转变的启动时期。从这里出发，中国形成了与历史上任何一个时期不同的遭受外来文化冲击且性质、过程和结果都悬殊的多元文化景观，即第一次导致了传统社会政治层面的秩序危机以及道德和信仰层面的意义危机。张灏曾经把儒家的意义危机分为三个层面：道德取向的危机——儒家以三纲为核心的规范伦理和以仁为核心的政治伦理受到挑战，尽管君子兼天下的政治伦理还保留，但内容已经混杂了西化的东西。精神取向的危机——儒家学说过去提供了一套关于宇宙、自然、生命和人生的来源和意义的建构，它构成了中国人最基本的世界观，但 20 世纪初期，这一世界观受到质疑。文化认同的危机——过去华夏中心主义的天下观念根基崩溃，睁眼看世界获得了新的"天下"概念，导致了原来文化认同和自我认同的危机。[①] 20 世纪的社会秩序危机和意义危机是一个整体性的社会危机。同期在中国出现的三大社会思潮，都是对这一危机的回应。[②]

---

① 参见许纪霖编《二十世纪中国思想史论》（上卷），东方出版中心 2000 年版，《序》第 3 页。

② 文化保守主义从重建意义世界的终极价值着眼，但对于如何从内圣中开出外王，从意义世界推出新的社会秩序和民主价值却无能为力；中国的自由主义回应了社会正义秩序的建构问题，但他们的思路过多地关注于社会公道的具体方案，如社会所有、计划经济、社会保障、普遍教育、劳工权益等的落实，等等，缺乏从学理上探讨自由与公道之间的关系，在社会秩序的重建方面过于乐观，以为自由、平等和正义这些美好的价值都和理想的社会秩序一样指日可待。中国的马克思主义在解决中国危机方面，显出了比自由主义和文化保守主义强大的社会功能。它的共产主义的社会理想和革命的人生观填补了道德和信仰的空白，同时基于历史发展必然性之上的社会政治秩序的设计，又以对独立、民主、统一和平等的种种承诺，迅速实现了对社会的动员。1949 年马克思主义在中国的全面胜利说明了它在解决中国化问题上的成功，这一意识形态也成为中国人普遍接受的共同信仰，持续了半个多世纪的信仰危机暂时得到了平息。参见许纪霖编《二十世纪中国思想史论》（上卷），东方出版中心 2000 年版，《序》。相关的观点还可参见余英时《中国近代思想史上的激进与保守》，载李世涛主编《知识分子立场——激进与保守之间的动荡》，时代文艺出版社 2000 年版。

正是由于这一时期的整体文化危机，触动了以文化存亡为核心的文化选择和文化创造的自觉。中国的文化发展，从一种兀自独行的、相对自然、自在的状态，步入到文化主体有意识、有目的思索、选择、规划和创造的阶段。文化选择和创造作为"议题"被提出来。

近代以来，危及中国民族生存的是西方，而为了挽救民族危亡需要学习的对象还是西方，这种两难的境况造成了中国人无以摆脱的心理冲突，并且很容易导致为了生存而放弃传统和为了反对西方侵略而把西方的文化一块儿反掉的两极情绪。但即使如此，无论是哪一极，都不能回避对这样一个基本问题的思考：即学习西方和保持民族意识、民族特性，或西方和中国的文化关系问题。

对于文化的选择，20世纪初，就有"整取论"（代表人物陈序经），"分取论"（文化本位论者）和"优胜劣汰论"（胡适）。当然讨论的焦点最后汇聚在"中西"文化关系的论争上。其中以胡适为代表的西化派和文化本位派之间的论争持久不衰（复古派所做的挣扎在学理上和实际上都是无力的，因此很快退出文化论战舞台）。

从对传统文化和西方文化认识的侧重点来看，可以明晰双方观点分歧和对立的根源。对传统文化，胡适强调的是负面性、消极面和劣根性，并采取批判的态度，而对西方文化的毛病不做细考。本位派则对传统文化做更多的肯定和认同，对西方文化有强烈的批判意识，认为西方文化也有许多缺点，不能全盘接受，要有所选择。本位派把胡适的"过多"否定扩大到对西方文化的过多肯定上，胡适把本位派对传统文化的过多肯定扩展为文化保守。胡适真正关心的不是西方文化有没有缺点，而是强调它有许多的优点，主张大力学习，他认为本位派的折衷论，不能满足全方位学习西方文化的要求，因为从一开始就强调折衷调和，其结果会妨碍对西方文化的吸收，为避免这种局面，就要拼命走极端，去"全盘西化"，取法于上，经过折扣，才能"得乎其中"。这样，胡适主张"全盘西化"只能说是一种文化发展策略而不能说是文化发展的最终目的。而本位派却是从目的论而不是从策略或功能论上讨论文化选择。本位派的十教授文化宣言发表在中日战争（1935年）之际，民族意识和民族主义也反映在他们的文化主张中。在"宣言"的开头就指出，中国已经没有了，并强调"中国本位的文化建设是一种民族自信力的表现，一种积极的创造，而反帝反封建也就是这种创造过程中的必然使命"。把民族意识、民族救亡与文化建设关联起来，是那个时期必然的一种认识倾向。① 如果考虑到双方的价值预设，西化派和本位派的价值立场其实是一致的，即都是为了达到国家的富强。但是，两派文化之争更多是一种纯粹学理的论争，是不是能变成事实层面的操作恐怕很成问题；即使能变成实际的操作，无论过多肯定还是过多否定，离"富强"的目标是渐行渐近还是越走越远，也都是未知的谜底。

在事实上，中国文化的发展也并没有按照两派的设计按部就班地进行。从文化的整体发展来看，完全西化只是一种担忧，纯正的本位也不再存在。一个世纪，无论意识到与否，文化的创生性发展或变异性演进却成为一个不需要怀疑的客观史实。文化各个派别对于文化建设和文化创造的探索，显然更富有现实的意义和价值。

文化建设和创造问题，早在梁启超时期就提出来，孙中山通过革命感受到建设难于破坏，1935 年十教授的文化宣言，把中国文化建设和创造的问题更加突出出来。梁漱溟在普遍意义上认识到文化需要改造，他说："现在无论是中国或世界的问题，已经到了问题的深处，可以说过去的文化到现在都需要改造。问题已经到了这地步，实在不容我们不去建设新的文化了。所以我们对某种文化建设都表同情，同时对中国本位的文化建设也是赞成的。"但胡适认为本位派的主张有自大的倾向，他说："在这个我们还只仅仅接受了这个世界文化的一点皮毛的时候，侈谈'创造'固是大言不惭，而妄谈折衷也十足为顽固势力添一种时髦的烟幕弹。"② 胡适反对创造有他的"理由"，在 1934 年有关信心问题的讨论中，针对有人把创造性与接受性对立起来的观点，胡适提出相左的见解，他认为接受、模仿和创造是统一的，他强调一切创造都来源于模仿，创造只不过是模仿到一定程度时所增加的一点"新花样"。如果从纯粹学理上分析，胡适的见解有值得肯定的地方，他揭示了接受、模仿和创造的一定的内在关

---

① 西化派中，张佛泉否定保持文化特色与救国的关系，否认文化认同与民族凝聚力的一致性，在他看来，彻底采取西方文化，照样可以有民族自信和民族意识。笼统地讲，张的话有一定的道理，文化特色可能救不了国，民族意识和民族自信不一定来自对传统文化的认同，但是考虑到民族危亡的历史事实，这种论断就在事实层面站立不稳。民族意识需要培养，但必须和民族生存、民族命运的自觉和关切结合起来；本位文化建设不和民族自信、民族意识结合起来才是不可思议的。本部分观点和资料参见王中江《全盘西化与本位文化论战》，载许纪霖编《二十世纪中国思想史论》（上卷），东方出版社 2000 年版。

② 资料来自王中江《全盘西化与本位文化论战》。

系。但不足也是明显的，至少对于创造的认识过于保守，把接受和模仿作为创造的充分和必要条件，把创造看作模仿和接受的一个单纯的附件，这是其一①；其二，他把文化创造孤立于文化的生态系统之外，而且，把模仿和接受的对象局限在西方文化上，这不免给人一种联想暗示，似乎只有学习西方文化才能创造，在本土文化上就不能有创造或本土文化与创造无关。如果把创造的动机和目的放在民族文化和外来文化的关系中，放在关涉民族存亡的意义和价值系统内，胡适对于创造的理解更显得保守、局限和机械。

这个时期的文化问题是在亡国灭种的危机中，在中西文化剧烈对抗的情形下由"中西"这对矛盾关系派生出来的，如要不要学西方，如何学西方，学西方的什么，学西方和保持民族性的关系如何处理，文化建设和改造问题等。这些问题的讨论虽然都没有转化成普遍的文化建设的行动，但是却开辟和奠定了一个世纪以来文化发展问题的基本思考方向和基础，并成为后继文化发展研究的资源和深度的影响因素。其中，在"中外"二元框架下的解题思路和回答方式到20世纪80年代以后又再度复现。

第三阶段，全球化背景下不可确定的"中国文化"②的发展命运和"文化问题"的新形态。

从20世纪初在外力的强迫下不平等的文化多元局面被动形成，并形成关于文化发展问题的基本论题，后经连年的内战和对外战争，直到新中国成立这段历史进程中，其实没有给文化的发展和反思留下从容的时间和空间。新中国成立后的国际封锁和自我的闭关岁月，又人为地"净化"或"简化"了文化格局，有关文化发展问题也再次处于"休眠"状态。直到改革开放开始，多元文化的状况再一次以新的面貌出现。

当然，与19世纪末20世纪初的文化开放相比，这一次文化开放，虽然也是出于中华民族在国际社会的生存、发展需要等考虑，但中国毕竟是作为一个民族独立的主权国家参与世界的文化交流，不对等的文化状况有

---

① 见王中江《全盘西化与本位文化论战》。
② "中国文化"比起"儒家文化"和"中国传统文化"来，是一个包容性更广的概念，它既包含传统文化，也包含现代文化；包含土生土长的中国原创文化，也包含外来的已经"中国化"了的或正在中国化的外来文化。

了一些改变，至少"亡国灭种"的尖锐矛盾不是那么处于"临界"点上，而且在对外开放的心态上也多了一份积极主动，对外开放的幅度、广度和深度也随之增加。

20世纪80年代以后，"西化派"、"传统文化派"、"折衷派"又迅速从20世纪初对中西文化关系的认识原点开始，在十几年的时间里，复演了一遍"中西"文化关系的世纪论争。传统文化热非理性地高涨过。说是"非理性"高涨，是因为在某些时候它更多的是一种建立在文化生存本能之上的思考，更多地表现为一种情绪的宣泄，如休·塞西尔所言，"天然的守旧思想是人们心灵的一种倾向"①，再加上西方文化的威胁从反面的强化，世界文化多元的发展倾向从一定意义上也增强了民族文化必然存在并强大发展的信心，这种非理性特征就更为明显。其实从认识上来讲，二元对立的思维模式也起了不小的作用，把西方文化的矛盾、后现代发展的困境，看成是东方文化崛起的契机，一时间，西方在忧郁着自己文明的衰落，东方人却欣喜着自己文明的复兴并自豪着还没有到来的"东方文化拯救全人类于危机中的奇迹"。但西方不"亮"，东方必然"亮"吗？"三十年河西，三十年河东"的逻辑是否会简单化地演绎在中西文化的相互关系和彼此命运中？

参照文化发展的客观结果，可以发现任何一个文化派别的文化设想都显得简单，远非现实文化发展的丰富、生动和复杂。仅从文化类型的种类上来说，二三十年的改革开放，国际视野中的多元文化基本上都能在中国此时此地找到各自的生根土壤，社会主义、自由主义；大众文化、儒家文化、佛教文化、伊斯兰文化、基督文化共时共在，不仅都有自己的活跃空间，而且还"溢出"自己的领域向外扩张，典型之一是大众文化。改革开放以后，大众文化迅速、急剧成长，而且随着文化产业进程的加快，还将继续释放它的巨大能量并和其他文化一起，对主流的社会意识形态，乃至对中华传统文化的原型（以乡村社会为主体的节日庆典、衣食住行的表现方式等）都造成进一步的冲击、重塑和转换。②

---

① 参见陈晓明《反激进与当代知识分子的历史境遇》，载李世涛主编《知识分子立场——激进与保守之间的动荡》，时代文艺出版社2000年版。

② 对中国多元文化问题的分析还可以见孟繁华《众神狂欢——当代中国的文化冲突问题》，今日中国出版社1997年版。

　　从文化发展的前景看，如果说在中国文化发展的第一个时期，儒家文化的一统地位是确凿无疑的，那么文化发展问题不成为"问题"。第二个时期，中国文化在中西文化的二元格局中，发展的可能性多了一个，即"存"和"亡"，但其命运基本上还是可以预料的。在当前的多元背景中，虽然 19 世纪末到 20 世纪初的中西文化关系论争中形成的论题和论域穿行了整整一个百年之后，延续到 21 世纪，在"中国思想学术园地"中再一次滋生出新的生长点，但典型的"二元"文化格局已经不存在了。中国文化的发展，无论从文化命运、方向和文化形态上，都几乎是陷于欲说不能的境地。文化"交往"的新形式、新特征，文化关系的复杂和多变，使任何对于文化发展走向的预测都会在很短的时间内丧失权威性和可信度。"不确定性"① 可能是客观地描述当前文化发展特征最恰当的一个术语（近代和现代文化转型性的发展特征可以用表 0 - 1 表示）。

表 0 - 1　　　　　　　近代和当代文化转型性发展的特征比较

	近代	当代
文化开放的直接推动力	外力强迫，被动开放	内外力综合，主动开放
文化关系状况	中西二元文化关系为主导	多元
文化力量对比	中国文化处于弱势；中国文化整体性危机	处于多元之中，强弱要在文化的具体方面做具体分析
文化冲突的方式	硬对抗，即以军事技术为核心的科学文化的较量	综合力量的较量，有硬对抗，也有软对抗
文化发展的直接使命	救国保种	在全球化背景下保持自身的发展特色、活力
对文化发展问题的思考方式	容易产生把文化发展目的和手段割裂开来思考的方式	为文化发展目的和手段综合思考创造了条件

　　但全盘的移植（即文化整取）和文化复古无论如何是一个不可能在事实层面成立的逻辑。在历史上的任何时期和任何地方，多元文化相互作用的结果都发生了文化的变异（除非极端特殊的情况下，一个文明全然

---

　　① 叶澜教授认为，承认不确定性，但不是崇拜不确定性；确定性是在不确定性中形成，同时又向更多的不确定性开放。

消失），而且是一个主体参与选择和创造生成的变异过程——即使这个选择与创造生成过程并没有进入到主体的自觉认识中，文化主体在文化选择和创造过程中的"主动性"也没有充分发挥，但仍然改变不了文化发展过程就是一个文化选择和创造过程的"客观事实"。文化冲突伴随着文化变异，首先是一个事实逻辑而不是一个理论的逻辑、价值的逻辑；首先是一个"实然"而不是一个"应然"（参照下文："科学"在中国的变异）。不过，历史发展到今天，在当今充满不确定性的文化发展状态下，无论从民族文化发展角度，还是从主体自身的发展角度，主体的文化选择能力和创造能力的重要性却超过了以往任何历史时期。在不确定性中寻求确定性，在流动中寻求稳定，在多元多变中进行选择、建构和发展，这是当代人不可抗拒、不可改变的一种客观现实。

例："科学"在中国的变异（或"科学"的本土化）①

西方的现代化是通过宗教改革实现并完成的，世俗层面的科学化和理性化尽管占有了原来属于宗教的自然和社会领地，但在道德规范、社会伦理和终极价值等精神层面，基督教的地位并没有受到影响。相比之下，中国历史上没有独立于政治系统之外的宗教，所以当儒家的社会建制出现危机之后，信仰系统也一并倾倒。为维护传统文化信仰系统的继续，新儒家对传统儒家重新创造性地进行阐释，但也只是停留在学理层面，与一般的日常生活相去甚远，或者说除了少数传统文化精英外，根本就缺少现实的社会载体。

中国政治伦理化、伦理政治化，家庭国家建制，国家家庭建制，与西方三分的社会建构是有着根本区别的。针对传统危机，五四启蒙运动提出了"科学"和"民主"两大主张，希望以科学的方法克服意义危机，以民主的蓝图重建社会秩序。但是，五四文化运动经历了内部的分化，对民主和科学的理解发生分歧，分化成三个现代的思想阵营，即马克思主义的、自由主义的和文化新保守主义的。在科学的理解上，也就有了唯物论的科学主义和自由主义的科学主义的分野。自由主义试图用科学建立一套崭新的人生观填补

---

① 参见严博非《论新文化运动时期的科学主义思潮》，张灏《重访五四——论"五四"思想的两歧性》等，载许纪霖编《二十世纪中国思想史论》（上卷），东方出版社 2000 年版。

传统意义世界崩溃之后的精神真空，在胡适、丁文江等人看来，科学是一种万能的方法，它不仅可以认识客观世界，而且可以充实观念世界，从而建构一个"科学的人生观"。但是，自由主义的科学人生观没有解决中国人的信仰危机，在中国的直观理性结构中，科学更是作为一种知识或常识而存在，而不是自由主义者强调的作为一种万能的方法存在。因此，唯物论的科学主义在中国拥有更多的市场，它不仅被认为是一种可以认知的自然观和宇宙观，而且也同样被看作是受必然因果规律支配的可以信仰的人生观；唯物论的科学主义，在历史领域导致经济决定论的唯物史观，它后来演变成一种中国式的马克思主义人生信仰，即以辩证的唯物的必然因果为主导，用服从历史客观规律的必然性来取代个人的自由选择，否认自由主义的多元价值，以道德立场优先原则，重建一个革命的能动的人生观。也就是说，只要遵循必然的客观历史规律，发挥主观的能动性，融合于共产主义的革命事业，就能获得一个完整的意义世界，个人就能在人类整体的历史中实现自己的永恒。

但不论分歧多大，二者有一点是相同的：西方机械论的宇宙观孕育出的工具理性在中国目的论的文化语境里上升为"价值理性"，成为形而上的意识形态，越过了西方意义上科学的自身界限。西方的"科学"和"民主"，附着上东方道义的社会重任，担负起救国、强国的使命，投入到中国传统的文化河道，实现了它的"中国化"。儒家文化不接受宗教，但却可以移植科学，并把它实用化了。"科学"和"民主"虽然一度成为"新文化运动"的精神旗帜，但实际上二者都被从原有的文化活体上剥离出来，移植在富国强兵的社会理想中，"中学为体，西学为用"是这种价值理想的典型表达。

2. 中国文化发展的基本问题

问题之一，本土性、民族性的研究和发扬成为文化发展中的第一重大课题。

民族的、本土的文化总是一个不会轻易褪尽的文化底色，不会简单退出文化发展的舞台，而是存活在思维方式、行为心理和生活方式中，隐在或显在地发生着影响。在 20 世纪"亡国灭种"的社会危机中如此，在当今以"一体化"的方式表现的社会文化危机中也不会例外；不仅如此，而且，在国际和国内的多元文化背景下，文化的本土和民族底色，已经不能仅仅是一个"自在"的静止底色，还是一个需要随着文化主体走向文化交流前台的重要角色。本土性、民族性的研究和发扬成为文化发展中的一个重大课题。

问题之二，外来文化的"本土化"是文化发展的又一重大课题。

自从有文化的交流，外来文化的本土化过程和本土化现象就开始了。但本土化作为"问题"，也是和文化发展成为"问题"处于同时的。近代以来本土化的内容依次是技术、制度，然后是文化心理，但由于特殊的社会危机，致使对外来文化的无论是哪一层面的选择，都更多是基于"救亡"的第一需要，是为即化即用，处于一种直接的、迫不及待的功利驱动之下。虽然对外来文化在中国适用性的反思和批判伴随本土化过程始终，但却一直不构成主流。再者，外来文化的不适应性和表现出来的问题总是在一段时间之后才彰显并被意识到，所以，直到问题被"意识到"，对"本土化"问题的关注才可能由单方面考虑到"实用"、"即用"，过渡到对本土化的目的、条件和方法的综合考虑。借鉴外来文化从来都是为了自我的发展，这个问题看似不需要讨论，但是，在"亡国灭种"的激烈文化冲突中和在当前相对和平、温和的冲突或"对话"的文化发展背景下，具体目的、内涵和表现形态是不一样的；"保种"和"保民族性"，虽然在"保"上是一致的，但由于文化处境的不同，对民族文化和他者文化，对本土文化和外来文化关系的态度和处理方式有很大的差异。

另外，文化作为一个整体，有它内在各组成部分的相互关联性，但也有一定的可析取性，即可以有条件、有限度地"剥离"出原文化活体进行文化移植。这就使文化借鉴（或文化分取）成为可以的、可行的。但借鉴来的文化因素剥离开原来的生态环境到新的生存空间存活，必须有适宜的条件，在这个意义上，对文化借鉴的条件分析和比较，或者说对文化借鉴、文化发展的目的和手段的综合考虑应该一直都是文化"本土化"方面研究的重点。但事实上却是直到现在，才为这个重点真正成为重点提供了相对适宜的国际环境和国内条件。

在当前的多元文化背景下，"中—西"两极、两维或两元的文化分析和表达方式已经不能全面和准确描述当今世界和各个国家内部文化发展的基本面貌，多极、多维和多元是文化发展的基本表征。对中国来说，虽然仍存在"中西"这对基本的和主要的文化矛盾，但这毕竟也是多种文化矛盾中的"之一"而不是唯一。

无论是本土文化的发掘，还是外来文化的本土化，都统一在本民族的文化发展课题之中，在这个课题研究里，文化选择（借鉴）、文化建设、文化创造生成等是"关键词"，而其中文化创造和生成恐怕是关键中的关键——这不是理论的推导，而是一贯的历史的和事实的逻辑，与历史相比，差别大概是在文化创造的自觉性和对创造内涵理解的丰富程度上；而文化课题研究的重点或突破口，如果用一句话概括，就是要转向文化创造生成的方法论的研究。但之所以把本土性、民族性的发掘和发扬看作文化发展的第一个大问题，是基于全球化背景下，对全球化和本土化、全球性和本土性关系的考虑：第一，本土性、民族性先在于全球性；第二，全球性是由民族性转化出来；第三，本土化依赖本土性，没有本土性，外来文化就没有"化"的依托，就没有"催化物"。

总之，如果说传统社会，中西文化关系问题更多是在事实层面自发自然存在，不是作为"问题"进入文化发展战略和策划中；近代社会，伴随着民族危亡和民族自觉，成为民族文化发展的战略问题被策划，但讨论的重点放在了要不要学习西方，学什么，怎样学，用实体思维的方式寻找"确定的答案"；即使是寻找确定的答案，这一个时期的讨论还是多局限在价值领域和学理中，最终或不了了之，或用"冲突和融合"草草结题。20世纪八九十年代，尤其是从90年代开始，随着"全球化"、"信息化"、"数字化"时代的到来，中国人面向世界、走向世界的心态忽然冰释，因为不管愿意还是不愿意，中国本来就在世界之中，世界也就在中国之内。中西文化关系问题转变成为全球化和本土化、全球性和民族性之间的关系问题，中国文化的多元和世界文化的多元在发展形态、要素、性质和面临的问题上呈现"同构"性。对全球化和本土化、文化冲突和融合、传统文化发展和继承问题的学术研究在人文社会科学的各个领域都掀起高潮。多元文化背景下的"文化发展问题"，是一个必须进入到具体层面进行研究并要为具体的文化变革提出建设性意见的大课题，同时，又是一个无法在短时间内"结题"或无法限定"结题"时间的课题。

三　中国教育学研究 * 中的"中外关系"和 "教育学危机"

（一）教育学的中外关系问题

"中外"问题是我国教育学研究中从开始贯穿至今的一个老问题，而且也是一个随着具体文化条件不同、社会的发展任务和重心不同、教育的变革性质不同、教育学研究承担的社会历史任务和目的不同，而不断变化形态、内涵的过程性特征比较明显的新问题，或者说，它与时俱进，因常新而常说，因常说而常新。

首先，一个世纪以来，"中国的"教育学自身的身份和形象经过几次转换。20 世纪初期，穿着洋装纷纷登陆的世界各国教育学，成就了中国教育学发展史上一度的"繁荣"聚会，但缺席的却是"中国的教育学"。这次会首后，经历了若干历史动荡的风雨岁月，中国自己的教育学的"胚胎"在萌动抽芽，但一直没有得到破土蓬勃生长的时机。

新中国成立以后，在移植凯洛夫教育学和批判凯洛夫教育学的"拉锯战"中，"中国特色的教育学"出场，但由于过多的"藤本"依附特性，"中国特色的教育学"缺少走向主会场发言和交流的坚强力量。

20 世纪 90 年代末期，"原创性教育学"列席各国教育学的盛大聚会（即在全球化的背景下，当前我国教育学研究的借鉴对象不再仅仅局限于

---

* 在本文中，"教育学研究"是指"关于教育学"的研究，探讨的是如何发展和建设教育学的问题，是如何进行教育学研究的问题。对中国的教育学来说，比较重要的发展性问题诸如：借鉴研究对建设中国教育学的价值和意义、建设中国特色的教育学的方式和途径、教育学学科的独立性、当代多元文化背景下中国教育学的转型性发展等问题。近似的还有从"教育理论"和"关于教育的理论"的角度进行的区分，认为教育理论简单地说就是教育自身的理论，而"关于教育的理论"则是从某种或多种特殊的视角所阐发的对教育的某种认识的系统化成果。从两者的关系来看，"教育理论"是对"关于教育的理论"的进一步综合和在教育范畴下的转化和升华，比如从心理学、社会学、经济学、伦理学、美学、哲学、行为科学等学科视角所阐发的对于教育的认识。从教育理论的视角来看，它只是分别提供了教育理论的素材，揭示了教育理论的某一方面的内容，并不是教育理论本身，它要上升为教育理论，还需要从教育自身的概念、范畴、命题陈述等出发，对之加以系统化和"教育化"。因此不能笼统地将其他学科所阐发的对教育的某些理论认识，不加分析地称为教育理论。本文赞同该观点强调的关于教育的理论和教育理论之间的差别，但不赞同教育理论是在其他学科视角基础上的"升华"，视角是平等的，教育理论有自己的视角，可以在自己立场的观照下综合其他学科的研究，但未必就是"升华"。参见张应强《教育中介论——关于教育理论、教育实践及其关系的认识》，《教育理论与实践》1999 年第 2 期。

那些"发达"国家，世界更多地区和不同发展程度国家的教育学都在本国研究者的努力下，逐步汇聚到中国），来表达自己由"藤本"向"木本"转型的发展愿望。

其次，中国教育学发展的对外关系的对象、形态和心态在各个时期也有不同。20世纪初期，在中国自己的教育学"缺席"状态下很难说有直接的、真正的"中外"关系。50—80年代，教育学的中外问题，表现为"中苏"关系问题。80—90年代更多是"中西"关系问题。当前"中西"和"中苏"只是"中外"关系问题中的一部分。

不同时期不仅对进口教育学的态度有变化，而且在发展中国教育学的时候，还有不同内涵的"西方情结"。20世纪初期，更多表现为不加思考的广泛引进；50年代以后，对不同来源的教育学的冷热态度转换骤然；80年代更多是在西方绝对先进的意义上，定性中国教育学的发展是"超越"或"赶上"的"赶超"情结；在全球多元的文化背景下，主要表现为"接轨"情结、"对话"情结、"被认同"情结甚至是要让世界为不懂汉语、不懂中国而"汗颜"的"自大"、"自我膨胀"情结。

此外，中国传统文化和传统教育思想在中国教育学研究中的存在状态也发生变化。在中国教育学发展的初始阶段，中国传统文化和在它孕育下的中国教育思想是被暂时"搁置"在一边的，是以"背景"的方式存在的；20世纪50年代以后，更多是作为"摆设"，安静地独处在教育史和教育学某个章节的有限地盘中。时至今日，中国的传统文化和传统教育思想，却不能只是背景和摆设，而要走向前台，在古今和中外的关系中参与直接的对话。而且，传统不是"过去时"，传统活在现实中，所以，对中国传统文化和传统教育思想的研究，也不局限于对历史文献的挖掘，而要在现实生活实践中发现传统的"活"的方式和状态。

从研究的角度看，批判进口教育学和建设中国特色的教育学是一个问题的两个方面。对进口教育学的批判，以前侧重于批判它对中国的不适应性，但没有充分研究为什么不适应，如何适应等问题。改革开放初期，应不应该建设有中国特色的教育学是一个认识上的真问题，需要讨论，值得讨论。但是，时至今日，应该建设中国特色的教育学却是可以作为一个确定的认识前提出现的，"中国特色"仍然作为一个问题，但追问的方式和重心却转换成为：我们曾经有或怎样理解中国特色，在当前的多元文化背景下我们需要怎样的中国特色，如何实现中国特色和建设中国特色等。随着时代的发展，也许"中国特色的教育学"作为现象会永远存在，但作为"问题"可能会消失，或者说当前研究"中国特色"，就是为了使作为"问题"而出现的"中国特色"消失。

如果说多元文化背景下最基本的文化问题是外来文化的本土化和保持文化的民族性、本土性的关系问题，那么多元文化背景下教育学研究的问题则是文化问题在教育学研究中的一个具体体现，其基本的问题范畴是一致的，但具体来说，是"本土化的教育学"和"本土性的教育学"及其关系问题，或者是如何在教育学本土化的冲击下进行中国教育学研究的问题。

从理论上来讲，与本土化相对应的应该是教育学的"国际化"或"全球化"，但本文认为，教育学的"国际化"应该这样理解：一是中国教育学成为世界教育学中独特的、不可缺少的一支，但这种不可或缺性首先是对于处在世界民族之林的中华民族的教育发展来说的。二是中国教育学研究者要在全球的背景下，来解释中国社会的教育问题和建构中国的教育学理论。无论从哪个意义上，都要归结为构建中国自己本土的教育学，因为没有"本土"即没有"全球"，"全球化"只能通过"本土"来体现、把握和生发。本书把多元文化背景下中国教育学的"中外关系"问题锁定在"本土化的教育学"与"本土性的教育学"的关系上，也是基于这样的考虑。

（二）中国教育学危机

中国教育学的问题，往往以"危机"的方式被表达出来。理论界考察中国教育学危机，主要从以下两个维度进行。

第一，在"中外"关系的维度上，与"中国"对应，表现为"中国性"、"本土性"或"民族性"缺失的危机。

"教育学的本土化"和"中国特色的教育学"，是应对中外关系危机的表现。在外在形式上，教育学本土化的转化过程和中国特色教育学的发展过程，是相互独立的两个轨道，但在实质上，二者不过是思考、剖解、应答同一个中外关系问题的两个方向。外来教育学本土化的问题，萌芽于20世纪初期教育学"进口"伊始；50年代的凯洛夫教育学、80年代后的"西方教育学"填充了"本土化"的历史进程。建设"中国的教育学"的萌芽，肇始于外来教育学引进之时；新中国成立以后，由于国际关系、意识形态以及"有中国特色的社会主义"的理论和实践等因素的注入，使"中国特色"的追求保持了形式和进程上的连续性。

虽然不同的时期，对"中国特色"的理解有不同的内涵，其承担的具体历史使命也不一样，但最基本的一点追求是不变的：为了更好地适应中国社会实际和教育实际，为了更好地解决中国的教育问题。

第二，在"学科"关系的维度上，表现为"教育学"属性缺失的危机。

对教育学"学科危机"的认识和研究正式出现于20世纪70年代末期。此后相关的研究有很多，涉及的方面也比较广泛，如方法上的、指导思想的、范式的、知识的、价值取向的、话语方式的、思维方式的、研究领域的、研究者学术信仰和能力的，等等。

教育学的学科危机，看似和"中外关系"不属于同一范畴和层次，但是，由于"学科"、"学科规范或标准"以及为教育学发展提供直接或间接理论基础乃至发展"样板"的相关"成熟学科"，如哲学、社会学、人类学等，均属于西方的文化体系和话语系统，所以，"中外关系"问题也就直接切入到"学科关系"问题之中，变成你中有我、我中有你，以至于无法剥离的、错综关联的复合关系。

面对处于危机中的教育学，有两种基本态度：一是"终结者"或直接终结，认为教育学没有必要也不可能"独立"；或以研究问题代替学科建设；或把教育学作为其他学科的应用学科，或者认为教育是其他学科的一个应用领域。二是"建构者"。针对不同方面表现出的不同形式的"危机"，建构也有多种途径和方式，如把教育学作为一门"科学"建构、从其他学科寻求发展"范型"、进行体系结构上的突破、实现研究方法上的多元、通过与实践的相互滋养发展和建设教育学，等等。

四　本研究中的几个限定

第一，时间的限定，主要是20世纪70年代末和80年代以后。

第二，强调当前的"多元文化背景"，目的是强调和区分与以往任何时期的"多元文化"相比，不仅有特征和性质上的差异，而且还由此决定了文化发展问题的独特性。

第三，教育学研究的"中外"关系问题，具体来说就是本土化的教育学与本土性的教育学研究（在本研究中主要通过中国特色的教育学来体现）的关系问题，而对"中外"关系的研究，最终是为了探究和思考当前文化背景下，中国教育学转型性的生成问题。

本文对多元文化背景下教育学问题的确定，不仅仅是简单从多元文化的考察中演绎而来，即不仅是一个逻辑上的真问题，同时也是建立在大量事实研究的基础上，事实层面的考察证实了本文确定的问题的真实性和价值，即它确确实实是一个事实上的真问题。

本研究考察的主要对象：20 世纪 80 年代以来的国家社会科学规划的国家课题；《教育研究》杂志和《教育学》（人大复印资料）；直接有关本主题的相关研究①；教育学会基本理论专业委员会会议综述等。（特别说明：该部分是博士论文《多元文化背景下的中国教育学研究》的重要构成，最终完成于 2004 年 6 月，所以研究对象选择时间截止于 2001—2003 年。虽然又一个十年过去了，但由于研究的问题、方法、结论以至研究过程中形成的观点并没有失去其现实意义，故在本书出版过程中，不进行进一步的修改和补充。）

这些研究对象对本书确定的基本问题的表达形式是多种多样的，有的是直接的研究，有的是间接的体现。本书把它们归为两类，一类是以有关教育学研究的"思想观念"的形式出现的，如"中国特色的教育学思想"、"原创教育学思想"；另一类是以研究活动或研究结论的方式存在的，但通过对这些结果的聚类分析，可以透视出在教育学研究上的认识前提，如通过研究成果的数量、研究主题、研究方法、研究指导思想的分析考察在"中外教育学"关系上的基本认识。

按照瞿葆奎、郑金洲先生在《教育基本理论之研究（1978—1995）》中的分类框架，确定的教育基本理论研究的主题有十三类：毛泽东教育思想、教育起源、教育本质、教育规律、教育功能、教育价值、教育与人的

---

①　如瞿葆奎主编《社会科学争鸣大系》（教育学卷），上海人民出版社 1992 年版；瞿葆奎、郑金洲主编《教育基本理论之研究（1978—1995）》，福建教育出版社 1998 年版；郑金洲、瞿葆奎《中国教育学百年》，教育科学出版社 2002 年版；袁智慧《我国社会转型对教育研究主题变迁影响之分析——以〈教育研究〉杂志为例》，硕士学位论文，华东师范大学，2003 年；全国教育科学规划领导小组办公室《我国教育学学科研究现状与发展趋势调查报告》（一）（二），《教育研究》1995 年第 9、10 期；贾海英、刘力《"九五"期间教育研究的一点反思》，《教育研究与实验》2003 年第 4 期，等。叶澜《中国教育学发展世纪问题的审视》，"聚焦教育研究——基础教育改革与发展新视野论坛第二次全国会议"报告，华东师范大学，2003 年 11 月 21—23 日。

发展、马克思主义人的全面发展理论、教育目的、教育与生产劳动结合、社会主义初级阶段教育理论、市场经济与现代教育、元教育学研究。

　　根据袁智慧参照《教育基本理论之研究》的分类，按照自己"学科—问题"的分类框架对《教育研究》（1978—2001）杂志的主题分类研究，分析出二十多年来中国教育学研究的"基本理论"问题（见表0-2）。

表0-2　　　　1978—2001年中国教育学研究的基本理论问题①

1978—2001	文章合计（篇）	百分比（%）
毛泽东教育思想（毛泽东、刘少奇、周恩来、邓小平、江泽民）	104	12.38
政策阐述（讲话、社论、政策解释等）	47	5.60
教育哲学（教育本质、教育规律、教育与人的发展、教劳结合、教育职能等）	269	32.02
教育与经济（教育与经济结构、教育投资、教育的生产力属性、教育的经济效益等）	213	25.36
元教育学（学科结构、教育学教材批判、方法论、学科性质、学科发展等）	162	19.29
研究回顾	45	5.36
文章总计	840	100.00

　　如果把这些研究主题放在"教育学"学科的框架内，可以做如下归类：领袖人物和政策阐述可以作为教育学研究的思想方法；教育本质、教育规律、教育与人的发展、教劳结合、教育职能以及教育与经济发展等是教育学关注的"问题"；元教育学是对教育学发展性问题的直接研究。

　　对上述问题继续概括，本人将我国教育学研究的主要问题归为以下几类：教育学研究的指导思想；教育与社会；教育与人的发展；教育自身；教育学自身。本书即从这几个方面展开对"中国教育学研究"的研究。

---

　　① 袁智慧：《我国社会转型对教育研究主题变迁影响之分析——以〈教育研究〉杂志为例》，硕士学位论文，华东师范大学，2003年。

第一章 "本土化的教育学"：
问题与分析

一 教育学本土化的基本状况

本土化运动经历了一个从地区性到世界性发展的过渡，较早出现是在社会学和人类学领域。在社会学变迁史上，本土化作为一种自觉的群体性的学术活动取向，率先出现于20世纪20—30年代的拉丁美洲地区和中国。"本土化"一词，英文"indigenization"，是由动词"indigeize"变化而成，又译为"本国化"、"本地化"或"民族化"。在汉语中，"本土化"系"本土"一词后缀"化"字而构成。"化"字缀于名词或形容词之后，一般做动词用，表示转变成某种性质或状态。因此，从语义上说，本土化就是使某事物发生转变，适应本国、本地、本民族的情况，且在本国、本地继续生长，并浸染了本国、本地、本民族的特色或特征。本土化是本土性"化"非本土性的过程，既包含对本土性的继承，又包含对非本土性的借鉴，是一个在继承和借鉴中动态生成的过程；其中，本土性或民族性所概括的是民族的特性或个性，是民族心理、民族精神、民族生活、民族语言、民族气质等特性的总和。[①] 有人把本土化、民族化和"民族性"、"民族精神"等同，或把它与"民族特色"、"民族风格"作为同义语用，或把本土化理解为"土生土长"，本文不采取这种用法。

在中国，教育学本土化作为一种"学术活动和学术取向"，首先涉及的是教育学的学科发展问题，即如何改造外来教育学，以使其在本国继续

---

① 主要参见郑杭生、王万俊《论社会学本土化的内涵及其目的》，《吉林大学社会科学学报》2000年第1期；袁良智《对"民族化"的界说》，《北京大学学报》（哲学社会科学版），1997年第3期。

发展和更有效应用。本土化不是仅仅使外来教育学在中国"着陆"这么简单。本土化发生并体现于外来教育学的某些成分与本土教育的实际相结合的过程中。本土化过程中，"化"的对象就是外来的学说，"化"的结果就是寻求外来教育学发生转变，在本国得以成长和发展，而催化的东西是本土教育的实际和需要。就教育学的本土化而言，最直接的催化物是中国的教育实践，是被本土的民族心理、民族精神、民族生活、民族气质等浸润的中国教育实践，或者说，中国教育中的本土性是指中国的教育实践、它赖以产生的文化背景以及二者之间独特的关系方式和关系状态。

教育学本土化作为功能取向，第一个基本目的，在于换一种标准或视角，增进对本土教育现象的认识。虽然外来教育学所构建的理论对非原生地的教育现象的解释力是有限的，但在本土化活动中，首先还在于增进对本土教育现象的认识，或拓展或深化或预测。教育学本土化的第二个基本目的，在于增进在本土教育中的应用，即有助于实际问题之解决，有助于改进教育现实。教育学本土化的第三个基本目的，在于形成具有本土特色的教育学，使本土化的教育学成为本土性的教育学的一个有机构成。从学科发展的意义上，教育学的本土化含义可以界定为：使非本土性的教育学发生转变，以便在解释、说明、应用等方面适合本国、本地的教育事实，形成具有本国、本地特色的新的教育学，并作为本土性教育学的"新质"构成，参与到新一轮本土化的过程。①

教育学的本土化是整个社会学科本土化的一个部分，但作为一种学术取向，又是在全球化浪潮中对本土性、民族性的文化发展命运进行理性思考的一种辉映，所以，它承担的历史使命和影响不局限在学术中。

---

① 关于教育本土化的界定，有一些不同观点：一种观点认为，本土就是本民族的、传统的、现实的东西。教育本土化就是指吸收外来文化和自身文化的创新，从某种程度上讲也是一种文化选择。但是过于执著对外来文化的"本土化"，有可能使教育迷失了自我成长的正确方向，远离了文化传统的精神家园。另一种观点则认为，既然本土是一种传统的、本民族的东西，是一种文化选择，那么，它就不存在单纯的生搬硬套，因为，在对外来文化的吸收过程中，我们自身的意识形态、价值观念也会有意无意地发挥着作用，不管我们自身感觉到没有，我们的价值选择标准依然存在着，从而决定我们去吸收这种文化，而不吸收那种文化。第三种观点认为，教育本土化这个概念不能成立，既然某一种文化属于某个国家，就肯定有着某个国家的特色，这样"本土化"的概念就应该包括在"国际化"之中。本文基本赞同第二种观点，但强调本土化是一个主体自觉的过程，如果没有基于维护和认识本土性的自觉，第一种观点的担忧就可能成为现实。参见《教育国际化与本土化研讨会综述》，《教育理论与实践》2000年第8期。

教育学本土化作为一种学术取向的"活动",其"活动结果"可以用"本土化的教育学"来表示,但如果把活动过程和活动结果理解为一个统一体,这种概念上的区分则是不必要的。

在我国,十年"文革"结束后,学习国外教育学的新一轮进程开始启动。和 20 世纪初期一样,培养社会发展需要的人才这一点没有改变,但由于 17 年的相对封闭和 10 年的破坏,与整个社会发展潮流或格调相呼应,在教育学学科发展意义上"赶上"西方发达国家水平的动机却前所未有地强烈。1979 年,"全国教育科学规划会议"的开幕词①,充分表达了思想上拨乱反正、正本清源的决心,并强调了从教育现状和实现四个现代化目标考虑加强教育科学研究的必要性,"奋发图强、急起直追、尽快地把我国教育科学搞上去,教育理论研究要走在前头,为了四个现代化服务,赶超世界先进水平,攀登世界高峰"。整个 80 年代,"赶超"西方的情结贯穿着整个教育学的研究进程。此时我们的参照对象当然是"世界上工业比较先进的国家",因为"他们都很重视教育对经济发展的重要作用。他们把教育看作是生产投资,十分重视教育科学的研究"。它们建立了庞大的科学研究机构,组织了一支强大的队伍,进行了大规模的教育科学研究,如美国,如苏联。自此,教育学研究向西方学习的新的一页又被决绝有力地翻开。

进入 90 年代,当"全球化"的浪潮汹涌而来的时候,"接轨"(包含着中国走向世界)又接过"赶超"的话语,继续激励着教育研究者不断为外来教育学着陆"中国"开辟着道路。"接轨"情结、"对话"情结、"被认同"情结,其实仍然是"赶超"情结的变异。

值得特别指出的是,"比较教育"在外来教育学的借鉴中是不可或缺的角色。任何对外来的研究和借鉴一开始都是本着为我所用的目的。世界比较教育研究奠基时期的朱利安、库森、贺拉斯·曼、亨利·巴纳德等以"用"为借鉴的使命,我国比较教育的研究者也努力不辱使命,或为扩大眼界、增长知识,或为加深对本国教育制度和教育工作的认识,或为吸取外国教育中的成功经验和失败教训作为本国教育改革的借鉴,或为增进国际了解、促进国际文化交流,或在全球化视野中为追求"和"的理想而

---

① 董纯才:《全国教育科学规划会议开幕词》,《教育研究》1979 年第 2 期。

比较。① 70 年代末以来，借鉴研究在方式、对象、内容等方面精彩纷呈。当然，花开之后，果实是有大小、品质差异的。

（一）借鉴的方式

向国外学习的基本方式，比较直接的是翻译和介绍，具体点说有直接翻译、间接翻译，以及编译和编著；更进一步的借鉴研究方式是"述评"，并在述评的基础上挖掘西方教育发展对中国的"启示"；第三种是"比较研究"，重心放在"研究"上，也就是放在西方教育学在中国的本土"化"上。在中国，上述三种方式又都可以纳入到广义的"比较教育学研究"体系中。但根据一项研究表明，20 多年来，我国比较教育研究整体上是："他"的研究多，"他"与"我"的联系及"我"自身的研究少——谁来借鉴的问题不清晰。介绍描述的研究多，评价比较的研究少——借鉴什么的问题不明确。从涉猎的比较教育学术刊物看，研究中翻译的文章多，单纯介绍描述的文章多，涉及国外两国或两国以上比较且冠之以"启示"的文章少（国内各地教育比较的文章则更是凤毛麟角）。感慨感叹的研究多，提出具体借鉴建议的研究少——怎么借鉴的问题还迷茫。②

（二）借鉴的对象③

1. 根据《教育研究》杂志反映出来的信息，与对政治人物思想等的研究相比，对国外教育理论的译介保持着不衰的稳定趋势，从文章数量上看，1979—1981 年最高（见表 1 – 1）。

---

① 参见吴文侃、杨汉清《比较教育学》，人民教育出版社 1999 年版；薛理银《当代比较教育方法论研究》，首都师范大学出版社 1993 年版；张保庆、高如峰《比较教育学》，上海外语教育出版社 1992 年版；项贤明《教育：全球化、本土化与本土生长——从比较教育学的角度观照》，《北京师范大学学报》（人文社会科学版）2001 年第 2 期。

② 容中逵：《当前我国比较教育研究中的借鉴问题》，《安徽教育学院学报》2003 年第 1 期。

③ 这项研究主要参见袁智慧《我国社会转型对教育研究主题变迁影响之分析——以〈教育研究〉杂志为例》相关的材料整理，见华东师范大学 2003 年硕士学位论文；延建林《80、90 年代中国比较教育研究主题的演变》，《比较教育研究》2002 年第 4 期。

表1-1　　　　　　　政治人物思想研究和借鉴研究的数量比较① 　　　　单位：篇

年份	1979	1980	1981	1982	1983	1984	1985	1986	1987	1988	1989	1990	1991	1992	1993	1994	1995	1996	1997	1998	1999	2000	2001	总计
A	5	5	13	14	7	10	7	4	1	2	0	1	4	5	20	12	8	6	8	1	5	1	3	153
B	20	18	37	25	9	16	17	17	12	10	12	11	14	9	17	12	10	17	13	16	7	14	8	341

（注：A—政治人物思想；B—翻译和介绍）

2. 根据对1980—1999年间《外国教育研究》（东北师范大学）、《比较教育研究》（北京师范大学）、《外国教育资料》（华东师范大学）三本教育研究核心期刊上发表的4 199篇学术论文（见表1-2）和对《教育研究》杂志发表论文的相关统计（见表1-3），可以发现二十几年来在借鉴对象上发生的变化：

表1-2　　　　　　　　借鉴对象的区域研究之一②

国家和地区	80年代论文数（篇）	百分比（%）	90年代论文数（篇）	百分比（%）
苏联/俄罗斯	531	27.0	182	8.2
美国	369	18.8	446	20.1
日本	284	14.4	220	9.9
世界整体/跨国比较	201	10.2	415	18.7
德国	87	4.4	109	4.9
英国	83	4.2	129	5.8
法国	65	3.3	41	1.8
中国/中外比较	46	2.3	125	5.6
韩国/朝鲜	29	1.5	58	2.6
港澳台地区	1	0.1	23	1.0
印度	21	1.1	18	0.8
拉美国家	20	1.0	47	2.1
东南亚国家	20	1.0	60	2.7
欧洲整体	19	1.0	21	0.9

① 根据袁智慧《我国社会转型对教育研究主题变迁影响之分析——以〈教育研究〉杂志为例》相关的材料整理，华东师范大学硕士学位论文，2003年。

② 延建林：《80、90年代中国比较教育研究主题的演变》，《比较教育研究》2002年第4期。

续表

国家和地区	80年代论文数（篇）	百分比（%）	90年代论文数（篇）	百分比（%）
欧洲其他国家	77	3.9	46	2.1
加拿大	16	0.8	24	1.1
澳大利亚	15	0.8	32	1.4
非洲国家	12	0.6	24	1.1
亚洲其他国家	9	0.5	10	0.4
亚洲整体	0	0	16	0.7
大洋洲其他国家	1	0.1	4	0.2
不确定对象国	61	3.1	173	7.8
合计	1 967	100.0	2 223	100.0

研究对象国基本上是以美国、苏联/俄罗斯、日本等发达国家为轴心，但已经开始迈出多元化的步伐，更多的发展中国家开始受到关注，也就是说，我们借鉴的对象已经从单纯聚焦西方发达国家，开始向"全球"扩散。

80年代研究的对象国主要钟情于苏联及欧美等发达国家和地区，以苏联、美国、日本、德国、英国、法国为对象国的文章占到80年代全部文章的72.7%，而有关美苏两国的文章占全部文章的45.8%。90年代以来，美国、苏联/俄罗斯、日本等国依然是比较教育研究的主要对象国，不过涉及这些国家的文章比重已由80年代的60.2%下降为38.2%；相对而言，研究亚、非、拉等发展中国家和地区的文章逐渐增多。从《教育研究》杂志反映出的情况看，对苏联的介绍和翻译集中在80年代，有关苏联的47篇文章都在90年代以前，90年以后对苏联的关注戛然而止。

根据对比较教育杂志的研究，90年代以来，在世界范围内进行跨国研究的文章，呈现出上扬态势：以世界整体为研究对象或跨国比较的文章由80年代的201篇（10.2%）增长到415篇（18.7%），增长8.5个百分点；以各大洲整体作为研究对象的文章也有增长，如有关亚洲整体的文章，80年代没有出现，90年代出现16篇。与此同时，有关中国或中外比较的文章也由80年代的46篇（2.3%）增至125篇（5.6%），增长3.3

个百分点。这些迹象似乎表明我国比较教育研究学者在放眼世界的同时，对国内教育的关注也有升温；同时，在借鉴研究的对象上首先实现了"全球化"。

表1-3　　　　　　　　　　借鉴对象的区域研究之二[①]

年份\对象	1979	1980	1981	1982	1983	1984	1985	1986	1987	1988	1989	1990	1991	1992	1993	1994	1995	1996	1997	1998	1999	2000	2001	总计
苏联	1	6	9	7	4	3	2	1	3	7	3	1												47
美国	6	4	12	5	2	3	6	4	4	1	2		5	2	5	2	1	3	2	2		2	3	78
日本	2	2	4	1			2		2				1	1	1	3		2	1			2	1	25
英国			1			2	1						1			1		1			1	1	1	11
法国	1		1			1	1						1			1								7
德国	1		1	2					1				1											6
泛	4		4	8	2	3	7	6	3	1	2	4	6	3	7	7	5	6	6	2	7	2		101

3. 两项研究结果都证实了，关于教育实践活动、教育思想理论的借鉴研究是主要内容。联合国教科文组织的《学会生存》，布鲁纳的《教育过程》，皮亚杰的发生认识论，奥斯伯尔的学习理论，柯尔柏格的道德发展阶段论，赞可夫教学与发展的思想，苏霍姆林斯基的《给教师的一百条建议》，布鲁姆的掌握学习和教育目标分类等是出现频率较高的。以《教育研究》中出现的文章数量计，皮亚杰，11篇；苏霍姆林斯基，10篇；杜威，8篇；布鲁纳，7篇；赞可夫，5篇。《教育研究》杂志的信息还显示出借鉴研究中的另一种发展趋势，即80年代对国外教育的关注多在"思想家"，即人物思想，而90年代以后对思想家的教育思想的介绍减少，对教育状况，即教育实践变革方面的关注增加。

（三）借鉴的内容

整个中国现代学科体系都是以西方学科体系为样板的中国制造，对这一点已毋庸置疑。因此，以下的研究不可能离开这一前提性的事实。

---

① 根据袁智慧《我国社会转型对教育研究主题变迁影响之分析——以〈教育研究〉杂志为例》相关的材料整理，见硕士学位论文，华东师范大学，2003年。

1. 理论的借鉴

直接反映理论借鉴的是外来"概念"或"术语"的增多。据相关资料①，我国今天使用的社会和人文科学方面的名词、术语、概念，有 70% 是从日本输入的，如服务、组织、纪律、政治、革命、政府、党、方针、政策、申请、解决、理论、哲学、原则，以及经济、科学、商业、干部、社会主义、资本主义、法律、封建、共和、美学、文学、美术、抽象等，这些经由日本人对西方相应的语词进行翻译的语汇，传入中国便深深扎根，成为中国人思考、言说、分析、考究中国的工具。

当前到底有多少教育术语是外来的已无从考究，有人用"外来术语漫天飞"来形容这种多的程度。可以这样说，凡是西方历史上出现的各种思潮和思想，基本上都可以在我国的教育理论话语中找到；凡是西方现代出现的各种理论思潮，也基本上都可以在中国现代的理论话语中找到，早期的如人本主义、要素主义、存在主义、实用主义等，晚近的如后现代主义、建构主义、现象学、解释学、终身教育、闲暇教育、教育公平、科学教育、人文教育、校本研究，等等。但本书讨论的重点不是有多少理论话语是外来的，关注的问题核心是它们对中国教育现实和教育学发展造成的或可能造成的影响。

2. 教育变革的行动借鉴

二十几年来，我国从宏观教育体制、教育目标、教育投资等的变革，到具体的教学方法、教学内容、课程、师生关系、课堂情景等方面的变革，以及具体的学校管理、课程管理的变革模式等，都多多少少受到西方变革行动的影响。以当前的"新课程改革"的变革模式为例，研究者反思我国历史上历次课程改革，认为我国几十年来的课程改革都是匆匆上马，缺乏研究，缺乏理论武装，缺乏实践的验证，缺乏必要的评估，是一种游击式经验型的课程改革模式。为了解决此类问题，克服变革的阻力，研究者首先从理论上引进了消除对改革抵制的模式（ORC 模式），领导—障碍过程的模式（LOC 模式），兰德变革动因模式（Rand Model）等，最终确定了一种新型的"科学型改革模式"，即以"决策——设计——实施——改进——评价"这一连串实证的、系统的科学步骤为内容的一种

---

① 参见王彬彬《隔在中西之间的日本》，载林大中主编《90 年代文存》，中国社会科学出版社 2000 年版。

模式；而且认为"新课程改革"即是在这一模式推动下进行的。[①]

当前"新课程改革"中十分看重的亮点——"研究性学习"，则是一种更为具体层面的行动借鉴。

3. 研究方法的借鉴

概括地说，20 年来我国的教育学多数是理论性、评论性和解释性（不是解释学的）的研究方式。具体讲，20 世纪 80 年代初期，主要是运用传统的以定性式阐述为特征的研究方法；80 年代中后期，除了传统的理论性、评论性和解释性等研究方式和方法之外，西方定量研究方法的比重曾一度出现飙升。在引进、借鉴的初期，我们更多地表现出的是方法兴趣而非理论兴趣。学习定量分析的研究方法，是向国外学习初期的主要内容，其中有关实证研究的技术，尤其是建立在概率论基础上的统计学，曾引起了中国教育学界的普遍重视、欢迎乃至"钟情"。这些定量分析方法相对于偏重定性分析的中国传统研究方法，被认为是一种有益的补充和平衡。到了 90 年代尤其是其中后期以后，虽然在经验研究中定量方法的采用仍保持较高的比例，但研究方式已开始突破简单化、单一化的局面，出现了若干运用其他定量方式的研究以及质的研究、解释学、现象学等研究方式，而且开始注意到在运用研究方法时，考虑方法对所研究问题的适合性、方法对研究对象和研究结果的解释能力等问题。而且，方法的引进，无论从整体还是每个具体方法上，都经历了"方法引进——方法运用——方法研究或反思"三个阶段，不过，随着方法论意识的觉醒和逐步成熟，即从简单挪用方法到根据教育学研究的性质和特点反思方法本身的限度和作用，以上三个阶段在时间上有所压缩，有时是引进、应用和反思同步进行。

以下是两项对我国教育学研究方法的相关研究。

第一项是对各种教育科学研究方法在每年的研究报告中出现次数的统计和研究（见表 1 - 4）。此项研究选择了 5 种杂志，即《教育研究》、《教育研究与实验》、《电视大学》、《课程、教材、教法》、《湖南教育》，检索的范围是 1981—1998 年，从每种杂志每年刊登的文章中，随机抽取 24 篇，这 24 篇文章平均分配在每期里，共检索文章 2160 篇。然后，对

---

① 参见钟启泉《国外课程改革透视》，陕西人民教育出版社 1993 年版，第 15 页。

这些文章从研究方法和分析资料的方法两个方面进行分类编码和统计。[①]
这项统计结果表明,近20年来我国教育科研方法主要有以下特点:

表1-4　　　　　　　　　　教育研究方法统计之一[②]

方法＼年份	a1	c3	c4	c6	d3	e1	e3	e4	h1	i1	p1	p2	p4	s4
1981			1		1				6	90	11		2	
1982	1					3	1	1	6	87	3			
1983	1		1			3	1	3	9	79	3	1		
1984	2		2		1	4			2	89	5		1	
1985	6		1	4	1	1	4	2	3	80	1	1		4
1986	5		2	1		5	3		9	81	3			1
1987	6		2					1	1	88	1	1	1	4
1988	5		1	4		5	3	2	9	82	1		2	
1989	5		4	3		4	1	1	16	82	3	1	3	3
1990	2		2		2	3	5	2	7	88				
1991	1		1	4	1	5	1		2	87			4	3
1992	3	2	1	2		7	2		8	78			2	3
1993	7		3	3		4		1	12	81		2	3	7
1994	1	4	2		1	6	3	3	13	75	12	2	2	7
1995	6	2	2		1	8	1	2	6	89	5	3	3	3
1996	1		4		3	3	4	3	5	91	7	3	4	5
1997	7	2	4	4	4	9	4	4	5	82	10	1	5	6
1998	3	12	2	2	7	11	5	5	10	71	12		3	9

（注：a1—行动研究,c3—内容分析,c4—比较研究,c6—跨文化研究,d3—纵向研究,e1—人种志,e3—准实验设计,e4—真实验设计,h1—历史研究,i1—解释或综述研究,p1—哲学研究,p2—政策研究,p4—心理测量学的方法,s4—调查法。）

（1）总的来讲,我国的教育研究中,定性研究的文章偏多,重视定性研究是我国教育研究的一个传统。这类研究包括解释或综述性的研究方法,如思考式研究、感想式研究、指示性研究、主张式研究、历史研究、哲学研究和政策研究等;

---

① 郑日昌、崔丽霞:《二十年来我国教育研究方法的回顾与反思》,《教育研究》2001年第6期。

② 同上。

（2）定量的方法在20世纪80年代初应用得很少，80年代中期以后，定量的方法逐步受到重视，主要的定量研究方法是实验研究、测量学研究及调查研究等。

定量研究虽久经推广仍然不占主流，本书认为可以从两个方面进行解释，一是传统研究定性方法和后来引进的各种质的研究方法力量比较强大，二是教育问题的复杂性质，可为定量研究方法提供施展能力的舞台是有限的，或者说，定量研究运用于教育研究，其条件性是很强的。

第二项是对"九五"期间《教育研究》杂志发表的文章所采用的研究方法的统计（见表1－5）。①

表1－5   教育研究方法统计之二②

研究方法	篇数	百分比
理论性与评论性文章	741	75.77
定量研究（统计、测量等）	5	0.51
调查研究	46	4.70
实验研究	40	4.09
比较研究	43	4.40
历史研究	78	7.97
行动研究	3	0.31
个案研究（定性研究）	6	0.61
经验总结	14	1.43
观察法	1	0.10
预测法	1	0.10

此研究进一步验证了上述两个结论，但同时又揭示了教育研究方法的另一发展趋势，即：

（3）教育科学研究正在逐步打破研究方法单一化的趋势。从90年代中后期开始，被称为人文化的研究方法如现象学、精神分析、结构主义、

---

① 资料来源于贾海英、刘力《"九五"期间教育研究的一点反思》，《教育研究与实验》2003年第4期。

② 贾海英、刘力：《"九五"期间教育研究的一点反思》，《教育研究与实验》2003年第4期。

发生学、解释学等的研究方法或各种质的研究方法后来居上（见表1-6：在中国期刊网上通过查关键词的方法，统计出 1997—2003 年 10 月各种研究方法在教育学研究论文中出现的次数。不具有精确统计意义，仅做参考），掀起了继 80 年代定量方法之后，又一轮方法借鉴的高潮。

表1-6 　　　　　　　　　教育研究方法统计之三 　　　　　　　单位：篇

方法类型 ＼ 年份	1997	1998	1999	2000	2001	2002	2003	总数
行动研究	31	36	39	68	147	245	158	724
质的研究	31	48	51	62	73	101	56	422
解释学	12	24	28	32	50	92	52	290
现象学	13	22	30	55	57	88	57	331
分析方法	9	12	14	12	15	21	13	96
民俗学	3	5	3	10	5	7	3	36
人种志	5	6	8	13	9	12	5	58
田野研究	0	0	1	1	2	6	2	12
叙事研究	0	0	0	0	4	0	13	17

　　质的研究（qualitative research）在文献上亦被称为"人类学方法论"（ethnography）、"参与观察"（participant observation）、"质的方法"（qualitative method）、"质的观察"（qualitative observation）、"自然探究"（naturalistic inquiry）、"个案研究"（case study）、"田野或现场研究"（field study）等。质的研究的方法乃渊源于人类学领域的现场研究和参与观察法，人类学经常在现场长期地观察某个社会文化现象，这种人类文化的研究过程和结果称之为"人种方法论"。在质性研究方法中，民族志（ethnography，又译为"人种志"）方法成为教育研究者所青睐的方法之一。

　　民族志方法运用于教育研究中始于 20 世纪 60 年代。由于研究者参与研究对象的一部分生活，并用其从参与中所学得的知识产生研究结果，所以它又叫参与型观察法。另外，民族志研究也是一种个案研究，史密斯认为，"教育民族志、参与型观察、质性观察、个案研究、现场研究……都是同义词"[1]。在英国，民族志方法在教育研究中的应用，发端于人类学

---

[1] 转引自 Crossley, M. etal. (1984), "Case-Study Research Methods and Comparative Education", *Comparative Education*, Vol. 20, No. 2, p. 193。

家对"二战"后独立的前英国殖民地国家的教育进行的研究。在美国，芝加哥大学的社会人类学家贝克（Becker）等人率先采用民族志法研究医学院的学生。接着，史密斯等人以人类学的田野研究方法对课堂的教学过程进行了研究，并把他们所采用的方法叫做微观民族志（microethno graphy）。六七十年代，斯平德勒（G. Spindler）及其学生撰写了大量的教育民族志文献。

在我国，采用民族志方法进行教育研究从 20 世纪末起步。1996 年，北京大学陈向明博士发表的《王小刚为什么不上学了》一文，就是以民族志方法对辍学问题进行的个案研究。①随后，这种研究数量迅速上升，并在一些区域和学校形成了"传统"，如西南师范大学、广西师范大学等。

4. 研究传统的借鉴

第一类，学术传统。政学分途或学术独立的西方学术传统是中国研究者一直向往的，同时也总是习惯于把中国缺少思想创新的最根本原因归结于此，但这却是很难由教育研究者改变的一个大传统。

第二类，学科传统。一般认为，目前世界各国在人文和社会科学的学科设置方面，往往以研究对象或研究领域为界限，以操作的"工具主义"为特征。这一点与中国传统的情况很不相同，在传统中国，学术与知识是相互贯通的一个完整体系，通常只有因对这一体系的不同理解而形成的"学派"，而没有把这一完整体系肢解后按具体研究领域形成的"学科"。而且，在研究中，形而下和形而上打通，修身养性和经世治国统一。为了表达方便和进行区分，可以把中国的研究传统称为"思想传统"。

20 世纪 50 年代以前，虽然西方的学科制度和分化体系在我国已经成型，但是由于中国历史上思想传统的影响——文史哲关系依然密切，即使在人文社会科学内部已经分科，但也还是有一些"通才"人物，虽说术业专攻，不同学科之间还是有对话的可能。但到了 20 世纪 80 年代尤其 90 年代以后，中国的知识分化和学科分化越来越精细，不同的学科以专门的术语、概念、命题和范畴为界限，学科之间的对话通道越来越狭窄，可以说，新的知识和学科分化传统完全替代了中国传统的"学术传统"。教育学研究也不例外，虽然后来也提出综合研究的思想，但却又亦步亦趋

---

① 陈向明：《王小刚为什么不上学了》，《教育理论与实验》1996 年第 1 期。

于相关学科，成为教育学理论的圭臬。①

第三类，在更具体的研究领域里形成的研究习惯。以"课程研究"为例。有人认为，20 世纪 90 年代以前，我国教育学并不直接研究课程理论，或不把课程理论作为一个核心的问题来研究。过去教育学涉及这一问题时，仅从已规定好了的"教学计划"和"教学大纲"开始，以论证某一种"教学计划"的正确性、科学性为其任务，那实际上是"教育工程"的内容，而不是作为"论"。② 这种说法虽然有失偏颇，但它也揭示了一种实际情况，即在中国的教育学研究中，我们在 90 年代以前缺少"课程论传统"，涉及"课程问题"的时候，是把它放在"教学问题"中进行讨论的，是作为"教学论"的一个基础性的组成部分。90 年代以后，课程理论问题才逐渐被关注，世界各种教育哲学流派和教育思想家的课程理论，如要素主义的课程理论、永恒主义的课程理论、布鲁纳的"结构主义"课程理论等才逐渐被介绍进来，而且在实质教育与形式教育、传统教育与进步教育、科学主义教育与人文主义教育的关系中进行理解。在当前新的课程改革中，课程研究被隆重推出成为焦点，甚至与课程相关的"教学问题"、"考试问题"、"德育问题"、"评估问题"、"教师培训问题"、"管理问题"等都顺理成章地被"实施的课程"、"经验的课程"、"潜课程"、"综合课程"、"课程管理"、"课程领导"等纳入到"大课程"的麾下，也成为广义的"课程问题"。③ 在课程与教学关系上，进行了焦点和背景的互换。

需要指出的是，目前在世界范围内，在"教学"与"课程"的关系上，仍然存在着两种研究习惯，即以美国、加拿大等为代表的"课程论"传统和以德国、俄罗斯为代表的"教学论"传统，中国在历史上属于后者。

客观地讲，20 多年来向西方学习，取得的成绩是有目共睹的。在学科体系、思想观念和实践变革等方面，确实实现了"赶超"或"接轨"：通过引进，使我们在较短的时间内了解到国外教育理论发展的基本状态，以速成的方式确立了我国教育学科体系的初步框架，为后继的学科建设奠

---

① 陈元晖：《"一般系统论"与教育学》，《教育研究》1990 年第 3 期。

② 孙喜亭：《中国教育学近 50 年来的发展概述》，《教育研究》1998 年第 9 期。

③ 熊和平：《我国教学论的发展与课程改革——中国教育学会教学论专业委员会第 8 届学术年会综述》，《中国教育学刊》2002 年第 1 期。

定了初步的基础。不同国家的教育理论、教育研究方法、教育变革行动和研究传统为中国教育理论的发展提供了不同形态的参照模式，有力地促进了中国研究者教育观念和研究观念的转变，为树立起适应时代要求的新观念提供了外在的条件。另外，针对我国教育改革中涉及的许多重大问题，及时地、有目的地介绍了国外类似的改革进程、相关的理论及政策措施，为我国教育实践从具体层面到宏观层面的变革，提供了事实的依据和理论的支撑。而所有这些变化，最后归结为一点，就是使我国的教育学研究和教育变革得以在广阔的、全球的背景下进行，增强了与国际间的教育可比性，使中国的教育一步步融入到世界教育之中。

本书认为，任何一种"引进"既然存在且有市场，说明在制度或其他社会基础上肯定有它存在的道理，对此不需要给太多的评价；但是，如果纷繁的引进日益成为主要的理论导向而且成为改变自己实践面貌、进程和方向的主要力量，也就是说如果中国的教育学研究和实践的变革主要是按照外来教育学和教育变革的方式进行快餐式、拼盘式改写，却是需要引起充分警惕的。

事实上，这并不是一种杞人之忧。

二 "本土化的教育学"：问题与分析

（一）本土化的教育学的潜在影响

有人从语言翻译的角度考察外来教育理论话语的"中国式"问题，认为一些"舶来"理论的语言晦涩，逻辑混乱，令人深感"作语态转换练习尚不成熟时留下的生硬痕迹"。一些概念的翻译颇令人费解。例如，"Curriculum Development"一词，有的译为"课程编制"或"课程编订"，有的译为"课程发展"，有的译为"课程开发"，有的译为"课程研制"。这种一个概念"异彩纷呈"的译法，让人难以理解和把握，更谈不上消化、吸收和应用了，用这样的"课程理论"指导我国的课程改革，是很匪夷所思的。① 从新中国成立后全盘移植苏联模式，到近20年全面引进西方课程理论，至今对国外课程改革理论和实践的热切关注还是一直多于

---

① 赵昌木、徐继存：《我国课程改革研究20年：回顾与前瞻》，《课程·教材·教法》2002年第1期。

对我国实际问题的思索与探求。

其实，不能小看这些外来语言"工具"的作用，它们事实上影响着我们思考和谈论教育问题的方式，影响着我们的思维方式以及对教育问题的处理方式，对近现代我国的教育发展方向、进程和发展面貌产生着深刻的影响。王彬彬先生在《隔在中西之间的日本》一文中，举例说明日本外来语对中国学术讨论的影响：一是关于中国古代是否有"资本主义萌芽"的问题。史学界对此各执一端，对同一史实，有的说是，有的说不是；是否有资本主义之争归结为"什么是资本主义"之争；但"资本"和"主义"都是日本人造的用来翻译西文"capitalism"的。作者问：假如"capitalism"被翻译成另外一个汉语词，这场争论是否还会发生？另外还有关于"美学"和"丑学"的争论，中国学术界认为应该对应"美学"创建一门"丑学"，但"美学"是日本人对"aesthetics"的翻译，而"aesthetics"的原意是"感性学"，倘若一开始就没有什么"美学"，例如译成"感性学"，那么，所谓"丑学"就不能成立，也就无所谓"美学"和"丑学"的争论了。① 从上面两个例子来看，仅仅从术语本身而不必联系实际的考究，也是可以产生"学术问题"的，而且，还可能会引起旷日持久的论争（名词创新也出现这种情况，比如中国的"快乐教育"派生出来的"淬砺教育"、"磨难教育"，也都有点这个意思）。

但是，如果说史学对"历史"的看法、美学对一种现象是不是美丑的看法，仅仅是局限于学术的讨论之中，对现实的影响是间接的或者是不产生什么大影响的，但从整个人文社会学科来看，情况就不一样了。诸如"国家、文明、私有制"等都是从国外输入的，这些东西虽然不是我们自己的，但确实又用来解释和分析我们的古代社会以及近代社会，并推演出我们现代社会的构建轮廓，我们就是靠这些工具塑造了我们的现代社会形象并变成固定模式流传被一代代人传承和复制；政治、经济、民主、自由、科学、文化至今也是我们思考社会问题的基本符号系统，离开了这些符号，我们几乎不能进行问题研究。我们习惯了用这些现成的东西去思考问题，以至于最后这些理论符号和它承载的理论思想和我们的生活融合在一起，而忘记了考究它们适合与否，或者说已经丧失了"问题"意识和

---

① 参见王彬彬《隔在中西之间的日本》，载林大中主编《90 年代文存》，中国社会科学出版社 2000 年版。

把它们作为问题思考的能力。

其实，并不是所有研究都是无意识的，上述的"无意识"也是意识之后的一种"习惯化"的状态。

在教育学研究领域也是同样的状况。当我们用"科学主义"、"人文主义"、"后现代主义"、"民族主义"、"建构主义"、"理性主义"、"生活世界"、"自由和民主"、"权力和资本"、"规训和惩罚"等审视我们的教育时，我们发现了种种的教育"病态"，同时，也用这些理论框架重塑了我们教育的"理想国"——可以框在"理想蓝图"框架内的属于正常的教育现象，是要保留的部分，被框在框架之外的则属于病态的教育现象，需要被剔除；框架内的虚空部分，则是我们要充实的、实现的教育新形态、新内容。但是，任何"主义"或理论本身都可以简单移植，但在它的原产地里，它所针对的理论靶子、它产生和发展所依赖的社会文化环境却不能同时移植。借过来了理论，但却没有它发挥作用的对象，那就只好通过解释的功夫使其"完满"：或者是我们类似的问题还处于潜在的形式，没有被发现；或者是他者的现在就是我们的未来，借鉴理论为的是避免走弯路，"未雨绸缪"；或者，把已经存在的一些教育现象就直接说成是国外教育类似问题的中国表现，等等。其实，这是一种"问题虚构"或者是"问题移植"，是为证明理论正确性的需要、为了给既定的理论找到"用武之地"的需要而不是基于实践的需求，有时为了说明理论的正确可以不惜夸大、曲解甚至是虚构事实。所以，伴随着理论借鉴，西方理论话语中的"问题"，也都在中国的理论话语系统里被"联系实际"地多多少少、似是而非或半真半假地演绎过；而且，在中国教育改革大潮涌来时，任何理论都不会仅仅满足于在书斋中的影响，而是走下书桌，或直接或间接地参与了对中国教育现实的裁剪。如果没有这些外来术语，中国的教育发展进程和面貌会不会是另一番景观？这个问题虽然不可以验证，但确实可以让人产生悠长的回味。

概念符号系统是如此，理论系统对现实的"裁割"也同样。比如，后现代主义成为中国学术界的热点，先是在文学、艺术、哲学领域进行探讨，而后教育不甘示弱，积极参与言说（有人说教育学总是跟在其他领域之后，对一些"过时的"东西延迟兴奋，而且把这作为批判教育理论的一个罪状，弦外之音好像是说与其他领域同时兴奋才能领时髦之先，提高身价；其实，这样的评价之后，也隐藏着一些并不太正常的价值倾向。

延迟兴奋也好,同时兴奋也好,都脱不了盲目从众或仰人鼻息的嫌疑,五十步笑百步而已。)好像达到了后现代,就可以超越现代化了。后现代产生于和中国大不相同的社会、经济和文化土壤,是为了治疗它们的现代病而生的;在理论上,后现代到底是什么东西现在仍众说纷纭,但在某种意义上可以说,后现代思潮以瓦解宏大叙事和倡导叙事多元化为主旨,它反对任何意义上的统一化的企图,从而将彻底的多元化视为"普遍的"(陷入一种批判的自我循环)基本概念。后现代在西方到底治愈了多少现代病不得而知,在学理上,对宏大叙事的瓦解也是有限的,"自由"、"民主"、"人权"等重大主题仍然是采用最普通的宏大叙事手法进行"操作"。至于后现代到了中国的教育领域之后,有没有事情可做,或做了多少事情,做了什么事情,都是值得认真推敲的。一些后现代主义者也明确表示过,后现代主义不适合中国国情,他们的标准、感觉、心态与当前中国人是大不相同的。有人认为,我们不加批判地接受了西方的"后现代"问题、理论及方法,也仅仅是赶了一场理论的时髦。

概念符号对现实的影响作用是巨大的,因此,也有人从分析哲学的视角来审问中国教育学研究当前的"实践转向"是一种"盲目",认为应该首先对中国的教育语言进行一次"清理",澄清语言的混乱,然后再进行实践研究。本书认为,语言澄清是应该的、必须的,但是同时坚持认为:语言自身无法最终说明自身;语言在生活实践中不断发展,实践也是概念澄清的一种方式或手段,在有些问题上,可能还是主要的手段;概念清晰是进行研究的重要条件,但不是绝对的充要条件,不能说只有等到概念完全清晰了,才能进行实践研究。

(二) 教育学本土"化"的方式和问题分析

"借鉴"不等于"依附",或不必然造成外来教育学对我国教育学的控制;但之所以会发生这样的事情,造成这样的局面,其中有认识上的问题,也有方法上的问题。

在外来教育学本土化的过程中,常见这样的论证方式:

之一:以西方某某学、某某理论、某某主义为研究的出发点,推论中国教育应该如何如何,即"在西方理论框架下虚构中国的教育问题"。

如从西方实践哲学的"理论和实践"本来统一,推导中国的教育理论和实践也应该是统一的;西方理论和实践脱离的原因是科学理性主义的兴起，受科学主义或理性主义的眼光和标准的影响，中国的教育学研究中也出现同样问题。如果从一般的、抽象的意义来分析这一判断，好像是没有什么问题，但如果把这一判断放在中国的具体历史情景下，就会多少给人一种荒谬感。把影响中国教育和教育学的"科学主义"直接等价于西方的理性主义观照下的被实证主义浸润、强调严格的定量方法、以中立形象出现的"科学主义"，而且认为"始终"是，恐怕确实需要仔细商榷。从现象上，这种论断不能解释中国所谓的"意识形态化的教育学现象"；从内涵上，中国对"科学"一词的理解，历史地存在着多种版本（参见序论部分："科学"在中国的变异），一个多世纪以来，是西方的"科学主义"影响为主，还是中国化的"科学主义"影响了中国教育学研究（是不是"为主"，另当别论），是颇值得探讨的。

之二：以西方历史上如何、现实中如何为论证前提。

这种论证有两个基本步骤：第一步，述评西方教育学发展的历史和趋势，以及中国教育学发展的历程和问题；第二步，本着"洋为中用"的原则，探讨西方教育学发展对中国教育学发展的启示。

如，用"国外已无称谓教育学的学科了"来质疑中国教育学存在的必要性（因为西方有第一本独立形态的教育学专著，所以应该追溯中国的"第一本"独立形态，也属于同类情况；另外还要附着上一句，我们比西方还要早多少多少年等）。

根据本人掌握的有限资料①，也同样发现，Pedagogy 这个词在英语国家当代教育研究文献中确实已经很少见了，除非论及历史。但还有相近的

---

① 1. Sadker, M. P. & Sadker D. M. , (2003) *Teachers, Schools & Cociety*, McGraw-Hill High Education. 2. Edward R. Beauchamp. , (2003) Comparative Education Reader, Routledge Falmer, New York & London, 2003. 3. Dupuis A. M. & Gordon R. L. , (1996) *Philosophy of Education in Historical Perspective*, University Press of American, Inc. Lanham. New York. London. 4. Edmund Wall, (ed. 2000) *Educational Theory: Philosophical & Political Perspectives*, Amherst, New York. 5. Adams J. , (1994) *The Evolution of Educational Theory*, Unifacmanu & Thoemmes Press, England. 6. Yun Lee Too & Niall Livingstone, (ed. 1998) *Pedagogy and Power: Rhetorics of Classical Learning*, Cambridge University Press. 7. Edwards A. M. , (1996) *Educational Theory as Political Theory*, Aveburry, Aldershot, Bookfield, USA, Hong kong. 8. Goodlad, John I. (1997) *In Praise of Education*, Teachers College Press, Columbia University, New York. 9. Popewitz T. S. & Fendler L. , (ed. 1999) *Critical Theories in Education: Changing Terrains of Knowledge and Politics*, Routledge New York & London. 10. Martin J. R. , (1994) *Changing the Educational Landscape: Philosophy, Women, and Curriculum*, New York & London.

术语："foundational theory of education"，"as philosophical theory"。即便如此，也少有独立论述教育基础理论的著作，有关教育基础理论的论述，总是与哲学、政治学、社会学、历史学、人类学、文化学等领域的讨论联系在一起。有一些著作如《历史视野中的教育哲学》一书讨论了哲学与教育，自由主义与保守主义，传统教育理论，教育的自由主义再定义，后现代主义，多元中的统一等问题；《教育理论：哲学和政治学的观点》一书，则讨论了柏拉图、亚里士多德、洛克、马克思、杜威等思想家的经典教育理论，以美国《派地亚计划》为文本对象探讨了政治与教育的关系，还有校园言论自由等问题。

另一些未标明为"教育学"的书籍，如 John I. Goodlad 所著的 "*In Praise of Education*"（《赞美教育》），却是十分系统地探讨了教育这一核心概念，并逐渐展开相关教育命题的讨论，如"教育与民主"，"教育与社区"，"教育与学校教育"，"教育的条件"，"教育与自我"等等，其内涵及体例都与我们的教育学类似。当然，这本书作为美国杜威协会组织的演讲系列丛书中的一本，其作者明显地继承了杜威的思想传统。作者认为个体的自我发展总是发生在一个（特定的）社会环境中的，因此教育和民主存在于一种象征性的关系之中。在个体自律的教育与公民权的教育之间总是存在着紧张状况，教育要探索"更多的人怎样在被允许参与的意义中生存"，所以，就最一般的意思来说，教育应该是政治的和社会的民主教育。

也有一些学理味很浓的关于教育问题的专题研讨著述（或论文集），如《教育中的批判理论：知识和政治领域的变革》，主要的话题围绕"批判的传统、现代主义和后现代主义"展开，具体有："批判思维与批判的教育学"，"社会认识论与教育研究"，"批判理论与教育政治社会学"，"教育哲学、法兰克福批判理论与布迪厄的社会学"，"信息模式与教育：来自福柯的批判理论视角"，"重建杜威的批判哲学"，等等。

还有一些比较通俗的教育读物，如《教师、学校、社会》一书，在总共500多页的正文中，有100多页简略介绍了美国教育史、财政与学校管理、法与伦理、教育哲学的主要观点和内容。

不过，本书承认西方教育学很少有"教育学"称谓的学科或著作这个事实，但不认可用"国外无称谓教育学的学科"来推论"中国教育学也无存在必要性"这种不合事实以及逻辑的论证方式。

之三，在"全球化"的浪潮中，在"多元"文化背景下，在指称上开始以"任何国家"、"世界潮流"代替"西方"，追随的是"世界发展趋势"；在与具体的发达国家比较时，也以"同时做了什么"代替"对我国教育发展的启示"。这种变化暗合了从"赶超"心理到"接轨"心理的转换，潜台词就是已经摆脱了"落后"状态，跻身于"先进"行列。这是当前比较常见而且很有蛊惑力、可以振奋一些人心的一种惯用表达。

这些论证方式中，我们可以阅读出来的"信息"是：

1. "西方中心"思想继续在作祟

在存在经济政治强势的情况下，"中西"确实存有差距，但对差距应该具体分析。由于差距的客观存在，中国的社会形象也是被西方话语塑造的，教育形象似乎也不能例外。但问题的关键是，西方人这样认为，我们自己也这样认同；我们以前这样认为，现在仍然这样认为。这种认识，在当前借助"全球化"的话语和中国教育变革的实际需要，似乎更加"从容不迫"和"理直气壮"。西方学术是主流，中国学术不是；以中国本身为对象的研究不是学问，或是不"科学"的学问。中国研究本身在"国际社会"被边缘化，以解决中国教育的问题为对象的研究也被置于"中国学术"的边缘，而那些将中国作为摆设和手段来验证西方理论预设或用西方话语裁剪中国现实的研究却很容易被推崇为主流，并可以直接向中国的教育实践提出问题，对中国教育实践进行诊断和开药方。

其实，本土化问题和民族特色问题一样，最早都是第三世界国家的问题。在第一世界国家里，基本上不存在这样的问题。当前，本土化的含义已经广泛了，对中国来说，不论发达国家还是第三世界国家，只要有文化的相互影响，只要有文化交流和沟通的需要，对任何国家的文化和教育，都存在本土"化"的问题。这是其一。

其二，政治的、科技的和经济的强势，不等于教育具体领域的必然强势；即使有强弱的差别，仍然要具体分析差别何在，为什么有差别，别人的现在是不是一定意味着是自己的将来。适合别国的不一定适合自己，适合自己的不一定就是"落后"的。在一定意义上（不是绝对意义上），"观念"、"理论"和在观念、理论影响下的教育实践方式等，更多情况下与其说是"优与劣"的性质差异问题，不如说是"适合与不适合"的程度差异问题。对某种观念、理论和行为方式的评价，需要放在某种特定的"关系"和"意义"之网中进行，不能孤立出来，更不能绝对化。

尽管如此，"西方中心"在有些时候、有些领域和有些研究者那里，还是不假理性思考和分析地被推崇为"东方霸主"。

2. 线性发展观和二元思维方式仍然在起作用

线性发展观和二元思维方式眼中的世界，在空间上是被分成两极的，一是中国，另一是西方；一代表落后，另一代表先进，无形之中把"中—西"对立起来；考虑了时间上的一贯性和空间上的相融性，即共性，但把时间上的一贯性绝对化，认定了其中必然有不可抗拒的内在逻辑和因果关系，后面时段的"果"必然是由前一时段的"因"自然生成，连续的因果构成了教育学发展的一贯历程，而不管是不是在同一空间；抛开文化差异，孤立强调西方的"示范性"或"先进性"而不探讨对中国的适用性。

上述两个因素结合在一起，西方的"权威性"身份就牢固树立了，中西之间的差异关系也被理解为"进化等级关系来取消本土差异合理性"[①]。

正是在上述认识的基础上，在研究本土教育问题的时候，才容易产生借鉴过程中的简单类比、简单归因、用"西方"论证自己的研究合理与合法与否的倾向。借鉴的初衷是为了改变自己教育和教育学发展的落后局面，但最终演变为只要是国外的，就是先进的，只要是西方的，我们就要学习；只要西方没有的但自己有的现象，其合理性就很值得怀疑。"西方已经不研究什么或已经进入什么时期，而中国却还在什么阶段停留"、"西方早就不搞什么什么了"、"西方是小班教学，而我们却还是大班"等的批评方式和批评话语也是可以经常在"比较"中听到的；"没有独立的学术传统"、"知识分子过强的社会依附性"，经常在分析问题时被诟病；当中国教育实践中出现一个命题，一个思想，很武断地断语：这个东西在西方什么什么时期就出现过，现在早就过时了！即使是中国的原创思想，也会被轻蔑地评价为"土气"、"没有国际眼光"。基于同样的道理，还有简单拿20世纪中叶以来"西方"叙事研究的复兴，来论证中国研究必然超越"科学化"阶段直达叙事（二者存在不存在超越关系值得怀疑）；反过来，20世纪80—90年代之交的国际政坛变化，使"西方"学

① 参见项贤明《教育：全球化、本土化与本土生长——从比较教育学的角度观照》，《北京师范大学学报》（人文社会科学版）2001年第2期。

术领域"政治"和"个人（指伟人而非一般的个体）"的作用在相对沉寂之后被重新发现，又成为社会科学研究的主题，一度被冷落的宏观研究重新被捡拾起来，也可能一样构成我们不进行微观研究的理由。20世纪下半叶，社会学研究范式经历了叙事研究的复兴、宏观研究和微观研究的交替、语言学的转向和后现代的多元，但这一切不是指向一种新的研究范型，而是指向一种扩大了的多元论——这种不再以线性的"舍弃"、"替代"和"超越"来思维问题的方式，反倒是应该引起我们注意的，但在事实上却并没有引起我们应有的兴趣。

再一个问题，就是在学西方过程中对"学不像"的焦虑和困惑。要学习西方这一点是确定无疑的，但是，学得好不好、有效与无效，却不能用"像"或"不像"这类标准来衡量；或者，在向西方学习的问题上，根本就不适用"像不像"来提问题，更恰切的提问方式应该是：我们为什么要学习？为了达到目的要学习什么？怎样学习？学到什么程度？因为社会历史条件差异以及研究传统的存在，已经决定了无论从主观方面还是从客观方面，"全盘的移植"从根本上是不可能的。同属于"西方"体系，美国在处理欧洲大陆的东西时，也经过了"再创造"。如社会学最早发源于欧洲，20世纪初传入美国，30年代在美国兴起了以派克教授为首的社会学"芝加哥学派"。当时，美国中部城市芝加哥是与欧洲传统大城市很不相同的一个新兴工业城市，其新型的地理格局以及大量移民和种族问题，使得有些问题无法用欧洲社会学的传统理论来简单说明。"芝加哥学派"最重要的研究特点，就是努力探索社会学与人类学研究方法的结合。派克教授等人在芝加哥市的工人区、黑人区所开展的社区研究，在很大程度上是把人类学研究与民族的"田野调查"方法应用于美国都市社会。正是这种社会学与人类学相结合的研究思路和研究方法，使得"芝加哥学派"走出一条与欧洲社会学传统不同的路子。

在文化差异较大的中国和西方之间，在中国向西方学习的过程中，"不像"更属于情理之中的事情。20世纪以来，中国教育学研究学习过德国、美国以及苏联，如果从相似性上来说，学习前苏联是"最像"的，那是因为在政治经济和文化方面我们有更多的共同处；但最像是不是就意味着最好呢？如果说西方教育理论到中国之后，尤其是进入到实践领域就变样是一件很奇怪的事，不如反过来说更恰切一些：如果西方的教育理论到中国之后不走样，不仅奇怪，而且在有的时候和有的情况下，可能还会是一件可怕的事情。

三 教育学本土"化"的方法论重建

"从我国比较教育研究的现状看,方法问题是个关键问题。不用一定的方法对研究对象进行处理,就谈不上研究,更谈不上比较。抓住国外一点什么,翻译介绍一番,最后总说对我国的教育改革有'借鉴'意义,这并不是比较研究。"① 简单移植,缺少分析,尤其是缺少对文化背景的分析,是教育学本土化在方法论上存在的最根本的问题之一。

其实,在教育学的借鉴过程中,最关键的问题不是出在"借"的初始过程中,因为这时重点考虑的是别人"有什么"、"是什么",是表面理解阶段,是增进自己的知识阶段,或者是为"化"奠基和创造前提条件的阶段,还不是"化"的阶段;最关键的问题是出在"鉴"或"化"的环节上,因为这一阶段必须考虑到别人为什么会"有什么、是什么",我们为什么借、为什么这样借而不是那样借等问题,即转入条件分析——而且,对"化"的一方和对被"化"的一方都是这样。

本文不赞同自然主义的"放任"做法,认为对于本土化过程中"中国特色"保持的担忧是一种杞人忧天,因为历史经验证明,任何事情,凡是能在中国行得通,取得成功的,总是带有中国特色,离开了中国特色,任何事情都搞不成。但历史是人为的历史,不是纯粹的自然历史,更何况,外来的教育学不仅仅是天上悠闲飘着的淡淡云彩,而是已经形成了厚厚的云层,导致了教育理论和实践本土生长的光照和热量不足。

(一)本土"化"的研究重点

第一,是基于本土问题,就是说为了要认识和解决中国的问题而借鉴。如果忽视对本土教育现象和问题的深入研究,所借鉴来的教育学可能到中国之后就成为没有对象的理论。即使借鉴再多的理论,中国的问题还是没有理论的问题。研究本土对象,才能使自己作为主体来根据本土社会的实际情况,自主地选择、解释和利用西方教育学中符合本土教育实际的东西,而不会再是一个单方面被动接受的过程。否则,就会出现诸如教育

---

① 马骥雄:《比较教育学科的重建》,《高等师范教育研究》1989 年第 5 期。

问题是中国的，但提出问题的动因、考察问题的方式、研究问题的理路却是外来的这种空间错位现象。

第二，就是要研究本土性，也就是现象、问题和产生它们的背景、条件及二者的关系方式。对自己来说，要研究自己问题和现象产生的历史的和现实的原因以及更深厚广阔的文化背景；对被借鉴的一方来说，要研究其理论或思想所指的问题，以及这种问题和思想理论赖以产生的历史和现实的原因和条件。

任何外来的理论或各种各样的主义，抑或仅仅是一种学理的热闹，抑或是引导、解释、预测着实际的社会生活朝着理论设计的目标，但都是相应于它们自己的社会文化土壤。对彼此本土性的研究，是为了弄明白外来理论在本国"着陆"之后，有没有生存的适宜生态环境，并研究其在新的生态环境里的适用范围、解释效力等。

第三，研究"结合点"。其实这一步才真正到达"化"境。本土化的过程在很大程度上其实是一个文化的交流过程，而在文化交流中，核心问题是如何选择交流的结合点或异域异质文化在本土文化中的"生长点"。异文化在新的环境中被接受的程度，取决于新文化环境和其母体文化环境的相似程度。两种文化环境异质性越强，被"原样"吸收的可能性越小，或能被吸收的成分越少。

例：凯洛夫《教育学》在中国①

凯洛夫《教育学》在 20 世纪 50 年代末遭受质疑，60 年代甚至被指为是资产阶级唯心主义教育学，70 年代后期却又轻易回归了过去；在"四面楚歌"的今天，仍能在我国教育理论和教育实践领域找到它的影子，原因何在？

最根本的，起决定性作用的则在于现实的中国社会是否需要这种理论，是否具备接受它的条件和土壤。凯洛夫教育学能在中国生根，在于与现实的政治、经济、文化因素等有天然的契合。

（一）中国古有的教育传统为它奠定了心理基础

我国古有的教育传统遗留下来的心理积习和底蕴为凯洛夫《教

---

① 摘编自周谷平《凯洛夫〈教育学〉在中国》，《河北师范大学学报》（教育科学版）2003年第 1 期。

育学》传入、渗透、主导中国教育提供了心理认同的基础,如在教育目的上,都推崇教育的社会功能,社会本位取向明显占主导;在教学内容上,"唯书唯上",注重系统的学科知识,都在一定程度上对直接经验、实际能力有所忽视;在师生关系上,强调教师权威的神圣性、不可侵犯性、主导性;在教学方法上,中华民族的文化心理特性也使我们易于接受凯洛夫《教育学》,它具体实用,可操作性强,有一套固定的模式和程序。其实,时人对它的认识、学习就是从五分记分法、备课和上课的环节等具体实用部分开始的,在教育实践中反响最大、影响最深的也是这些内容。思维方式都是:注重形式的完整性而忽视内容的逻辑性,重视现实经验而忽略理性思维。

(二)中国现实的政治、经济和文化背景是最根本的原因

凯洛夫《教育学》能发挥持久影响的最根本原因在于中国当时,乃至几十年来的现实政治环境、经济条件和文化背景。新中国在政治、经济和意识形态等方面与凯洛夫《教育学》在苏联产生的时代背景具有相当程度的一致性。凯洛夫《教育学》为中国当时的社会政治和经济需求的人才培养提供了很好的模式。

任何外来教育理论的强大生命力都在于它能结合于本土资源中,这种本土资源主要是本土的社会现实,但有时也结合在文化传统(包含学术传统)中。中国、前苏联以及德国的传统文化其实有很大的相似性,即使德国在意识形态上不同,但从文化传统上,它的精神气质也是大一统、集权、等级制的传统类型。文化大传统影响了教育中的小传统,如从课程和教学的关系上看,三个国家都以研究教学作为基础教育变革的切入点,这不能被视为随意的或偶然的巧合。集权国家的国家课程限制了学校或地方对课程的自主作为。

最后,在"化"的问题上,还要提倡"具体"研究,少用"世界"、"西方"等被抽象得不知所指的概念。以教育学科的发展为例。我们一直认为世界教育学发展具有时间上的连续性和空间上的贯通性,因为一谈到教育学的发展历程,我们的视野其实是"世界"的,有意或无意中模糊了时间的断裂和空间的差异,如按照人物来写,就是从夸美纽斯、洛克、卢梭、裴斯泰洛齐、赫尔巴特、杜威到布雷岑卡等;按照教育学的形态,就是从哲学中分化出来、到哲学思辨的"概念—规范"教育学,然后到

实验教育学或科学教育学。其二，世界教育学发展中，"西方"教育学代表了世界教育学发展的方向和趋势，对中国和世界其他非西方国家的教育学发展起到示范作用。这种分析模式的好处是把世界看成一个整体，能在一个广阔的时间和空间范围内宏观把握教育学发展的整体趋势或发展共性，同时也暗含着对个别民族、国家教育学研究的一种要求——即树立国际视野、开放和交流意识，不自我封闭、自我孤立。这方面的意义，毫无疑问是要肯定的。

但是，这种做法把世界范围的空间压缩在一条时间的纵轴上，人为地建立了一条事实上并不那么严格存在的因果链，在时间的一维坐标上发掘和把握"规律"、推断"趋势"，西方国家之间的空间错位和时间断裂被隐藏了；即使仅仅指西方发达国家，"西方"也是一个抽象物，西方国家之间的具体差异的丰富性，在时间的轴线上也没有立足的位置。中国教育学研究的工作也就只剩下如何在中国本土演绎这些所谓的"共性"、顺应这些所谓的"大势所趋"，去虚构出中国教育学发展的一条"辅助线"（参见后文中德、美教育学研究比较）。

（二）本土"化"的形式

外来教育学与本土教育实际结合的具体方式是多种多样的。例如，用外来的教育学理论分析本土的教育现象，用本土教育的经验事实验证外来教育学理论，用外来教育学方法研究本土教育现实以集聚有关资料，以及将外来教育学知识应用于本土教育问题之解决等。这些都是教育学本土化的具体形式。但也正是在这些结合中，外来教育学在解释本土教育现象时的局限性也暴露出来，"化"就成为必要和必然。

具体问题、文化背景等有差异，教育学本土"化"的形式也是不一样的。下面列举几种。

第一种，问题的转化。

严格说来，问题是不能"输出"或"借鉴"的，尽管在事实上存在着把别人的问题当作自己的问题进行讨论的现象；这样的问题，可以是一个普遍意义上的理论的真问题，但却不能构成自己事实上的真问题。所以，本文在这里所说的"问题的转化"，也只是说对同一个问题，区分在本土的特殊性表现。

以中国教育"理论与实践"的关系为例。理论与实践的关系问题肯定不是中国特有的、私有的问题,但中国产生这个问题的方式和原因肯定有其"本土性"的成分;而且,问题的表现形式也有独特的地方,在这种意义上,可以说,存在着中国"本土性"的教育"理论与实践"的关系问题(具体分析见论文的第四部分)。

第二种,理论的转化。即转化理论的靶心,使之适应解释和解决中国的问题。举例说明:

之一,元教育学本来是"西方血统",它所赖以存在的分析哲学完全基于西方的学术文化。分析哲学的基础是实证主义哲学,它的主要派别——逻辑实证主义、逻辑语义学、实用主义分析哲学等都是实证主义的变种。实证主义是无法真正融入到中国社会的"舶来品",它找不到产生的阶级基础、社会条件和思维方式,在精神上与中国社会格格不入。元教育学在中国的沉寂与它在中国发展的局限是分不开的,它无法真正融入本土文化,因而也就失去了活力。所以,元教育学更多只能作为一种研究方法或反思方法来借鉴,在中国进行元教育学研究,应当更多地针对中国教育研究的现状,从那些迫切需要用元理论来解决的现实问题入手,如我国目前在教育学科建设上的"越搞越细"和"越搞越玄"等问题。以建立学科体系为研究的唯一目的,而不触及体系中的具体内容和问题,这种教育学研究就无异于无源之水、无本之木。①

之二,从现实原因来看,"生活世界"话语是一个在西方语境中生成的概念,并不是中国本土的概念,当我们用它来分析或解决中国教育存在的理论与实际问题时,应该考虑到这些问题本身就是用西方的概念框架提出来的,而这种用西方的概念框架提出来的问题很可能并不是中国教育的真实问题。所以,我们应该从中国教育的现实语境出发,提出自己的问题;并且,当我们用西方的概念来分析中国的教育问题时,应该牢记西方的概念只是分析问题的出发点,是我们切入自己问题的开始,而不是归宿,更不是一个需要用我们自己的问题去验证的大前提。这样,我们在分析问题完成的时候,也许就能够形成自己的概念框架。另一方面,在西方人的眼里,中国是一个具有深厚

---

① 摘编自王伟廉《对当前元教育学研究的认识》,《上海高教研究》1997 年第 7 期。

人文传统的民族，也许并不存在西方所谓生活世界与系统的矛盾。①

　　之三，默会知识论在它的理论发源地，其理论的靶子是"确定的、或明确的知识"以及它的"唯一合法性"，它的理论核心是"行动和语言都是表达知识的根本形式"，而且默会知识对于明确知识来说，还具有逻辑上的优先性。到中国之后，默会知识的理论靶子可能就不是那么明确和强大了，所以，它的历史使命必然要"中国化"；本文倾向于认为，"默会知识论"到教育领域之后，在教学过程中、在课程中，可能更多地要在"行动是表达知识的根本形式之一"的内涵挖掘上。比如，要求实践教师参与研究并且表现成果，就不一定或不能要求他们像专职的研究者那样用"论文"或"著作"的唯一形式表达，如果我们认可默会知识论，就要承认他们用实践行动表达自己知识的合法性。

　　第三种，方法的转化。

　　对方法不仅要选择，而且要转化或通过附加条件等形式进行改造。方法并不通用，国外的研究方法是在研究自己对象的活动中提炼和形成的，它的客观性、有效性明显地受它的研究对象和产生它的条件的制约。若将方法机械地套用于新环境中的新对象，其有效性和结论的可靠性是值得怀疑的。在欧美国家经验研究中形成的调查工具（问卷、量表等），是不能直接地搬用到中国来的，因为中国人与欧美人在文化心理结构上及社会成员的价值观等方面有差异，对调查活动或询问活动的态度也有差异。所以，这些方法必须经过改造，包括研究框架、资料收集方法、资料分析方法以及实用性方法技术等，以增强解释效力。比如，人类学方法和人类学一样，本身就带有"殖民性"，因为最早人类学就诞生于所谓文明国家对蒙昧民族的研究中。当然，后来的人类学研究对象已经扩展，人类学的方法也溢出人类学的学科边界。人类学到中国后，最早也多是对少数民族进行研究，现在更多地表现为对"弱势"群体的研究。人类学方法用于教育中，至少它研究边缘、弱势群体的习惯就需要加以改变。同时，在研究方法多元化的今天，尤其在中国的这样有悠久历史和丰富文献，有复杂

---

　　①　摘编自谭斌《论教育学中关于"生活世界"的话语》，《南京师大学报》（社会科学版）2001年第1期。

的、多层次的现实文本的国家,不仅人类学研究方法,其他任何研究方法,都有广阔的适用范围,也有它自己的限度。评价机制和制度等外在社会条件也对它的应用有制约。

第四种,教育学自身形态的转化。

从学科的发展角度看,教育学在中国一开始就不是从自己的土壤中长出来的,而是"移栽"的一个结果,西方的体系从一开始就没有给中国教育思想留下章节。中国教育学不是在中国社会历史文化背景中、在中国的本土教育实践过程中自然结出的理论果实,而初创时本土化的教育学,也在中国找不到自己合适的"落脚点"。

西方教育学科体制的引进,客观上造成了中国传统教育和传统教育思想在学术领域中的自然历史进程被中断;中国教育思想是以思想的形式存在,不是以理论和学科的形式存在;西方的学科框架容纳不了中国的教育思想;西方的学科体系和研究传统,拒绝中国的传统教育思想,拒绝中国以传统方式表现的教育思想,拒绝中国原生的教育思想。这是本土思想进入不了学术的原因之一。理论无对象,对象无理论,这种情况下,理论和实践怎么会不脱节?如果继续严格恪守既有的外来学科体系和学科制度,从本土生长出来的研究,仍然很难通过"学科"的形式确立自己合法的学术身份,也很难扩大对教育现实的影响力。

四 研究案例

(一)教育学发展中的差异性研究——以德国和美国的教育学为例*

本案例要说明的是一个国家或民族的"生活史"是怎样影响了自己研究传统的形成,又是怎样以自己的方式改写着"外来"文化。

19世纪,社会科学专业化过程中,率先取得自律的制度化规范的是历史学,此时发展起来的历史学科与以往帝王传记式的叙事研究不同的显著特点,用历史学家兰克的话来表示,即它严格强调"按事情本来的样子",同时这意味着,社会学科研究方面至少发生了两个重大的变化:其一,社会学科研究的主题开始从对伟大人物、政治生活的研究转移到对平

---

* 本研究在吴黛舒《"研究传统"与教育学的发展——德、美两国教育学"科学化"道路的差异和启示》的基础上进行,见《教育理论与实践》2004年第2期。

常人、社会日常生活和日常经验的研究；其二，正式拉开了社会学科发展历史上基于方法论分歧的"科学"与"哲学"较量的序幕。科学在与哲学对抗中，强调的是客观、可知的现实世界的存在、经验证据以及学者的中立立场。① 在德国和美国思想历史中，兰克的影响作用大到无论怎样强调都不过分的地步，但是，同一个历史学家兰克，在同一个"科学化"问题上，在德国和在美国却被设计成非常迥然的两种形象，而且造成了"兰克本人的思想在某种意义上对史学的发展还比不上历史学家心中兰克的形象那么重要"的结果。②

兰克在德国和在美国的形象几乎是对立性的差别：在德国，兰克被处理成为一个历史理论家而非一个历史写作家，一般认为，他的伟大在于他把自己伟大的人格投入到自己的作品，因此内心深处是一个伟大的艺术家与史诗诗人；他的观点并不是叙述式的，而是"对材料加以思索式的"，"兰克是希望直觉突破世界发展中的最后神秘"，首先是根据个人信仰的立场，其次才是根据科学的探讨，也就是说，在兰克的身上，体现出来的是直觉的知识论和个体的学说，即，认识历史上思想的与精神的力量，与其说要依靠确切的知识，不如说要依靠一种感情和信仰。德国学者在兰克身上看到的是史学中的德国唯心主义传统的体现与高峰，这种对兰克的解释就成了后来一直在左右着德国历史思想的那种兰克形象的核心。德国的社会学研究整体上就没有摆脱在明确的价值和哲学思想影响下的古典历史主义的政治史学的传统，所以才有了德国社会学发展中经济社会史和历史社会学的滥觞。③

在美国人眼里，兰克却被当作本质上是实证主义路线的始祖，与用道德的和哲学的见解来阐释历史的做法相比，兰克成了"一心一意地紧紧抱住历史事实，不加说教，不用教训，不讲故事，而只是叙述简单的历史

① 参见华勒斯坦等《开放社会科学》，北京三联书店 1997 年版，第 16—17 页。

② ［美］伊格尔斯：《二十世纪的历史学——从科学的客观性到后现代的挑战》，何兆武译，辽宁教育出版社 2003 年版，第 240 页。

③ "经济社会史"和"历史社会学"坚持古典历史主义传统，坚信历史虽然有断裂，但却以高度的一贯性构成一个连续不断的过程，所以尝试历史地研究由工业化而产生的各种问题，包括经济问题、政治问题和其他社会问题，如在经济研究上，不像英国古典政治经济学主张的那样是由严格的、普遍有效的、从数学上可以总结的规律来决定，而是只有历史地在一个民族或国家的价值与体制的框架之内才能被理解。而与此相反的是美国的"社会史学"传统，坚持用"严格的科学"作为样板，用定量的方法研究经济和社会问题，如脱离政治和社会孤立地研究经济模型、进而推广到研究整个社会模型。

真理。他的唯一心愿是如实地叙述事实，'按事情本来的样子'"；他们确信真理和客观事实都是兰克的最高目的，根据他的意见，"历史不是为了余兴，也不是为了教导，而是为了知识"①。美国的历史学发展就是在这样的理解下走向"社会史学"的传统，研究的兴趣最终转向经济学、社会学和心理学。

对同一人物、同一主题发展出不同版本的现象，也同样地出现在教育学的领域，在德国和美国，比较典型的是对赫尔巴特的理解和超越。

德国和美国教育学者在赫尔巴特身上有一点的理解是共同的，那就是，赫尔巴特尝试把教育学变成一门科学。他认为以前的教育学多是从直观的体验和经验的描述中去研究教育，其结论是局部的、零碎的，缺少科学依据的支撑，因此主张以伦理学和心理学为基础建立完善的科学的教育学理论体系。但也正是在教育学的科学化问题上，二者走向殊途。

在德国学者眼里，赫尔巴特的教育学仍然继承着浓厚的理性主义的哲学思辨的传统，这不仅因为他教育学的哲学基础是康德的实践哲学，即使同时接受了裴斯泰洛齐"教育学心理化"的主张，也不能说明赫尔巴特就是严格意义上的"科学教育学"，因为，包括他的心理学本身也是观念的，而不是实证的、实验的；他认为"心理学作为一门科学，应建立在形而上学、数学和经验的基础上"②，也就是说，以形而上学为基础，以数学为方法，以经验为内容的心理学，离"中立"的科学心理学相去甚远。正因为如此，在德国本土，他被理解为"概念—规范"体系的传统教育学的主要代表人物，即使他也在教育实验的基础上，通过实验观察的方法进行研究、抽象和提炼，提出过培养儿童多方面兴趣等教育主张，首创了"四段教学法"，但也一直不能改变他的这一基本形象。

19 世纪 60 年代以后，赫尔巴特的教育思想向全世界传播；19 世纪最后 10 年和 20 世纪初期，赫尔巴特学派运动的中心转向了美国。在美国，赫尔巴特理论却一开始就是以"教育科学"的面貌出现，这与兰克的美国际遇非常一致。

19 世纪末，随着自然科学的发展和自然科学研究范式被广泛认可，

---

① 赫伯特·亚当斯：《论兰克》，第 3 卷（1988 年）。转引自［美］伊格尔斯《二十世纪的历史学——从科学的客观性到后现代的挑战》，何兆武译，辽宁教育出版社 2003 年版，第 246 页。

② 转引自戴本博主编《外国教育史》（中），人民教育出版社 1990 年版，第 252 页。

赫尔巴特的方法论基础显出它的不适应性因而有待改进和超越，但是，在德国，由于倾向于认为赫尔巴特的教育学是传统的概念的、规范的教育学，"不是"科学，所以要另起炉灶创建属于科学的教育学；而美国教育学者批判赫尔巴特，不是因为他的教育学科学化的主张，而是因为他还"不够"科学或科学性还不彻底，因为认识的前提不同，所以两个国家在教育学科学化的道路上，超越赫尔巴特的方式呈现出各自的个性。

德国很自然地在方法论和认识论上树立起赫尔巴特教育学的对立面，拉伊和梅伊曼指出传统教育学对"规范"所根植的事实缺乏认识，没有经验的基础，因此主张建立以实验方法为特征的真正科学的"实验教育学"，一方面可以提供教师较多的事实知识，另一方面可以使教师在处理学校与儿童精神发展上获得经济有效的方法和技术；另外还有由福禄倍尔和第斯多惠开辟的以经验的自然主义去建构科学的教育学的道路，他们在认识论上站在赫尔巴特先验论的对立面；贝内科和威尔曼等人也主张以内在经验为基础，通过运用自然科学的研究方法，建立一种经验系统的教育学，直接把哲学和宗教排除在教育学之外，认为建立在哲学思辨基础上的普遍的教育学不能解释世界和教育的多样性。

在德国，虽然赫尔巴特的"传统教育学"遭受很多的责难，但在19世纪没有动摇赫尔巴特教育学体系的至尊地位；进入20世纪以后，哲学思辨的教育学研究也没有在德国全然退出，而是一贯性地延续下来。那托尔普的社会教育学、斯普兰格的文化教育学等，他们沿袭了思辨哲学的研究方式，但与赫尔巴特相比，更加拓展和深化了对教育的社会文化环境的具体和多样性的认识。

不仅思辨的哲学研究在德国并没有挣断，价值中立立场在整个德国教育学科学化过程中也一直没有显得那么不可一世，就连实验教育学的创始人之一拉伊，也还是要求"教育应该与价值观念、规范科学相一致"。①而后来的费舍尔、克里克和佩特森等人，虽然要在经验的与实用的研究方法基础上、在对教育事实、教育经验的研究基础上建立教育学，但也提出注重社会和文化的教育力量，尤其突出的是，他们所持有的是鲜明的国家主义立场。有人认为，德国的国家主义教育与教育科学的主张遥相呼应，是要通过直接的方式建立教育科学，并从教育科学的实证特点、社会功能

---

① 赵祥麟主编：《外国现代教育史》，华东师范大学出版社1987年版，第114页。

出发，走向国家主义。①

与德国直接建立教育科学的路径不同，美国的教育学科学化是通过增强教育学的基础学科的科学性，即通过心理学的科学化推进的。美国教育科学的兴起，最先肇端于对赫尔巴特教育理论的借鉴，所以它的发展思路不是在赫尔巴特的道路之外重新开辟出另一种教育科学化的道路，而是致力于如何使赫尔巴特开辟的教育学更加科学化，他们接过赫尔巴特教育学"心理化"的思想基础，在实验心理学的启发和儿童研究的推进下，经过桑代克的教育心理学，最终形成贾德的教育科学研究方法体系，即以实验以及统计研究为基础，遵从自然科学法则，对教育现象作出解释和说明；贾德认为，科学的本质在于方法而不在于结论，在于抛开个人主观所见进行客观陈述。虽然贾德的科学方法论在当时就受到诸如杜威等人的批判，建议从更加广泛的角度理解"科学"内涵，但贾德的这种自然科学的狭义科学化主张却是和美国的科学观念和整个社会学科群科学化的进程相一致的：即排斥哲学、价值中立以及崇尚方法。

发生在兰克和赫尔巴特身上的差异，其实是反映了对"科学"、对学科"专业规范"等一系列观念的不同理解；但之所以会产生差异，还要到更广阔的时间和空间背景里去寻找植根于不同历史和文化中的先天的或本土的原因。

在社会学研究方面，德国和美国都有自己很独特的研究传统。这里的"研究传统"不是美国科学、哲学家劳丹提出的与自然科学的实验方法相对的理论形态，即比较普遍的、由不容易接受检验的各种学说或假说组成的、涉及理论的整个谱系而不是某一领域的理论形态，这里的"研究传统"，是为了描述研究个性采用的一个术语，它的单位指向是一个在文化上有相对地理界限的国家、民族或地区，"研究传统"就是在历史发展过程中、在政治经济文化甚至多种偶发的历史事件的相互作用下形成的一个国家或民族或地区的独特的研究目的、方法、过程、价值和研究结果等的结构或风格甚至是习惯性的倾向，研究传统的个性决定了学术研究在方法、过程、目的、表现形式、价值取向等方面的分殊，如我们可以感受到的德国社会科学的价值和个人哲学思想蕴涵其中的"概念—规范"体系，

① 参见姜琦《现代西洋教育史》，商务印书馆1935年版，第463页；王坤庆《20世纪西方教育学科的发展与反思》，上海教育出版社2002年版，第53页。

以及美国排斥哲学思想和价值介入的"方法—目的"体系。

兰克在很大程度上是继法国大革命和拿破仑时代之后而来的那个复辟时代的产儿，他的国家观念根据的是 1848 年以前普鲁士的政治现实，在代议制之前，也在工业化及其社会的副产物之前，因此，特别强调的是政治的首要性，这样，就相对孤立于社会经济的各种力量之外。在某种意义上，兰克所开创的历史学专业的范型当其普遍地成为历史研究中的标准时，就已经与当时的社会政治的现实不适应了。到 19 世纪末的时候，兰克的范型成为法国、美国和其他国家历史学专业的样板，而这时它所假定的社会政治的前提条件已经大相径庭。

而在德国，无论是 1848 年以前普鲁士的政治现实，还是这以后的直到 20 世纪的各种国内和国际的政治集团和权势阶层以及民族或种族问题的斗争，都不可能使德国的社会研究脱离政治、国家、民族或种族等这些关联着意识形态等的重大主题，无论怎样的"科学"，都不可能摆脱价值立场真正站在中立线上。

19、20 世纪之交，法国的、比利时的、美国的包括德国的历史学家就已经开始批判兰克的范型，并召唤一种能解说各种社会经济因素的历史学。因为民主化和市民社会的登场，要求新的史学必须能够解说更加广阔的人群和社会事件，而把目光从对个别人物和个别事件的聚焦中分散开来。特别是 1945 年之后，各种自成体系的社会学纷纷登场。社会学更加动力学地构建现代世界，他们把不断的经济增长和把科学的公理应用于调整社会，把它看成是在规定着现代世界的正面价值。

虽然兰克和赫尔巴特的科学信仰可以成为美国和其他国家科学专业的样板，但是社会政治的前提条件却已经有今昔内外之别。与欧洲相比，至少在美国本土观念里，美国表现为一个无阶级的社会，没有意识形态的分歧，除了"内战"（被认为也是可以避免的）之外，没有过严重的冲突，所以他们才相信，一个扩张性的市场经济社会可以消除阶级冲突的最后因素，所以，丹尼尔·贝尔在 1960 年就宣称"意识形态的终结"①，美国社会越来越被人认为是"自由世界"的一个典范。对他们来说，一个消除了阶级冲突的因素并成就了工业效率、创造了大众消费市场的社会，需要一种与一个现代世界的现实相适应的历史和社会科学。计算机的及时出

---

① ［美］丹尼尔·贝尔：《意识形态的终结》（英文版），纽约，1960 年版。

现，使各种量化方法日益被自然引进各种社会科学的研究中，这种研究方式也与美国的"典范社会"一样，成为世界国家、包括社会主义国家效尤的对象。但事实上，也只有美国这样的社会，才更适合产生脱离政治与社会之外的孤立的经济成长模型以及产生各种客观模型的客观研究方法，也才更容易产生这样的确信：所有现代的和现代化的国家中都会采取类似的形式；经济现代化的过程必然会导致政治的现代化；定量的方法可以应用于不仅是经济的而且也还有社会的过程。

正是由于一个民族或国家的不同的"生活史"，所形成的研究传统才存在差异，所以，尽管19世纪初期社会学科专业化的核心都是对科学地位的坚定信念，但是，科学化的道路却并不一致。事实上，从欧洲大陆语言里也可以看到在"科学"概念上的歧义，如德文、法文和意大利文以及俄文里，科学都是指对任何一种知识领域（包括人文学科在内）的一种为学者群所接受的调研方法在指导着的有系统的研究路数。① 它更多是指一种专业化了的规范，以区别诸如作为一门学术纪律的历史学与作为一种文学行业的历史学，或者简单说就是用来区分"专业"和非专业（甚至业余）的一种规范，尤其在德国，从来就没有把科学一词和自然科学联系得那么密切，它只是意味着用系统的方法来进行任何一种研究，与其说德国的专业化和自然科学的研究方法有关联，不如说它与专业化和专家、专业权威联系更密切。科学一词在英国通常指的是有系统的自然科学或者是一种以自然科学为典型的探索和解说的逻辑，美国无疑与英国更相近，对于美国人来说，"事实"和"科学"是与任何哲学假设（区别于自然科学的"假设—验证"）或解说无关的。在德国，正如考证学的价值却只是在于它是一种工具、一种达到目的的手段，定量研究也是如此。马克思和韦伯都曾为定量研究在经济史中的确立进行过工作，但他们一方面坚持用明确界定的概念，同时也考虑到社会科学与自然科学的不同，认为这些概念必须照顾到各个社会的独特性和可比性，并尽力探索赋予这些社会以其一贯性的"价值与意义之网"；他们还承认自然科学也是人类文化的产物，并只能使用由社会所决定的范畴来间接地加以理解。尽管韦伯描绘兰克说，"他的名字是'科学的'历史方法的同义语"，并把兰克描绘成

① ［美］伊格尔斯：《二十世纪的历史学——从科学的客观性到后现代的挑战》，何兆武译，辽宁教育出版社2003年版，第20页。

为属于 19 世纪自然科学的传统人物。① 但是，韦伯自己看来，一个社会科学家提出的问题就反映了他所主张的价值，只是在他的实际研究和探索之中，他却必须力求客观和超然，因此，如说因果性要锁定在客观现实上，还不如说是要求置于科学思想的范畴中。在美国，高度量化在 20 世纪 70 年代几乎成为不可动摇的科学身份的标志，"凡是不能量化的就不能声称是科学的"成为加盟科学阵营的响亮宣言，但是，定量研究应用于社会现象，却并不表示像在德国那样，是转向一种系统的、分析的社会科学，量化只不过有助于以统计的证据来支撑各种论据。这样，德和美的区别就在于：是偶尔运用量化方法以统计支持论据，还是把某一学科作为以数学模型进行研究的严谨科学。

研究传统一旦形成，它的表现绝不局限在对科学的理解和学科科学化的道路上，它的影响也更广泛。首先，它使外来思想文化等的"本土重塑"成为必然。

兰克和赫尔巴特进入美国经历的美国本土文化的重塑就是很典型的例证。尽管两次世界大战，德国流亡学者们的有关兰克其人其说的著作纷纷在美国出版，但在美国本土学者中间兰克形象的改造进行得却非常缓慢；用摆脱了美国的传统兰克形象的历史学家斯特劳德的话说，"'按事情本来的样子'这一号召把美国的历史学家都聚集到德国的旗帜下来，但是他们所欢呼的这位领袖却和真实的兰克并没有什么相似之处，兰克是被哲学的和宗教的兴趣所引导着去研究历史的，……兰克全部的事业都在追求着一种理论，即把历史的力量看作是观念，而这些观念是汇集于起源于神明的种种道德能力的焦点上的。比起任何他的那些美国弟子（他们是那样毫无批判地拜倒于科学的神坛之前）来，兰克是更为接近于那种总是向着实证主义精神的专横和狂妄在挑战的德国唯心主义的传统的。他的美国弟子们只不过是以他们自己的形象塑造了兰克而已"②。

不仅如此，研究传统还决定了对外来文化的主观人为取向。美国要赋予历史以科学的尊严，所以把兰克对文献的分析批判和兰克的唯心主义哲学分开了。他们把批判的方法和兰克研究班的组织移植到美国的思想园

---

① ［美］伊格尔斯：《二十世纪的历史学——从科学的客观性到后现代的挑战》，何兆武译，第 255—256 页。

② 同上书，第 278—279 页。

地，兰克在美国就被尊为"科学派"的历史学之父，被当作是只注意事实，特别是在政治和制度领域中的事实的一位非哲学的历史学家。韦伯在一篇文章中批评说，美国历史学家由于不理解兰克"研究班"的实质，只是把它看成是教学的方法而非其所表达的伟大的思想，所以所移植过来的只是它的外壳，而不是它的内部的精神。① 同样，美国人接过来赫尔巴特把教育学建立在心理学上的方法论，却舍弃了他建立在实践哲学上的目的论，也是出于同样的目的。扩展下来例证更多，如赫尔巴特的教育学到日本后，其道德教育首先引起日本人的兴趣，因为它更容易和日本的"大兴儒学"相结合；到了中国，在教学形式阶段方面的理论，一直在我国教育理论和实践中得到吸收和应用，尤其是由赫尔巴特的弟子们在"四段教学法"的基础上发展出来的"五段教学法"备受青睐，至于赫尔巴特的哲学思想和个性化的教育话语方式却退隐出去。

　　研究传统还使学术研究的目的染上很浓的不同的情感或情绪色彩。19和20世纪之交，美国和德国都感受到传统历史科学已经不再符合近代的、民主的、工业的社会中科学与社会的需要了，研究的重点都注意了从集中在政治、精英人物上面，扩大到基础更为广泛的社会生活之中。在德国，从19世纪中叶，就有了一种朝着人种史定向的文化史研究，把注意力集中在普通人的日常生活和习俗上；在美国，有"新史学"沿着同一路线行进。但是，尽管表面上有相似之处，美国的新历史学与德国的文化史学在"心情"上是根本不同的，德国的文化史是满怀留恋回首一种被理想化了的前近代的农业社会，他们假想那是一个没有任何重大冲突的社会，以此对"现代性"进行反思，如威廉·冯·洪堡式的古典主义历史观点，"把完美的东西保留给过去或历史的开端"，"把历史视为希腊生活完美性的丧失和衰落"②，或如雅斯贝斯所指出的那样，由于对"毁灭的前景"战栗不已，同时"却把某一较早的时期看作黄金时代"③；而美国则是肯定"现代性"以及与之相随的一种民主的社会秩序，他们感兴趣的是作为一个"移民国家"和前近代欧洲大陆的决裂，因而目光是向着未来充满了乐观。

---

　　① ［美］伊格尔斯：《二十世纪的历史学——从科学的客观性到后现代的挑战》，何兆武译，第255—256页。

　　② 参见加达默尔《真理与方法》（上卷），洪汉鼎译，上海译文出版社1999年版，第260页。

　　③ 雅斯贝斯：《时代的精神状况》，王德峰译，上海译文出版社1997年版，第9页。

正如当前的"全球化"话语吞噬不了民族性、本土性一样，学术思想和研究方法等的国际交融和对"共同趋势"的认同同样也无法泯灭"研究传统"。就教育学科学化而言，它至多在比较抽象的意义上是一个被认同的"理想类型"或信仰，而且在引导教育学发展中起了而且还在起着重要的作用，但它却不可能成为一个规范化的概念，使在不同历史文化环境中的教育学，皈依到统一的框架下；再者，就教育学研究作为"事理"研究的性质来说，无论是"事"还是在研究"事"的过程中形成的"理"，都是有民族性的，如果在民族性的事理基础上，研究的方法、过程、结果、目的、成果的表现形式等方面不表现出民族或国家的个性来，那倒是一件奇怪的事情。可以这么说，只要国家、民族的差异不消失，植根于特定历史文化背景下国家和民族的学术研究传统就是客观存在的。

研究传统是在一定的国家、民族或地区之中的政治经济和文化的相互作用中生长起来的，因此，它最能反映也最适合于解释生成它的环境中所发生的现象和问题，而别样的环境中出现的哪怕是相似的现象和问题，它的解释效力也是受到影响的；同样，特定的研究传统，也只有历史地在一个国家或民族的文化框架内才可能被充分理解，这意味着，当文化交流产生的时候，所交流的也只是那些能够交流的东西，而传统本身，却很难。

从另一方面来说，研究传统既然是"形成"的，那么也是可以"改变"的，而且是必须改变的——静止的研究传统会由于形成它的社会文化条件的变化而对变化了的现象和问题失去解释效力；但改变传统的力量，无论如何不能脱离产生它的土壤而孤立存在或发生作用。

同时需要明确的是，认识各种研究传统，并不是把它们评定出一个优劣高低，而恰恰是说明它的不可拒斥性以及它对学术研究的广泛和深刻影响，而最终的目的却还是为了反观自身。认识自己的研究传统和在学术研究中存在问题的"背后"原因，正是研究主体自我意识的一个重要内容，也是研究的主体性（相对于依附性而言）确立的一个条件和证明。

但是，如果对传统进行分类，可以发现对待不同的传统的态度和方式也不可能相同。

第一，对待西方有独立学统和中国的政学一体这种大传统。虽然，与"西方"相比，中国学术有过多的对政统的依附性，这确实是一个很令人痛苦的事实，也确实是导致诸如缺乏学术尊严、影响学术创新和思想发展的重要原因，但如果分析仅仅停留在这种比较的程度，却会给人这样的感觉：没有"西方"那种独立的学术传统，就不能有我们自己的思想创造；只有等到条件具备，才能开始真正的学术研究。类似这种分析和归因虽然有它的道理，但是如果联系到基本的历史事实，可能类似的仅仅满足于描述性批判的现象会少一些，在各种"限制"中积极主动解决问题的努力会多一些。因为即使不管更久远的古代"政教"一体的传统，仅仅联系到 20 世纪知识分子所处的具体的历史处境，对知识分子独立传统的要求是不是不合实际？内忧外患，如何形成为学术而学术的纯粹传统？如果我们再具体分析一下德国这样一个"西方"民族国家，仍然可以发现学术要追求的客观性与政治文化的悖论也是一对基本的矛盾；德国的思想家一直都是栖身于大学之中并且要服从特殊的学术要求，尽管是学术自由，但国家在授予教授职称和选择人员的过程中所起的作用就保证了学术上的价值追求和政治社会价值的一致性，这样悖论就变得一点也不"悖"了。

第二，具体的研究传统，改变的可能性就大一些，而且，研究主体的主体性表现也更充分。如，从总体特征上来看，移植式的研究一直是中国近代以来的教育学研究的传统或习惯，这是一个公认的事实。这种传统形成虽然有它的社会历史原因而且起到过它不可替代和不可抹杀的历史作用，但随着社会历史条件的变化，不仅我们借鉴的研究方式本身暴露出越来越多的问题，面对复杂变化的社会现实和教育问题，它在教育学"研究方式"阵营中的主力军地位也需要重新审视。对于这一传统，不仅应该改变，而且必须尽快改变。如果说近代以来处于教育学的初创时期，也由于重大的历史事件的频仍发生，以及由于我们参照对象的频繁更换，在研究过程中生成的一些属于自己原创的东西无法沉淀（一般而言，无法靠借鉴形成自己的原创性成果），所以在教育学研究领域我们没有自己独立的、稳定的原创传统，还是出于无奈和情有可原的话，但无论对过去的历史有多少个感情上的可原和无奈，但就目前的情势来讲，靠"移植研究"方式一枝独秀支撑我国整个教育学研究的状况已经无以为继，因为世界范围再大，也不可能包揽解决所有中国教育问题的现成理论和方案；那些找不到现成理论和方案的中国问题，只能靠自己的原创研究来解决。所以，包含着借鉴研究、原创研究在内的扩大的多元化研究局面也应该不再只是一种期望了。

（二）日本对"学校病理"的诊治和"新基础教育"文化建设的比较研究

本案例的意图是要说明任何意义的文化借鉴，都与本土文化之间有"漏洞"，从而会在旧问题之上产生新的问题；解决本土问题，不排除借鉴，但绝不能忽视对"本土性"和本土文化力量的研究（负面的影响力量和作为问题解决的依靠力量）；简单的"拿来"走不通，立足于本土的自我成长，更能保证实践变革的"健康"状况。

另外，透过中日对教育问题的态度反应和诊治方式等表面的不同，似乎还可以透析出中日两国在民族文化心理、思维方式、价值取向等方面更深层的差异。但这种深度的文化分析有赖于对中国文化传统和日本文化传统的准确把握，本文把它作为一个后继研究课题。

1. 日本的"欺侮"问题和对策研究①

（1）日本的欺侮问题及其产生原因

20世纪70年代以来，"欺侮"现象常见于美国、欧洲和日本这些经

---

①　关于日本教育的资料主要参见藤田英典《走出教育改革的误区》，张琼华、许敏译，人民教育出版社2001年版；张德伟、展素贤《从培养"丰富的心灵"到培养"丰富的人性"再到培养"人性丰富的日本人"——20世纪80年代以来日本德育方针的演变》，《外国教育研究》2001年8月第4期；梁威《从〈学习指导要领〉的变化看日本小学课程设置的改革》，《教育科学研究》1997年第6期；王丽忠《21世纪的日本教育改革》，《日本学论坛》2000年第3期；郭德红、楚江亭《论日本第三次教育改革：重视个性》，《天中学刊》2000年第1期；胡定熙《面对新世纪，日本教育改革的重大举措》，《四川教育学院学报》2000年第5期；郑礼《欺侮——日本中小学教育中的顽疾》，《外国教育研究》1997年第6期；崔世广《浅议当前日本的教育改革》，《日本学刊》2002年第2期；郭雯霞《日本"学历贵族"失落现象透视》，《日本问题研究》2000年第4期；王义高《日本的"考试地狱"与"人格完善"——兼谈中国变"应试教育"为"素质教育"的几点考虑》，《比较教育研究》1997年第1期；姜丽华《日本的班级崩溃现象及其对我国教育的启示》，《辽宁师范大学学报》（社会科学版）2001年第6期；（香港）李荣安《日本的教育与发展》，杜晓萍译，《外国教育资料》1997年第6期；《日本发表〈面向21世纪我国教育的发展方向〉咨询报告》，《外国教育资料》1997年第2期；张德伟《日本基础教育的危机与新生》，《现代中小学教育》2002年第10期；王彦编译《日本教育的隐忧》，《世界文化》1999年1月。慧勇《日本教育，已到"癌症晚期"》，《世界文化》1998年1月。韦昌勇《日本为解决学校暴力问题所做的努力及其启示》，《广西教育学院学报》1998年第7期；启森《日本中小学"教育病理"诊断——蹲下身来看日本的教育》，《外国教育研究》1999第5期；张德伟《日本中小学的欺侮问题及其解决对策》，《日本问题研究》2002年第3期；李英顺《日本中小学生中的欺侮总题及其对策》，《日本问题研究》1998年第1期；史亚杰、高建凤《少子化与日本的学校教育改革》，《外国教育研究》2001年第6期；［日］土屋基规《现代日本的教育改革》，陈永明译，《外国教育资料》2000年第2期，等等。除了特别引用，对比较共识的材料文中一般不再特别注明出处。

济和教育发达国家的学校中。不过,日本的欺侮现象相对其他国家来说比较严重,如 Yoshimitsu Khan 所言,"欺侮这种现象可能存在于任何社会或任何时间,但是,应该特别引起人们注意的是日本的欺侮现象常常会引起凶杀和自杀现象"①。1974 年以后日本中小学内因暴力活动的急速增加导致学生自杀的剧增,1979 年达到高峰,以致报刊上正式出现了"校内暴力"的名词;1984 年"欺侮"作为日本社会问题和学校问题正式提出,但随后的 1986 年又是一个爆发高峰。

造成欺侮现象的原因是多方面的,学校、家庭和社会都难辞其咎。1994 年 12 月 23 日,日本的《读卖新闻》刊载"关于欺侮的舆论调查"结果,就"欺侮和校内暴力的最大原因是什么",回答的结果依次是:"家庭教养不充分"的占 35.8%;"社会环境恶化"的占 30.6%;"教师的指导能力低下"的占 16.5%;"偏重学历的学校教育有问题"的占 12.6%。这反映了一般公众对"欺侮"问题的看法。

事实上,官方和研究机构的认识也是一致的。一般认为,就学校教育方面来看,"二战"以后的日本教育制度是在赶超欧美发达国家需要的内在驱动下建立起来的,在这方面,它取得了成功,但与此同时,原来隐藏于其中的统一性、划一性和刻板性等缺陷,也逐渐暴露出来,所以有人认为,学校一旦剥夺其外表的装饰,这个神圣场所里所崇拜的真正对象就原形毕露了——它只不过是一架内部配置了错综复杂的培养装置的人力分配机;日本战后的这种统一集中管理教育各层面事务的模式造成了学校教育的僵化,并被普遍认为,它和具体学校内部的严格管理、体罚、教师指导能力和"填鸭式"的教学方式等一起,构成学生产生欺侮欲望、动机和行为的土壤。

从社会文化环境来说,都市化、核家族化和少子化造成了孩子们和同伴及其他人交往的机会减少,儿童多数时间主要是进行电子游戏、玩具游戏等个人游戏,缺少同伴之间交往、合作、矛盾、冲突、友爱等的机会。父母对儿童的过保护、过干涉和由于高度经济社会中人们工作和生活的繁忙对孩子的"忽视",也给孩子们的情绪、情感带来了不良的影响。社区和家庭已经逐渐失去了让孩子们学习如何与人相处的机能。

---

① Yoshimitsu Khan (1997), *Japanese Moral Education Past and Present*, London: Associated University Presse, p34.

欺侮问题是发生在学生身上的，也有学生身心发展的原因，但这些原因也是由于社会、家庭等外在因素促成和加剧的。如日本学者高志大田认为，现代的日本青少年心理上的挫折感是源于一种目的不明的挫折。他们不知道他们在追求什么，也不知道他们的学习是为了什么，这种"无目的"的心理使他们烦躁愤怒并在日常生活中长期处于一种受挫状态中。他们找不到其内在的不稳定的心理因素，因而要求自己确定一个稳定的目标并以此消除其受挫心理，因为一定的目标能给人以稳定的心态和必要的行为动机。反之，一个人就会陷入深重的痛苦之中，常常通过感情的冲动欺凌弱者而使自己得到快乐。"紧张理论"和"压力理论"的观点认为，在学校严密的管理体制、划一主义的教育、学历至上主义的体制下，孩子们特别是小时候进入学校后有较大的压力，不能满足需求，为了缓解和消除压力，而采取欺侮的手段来欺侮他人。加害者进行欺侮的理由是"生气"、"焦躁不安"、"欺侮以后感到舒畅、痛快"。

还有一种"规范意识欠缺说"认为，孩子们的规范意识的崩溃和道德性的欠缺是欺侮发生和严重化的原因之一。看到被欺侮的孩子难过、悲伤，处于悲惨的境地，这些孩子不觉得被欺侮孩子可怜。

（2）针对"欺侮"问题的策略和教育改革

以"校园暴力"和"以强凌弱"为代表的教育病理现象同时成为日本第三次教育改革①的一个大的背景和推动力，当然这次改革也是在社会的日益国际化、信息化、消费的高度化以及生活方式的多样化的背景中进行的。对于"欺侮"问题来说，日本人认为"划一的平等主义式教育和竞争性是导致以强凌弱和拒绝上学等'病理性'现象产生的原因"，既然如此，"宽松"和"个性"，即改革以往中央集权制的划一平等主义式教育，放宽各种规章制度，促进地方分权化和重视个性，成为20世纪80年代以来日本教育核心的教育变革指导思想和变革目标。② 1994年日本政府成立了改革教育的临时教育审议会，临时教育审议会在其第四次咨询报告

---

① 第一次教育改革，即明治时代学校制度的设立，是现代学校制度的起点；"二战"后为第二次教育改革时期，使教育走向民主化、大众化和平等化的轨道。但三次改革的样本基本上都是欧美国家，尤其第二和第三次是以"美国版"为范型的。参见藤田英典《走出教育改革的误区》中文版序，张琼华、许敏译，人民教育出版社2001年版，第1—35页。

② 藤田英典：《走出教育改革的误区》中文版序，张琼华、许敏译，人民教育出版社2001年版，第3页。

中指出，要"克服我国教育的划一性、刻板性、封闭性这一根深蒂固的弊端，确立维护个人尊严，尊重个性，强调自由、自律和自我负责的原则，即贯彻'重视个性的原则'。必须依据'重视个性的原则'，对教育的所有方面，包括教育的内容、方法、制度、政策等，都从根本上加以重新认识"。2000 年教育改革国民会议把"培养人性丰富的日本人"置于首要地位。

体现"宽松"和"自由"原则的措施是增加课余时间。1992 年日本学校开始实行一个月一次的周五日制；1995 年，开始扩大到一个月两次，即每个月的第二个星期六和第四个星期六休息；1998 年 11 月新发表的指导方针明确规定，到 2002 年真正实现中小学生的双休日。

与周五日制相关的另一项改革措施是减少课程内容。新的指导方针中规定的课程内容与 20 世纪 50 年代比，削减了近 50%。

为了打破"划一性"管理和学习等方面造成的紧张和压力，在班级组织、纪律和教育方法上也有体现宽松和自由原则的变革。如上课不讲纪律，教师管教不管学；几乎没有家庭作业；一个老师管一个班，叫"担当"。班级里没有"班长"或其他"班干部"，有一些"委员会"，但不是"权力机构"，而是纯粹服务性的。还实施一种"平行教育法"，即学校在教课时，不论有能力还是没能力的学生，成绩都要一样。哪怕是其他活动，在运动会上或者其他的比赛当中不设一等奖，只设参与奖，只要参加了这项活动，就都可以得奖。避免落后的学生被别人看不起。

另外，文部省还有一些具体的要求和措施。如 90 年代中期欺侮问题再次恶化后，1995 年 12 月文部省发出《关于彻底解决欺侮问题等》的通知，要求各地教委和学校对各项措施进行总检查，彻底解决欺侮问题。1996 年 1 月文部大臣发出"为了保卫孩子们宝贵生命"的紧急呼吁，还召开由学校生活顾问和教育咨询员参加的临时会议和由养护教谕参加的临时会议，积极寻求解决对策。同年 2 月，文部省设立了由文部事务次官任部长、由初等中等教育局、终身学习局、教育助成局、高等教育局、学术国际局、体育局的局长等为成员的"文部省欺侮问题对策本部"，以谋求统合文部省各部门，从学校教育、家庭教育、社会教育各领域推进欺侮问题的解决。另外，文部省还成立了"儿童学生问题行动等调查研究协力会"，对欺侮问题进行调查研究，在此基础上，完成《关于欺侮问题的综合性措施——现在正是我们每一个人为了孩子而行动的时候》的报告。

报告对家庭、社区和学校应采取的具体措施提出了明确的要求。要求学校做到的是：①确立有实效的指导体制；②究明事实关系；③对有欺侮行为的学生进行恰切的教育指导；④对受欺侮学生采取灵活措施；⑤开展积极的学生指导；⑥与家庭和社区开展联合和合作。根据这些要求，学校采取了一些具体的措施，如设置咨询窗口，为学生提供各项咨询活动；给每所学校配置受过特别训练的生活指导员，为一些身心受到严重伤害的被害者提供了一些具体的帮助；对因为被欺侮造成的惧怕上学、拒绝上学的孩子，允许他们转校，转班或让他们到学校的保健室自习，脱离欺侮者等。

2. 对日本基于"欺侮问题"改革措施的基本认识

应该说，文部省和各级学校的各种措施在一定范围和程度上确实是有效的。但从总体上看，所有的策略和措施，同时也都给人一种回避问题实质和转嫁问题责任的感觉。

转移问题。周五制是作为医治教育问题的一个"处方"出现的。实行周五日制和削减教学内容的目的之一是想把孩子还给家庭和社区，让孩子生活得轻松和自由些，以减轻心理压力。从理论上可以这样推测，降低学校在青少年生活中所占的比例，那么与学校有关的各种病理现象就会减少。但这并不是解决问题的办法，而是把问题赶出学校之外，把责任推向社会和家庭。周五制推行者所设想的学校以外是"健康的家庭和社区"，但事实上，学校以外的地方更可能是"私塾"和"闹市"。"'工作狂'的工作中心主义、公司中心主义和'学校教育依存症'、'学校教育肥大症'以及激烈的考试竞争，使得学校生活变得没有放松的余地。"[①] "实现丰富的文化生活"、"自立和共存的教育"、"培养自我教育"的目的很难在这样的社会现实中实现，周五制的实施直接导致的后果却是"惰性时间增加"、"生活时间分化"、"学习时间减少"，孩子们课余时间的增加并未减少校园暴力，反而压缩了学校的宽松时间，并导致了智育的偏重和教育水平的降低。学校病理不是升学压力、管理主义、学校生活与时代生活不一致等单方面造成的，而是各种因素叠加在一起的结果。靠单纯压缩时间、教育选择自由化等，无疑是一种"短视"的策略。

---

① 藤田英典：《走出教育改革的误区》，张琼华、许敏译，人民教育出版社 2001 年版，第89 页。

"治标避本"。藤田英典认为，学校"牧羊式"的监护①，按照实际内容和对象应有四个层次，惩戒层次、治疗层次、教育层次和环境层次。周五日制带来的教育的自由化、私事化，都在教育层次上缩小了学校和社会的监护活动，在环境上没有做任何新的事情，只是把责任和自由交给了孩子及其父母，出了问题就由惩戒层次和治疗层次来处理。②教育和环境是问题产生的根，但惩戒和治疗只是问题产生之后的补救措施，所以，从这个意义上，用力是在"标"上。此外，学校的一些如咨询、指导和加强监护的措施，也多是在防、堵上做文章。

另外，转移问题和治标避本的做法还集中体现在班级崩溃问题上。班级崩溃，是指学生们不再听从教师的教诲，不承认教师的权威，导致以班级为单位进行的教学活动无法继续、班集体的教育功能无法发挥的状态。面对班级崩溃日益严峻的现实，在日本有几种对待"班级"的看法。一是主张消灭班级。如东京大学教育部的佐藤学教授，提出了建立"学习共同体"的主张。他认为，现行的班级体制和制度正在解体，"以黑板、粉笔和教科书为中心，教师一齐授课"的教学组织形式"已经落后于时代了"。主张组织 20—25 人的小班，学生不是每个人使用自己的课桌，而是大家坐在大桌子旁边，共同听课、学习，教科书只起辅助作用，不是用周密的规则约束学生，而是让学生自然地相互学习，如此来建立"学习共同体"，来解决班级崩溃问题。

二是开放班级，包括功能的开放和管理的开放。日本明星大学的高桥史朗先生认为，必须改变学校教育的功能，即从把作为经济增长、"立身出世"的手段的学校转变为能使学生感到并追求学习本身的喜悦和价值的学校，学校应当改变对片面提高智商的目标追求，真正地实行以培养"生存能力"为目标的教育，注重儿童的体验活动和学习活动的连续性，从根本上改变传统的教育内容、方法和评价。如教师和父母组成联合战线，打破"班级王国"的封闭性；通过导入 TT 制（即复数教师制），确立多位教师的协作指导体制；在学校运营上，校长要发挥领导职能，同时全体教职员工要团结一致；积极导入体验性学习活动，同时在今后的授课

---

① 牧羊式监护，是指为了不让青少年在生活、成长中误入歧途而进行的关怀、帮助活动，是教师"代行家长"的权利和义务，包括了体罚在内的教师的教育权利和惩罚权利。

② 藤田英典：《走出教育改革的误区》，张琼华、许敏译，人民教育出版社 2001 年版，第95—98 页。

中，使在体验活动中获得的精神力量得以延续等。

三是，加强班级经营，加强管理力度。如日本文部省首先从班级崩溃是因为教师的指导能力不足的认识出发，于 1999 年 8 月提出了如下紧急对策：要求都、道、府、县教育委员会依据自己的判断，向已经发生或有预兆发生班级崩溃的小学配置非专任教师，使每班的教师数由现在的 1 名增加到多名，以加强对班级的管理。而且，为了切实把握班级崩溃的实况，文部省于 1999 年 2 月成立了"班级经营研究会"，负责对班级崩溃问题进行调查研究。该研究会认为，解决"班级不能很好地发挥功能的状况"（即班级崩溃）的根本措施就是"充实班级经营"；为了解决问题，重要的是"首先要切实把握每个班级的状况和孩子们的状态，从这个认识出发，具体地推进班级经营"。

与孤立地注重问题本身研究的做法不同，还有一类情况是针对产生问题的土壤进行的对策研究，即营造班级文化、改变学生生存环境。如原大阪教育大学研究生院的土田阳子指出：教师要想解决欺侮问题，要求孩子们友好相处，训斥加害者一方，从表面上似乎是解决了一些问题，但却不能解决根本问题。而且，如果为了"消除欺侮"，而加强了学校管理和监视，反而会加大孩子们的压力，导致恶性欺侮的发生。这样造成的孩子们的不满和压力，也可能还会造成其他问题行为。她主张，应该从以下两个方面来防止欺侮严重化：第一，考虑建立良好的班集体和学校，改善班级的氛围和学校的氛围。第二，倾听儿童内心的声音。孩子们现在每天做着同样的事情，每天处于看不见目标的竞争中，心灵也逐渐闭锁了。成人应该注意倾听孩子们心灵深处的声音，了解他们成长中的烦恼，把他们从压力和闭塞的状态下解救出来。藤田英典也提出丰富、充实学校的生活，充实学校作为精神家园的职能，克服欺侮者集团的冷漠等思想。①

3. 对日本教育病理和教育变革措施关系的文化分析

从上述对待教育问题的策略看，日本更热衷于制度和方法的变革。当然，任何变革最终可能都要体现在制度和方法上。但是，问题在于对制度和方法本身，应该或必须放在具体的教育情景中、在社会文化的大背景下，并在运行过程中才能准确认识和判断其价值。从本人目前掌握的资料

① 参见藤田英典《走出教育改革的误区》，张琼华、许敏译，人民教育出版社 2001 年版，第 123—129 页。

来看，在对待教育病理问题上，日本所缺少的可能正是对自己社会文化的深度反思。

"在世界历史上，很难在什么地方找到另一个自主的民族如此成功地有计划地汲取外国文明。"① 这种汲取也表现在教育领域中。日本的三次教育改革，都以欧美国家教育为范型，尤其是从第二次改革开始，仿照的是美国模式。但日本和美国两个国家在思想、文化乃至风俗习惯等方面都有很大的差异。日本社会以均质性、划一性著称。在这样的社会里，差异被当作异端来排除。进入 80 年代后，由于日元不断的升值，许多企业纷纷到国外投资。而随父母到国外生活和学习的孩子一旦回国，就首先成为被压制的对象。因为他们将国外的思维方法和生活方式带回，"扰乱"了学校的正常秩序。所以，日本从表面上看是一个善于接受外来文化、善于学习的国家，但它的成功大体上集中在技术和制度层面，至于更深层的文化心理，在客观上和主观上都有排斥倾向。虽然，第三次教育改革以自由、民主、平等、个人等思想为内容，但事实上，日本人所信奉的个人、平等和自由等观念，却是很"日本特色"的。日本的"个性观"，与其说是"个人主义"的，不如说是"关系主义"的②，因为不论孩子还是成人，都是集团或关系中的"个人"，个人的地位、价值是以所属集团的社会地位来衡量的。这与欧美对个人主义的看法，有不同的性质（美国的个人观也经历了"原子论的"个人观到"关系中的"个人观的演进③，但毕竟是一个认识的过程，而且，即使在"关系"中认识个人，对特殊性的态度也不是排斥而是欣赏和包容的）。"与众不同"，就应该被排挤、受侮辱，而且是"耻有应得"。藤田英典把日本中小学的欺侮现象分为四类：第一类是在学生集团的道德状况和精神面貌混乱、低下的状态下发生的欺侮。第二类是扎根于某种社会偏见和判别的欺侮。这类欺侮基本上是依据排除异质性理论展开的，异质性有的是身体、态度和行为方面的特异表现，有的是人种和阶层等社会文化方面的特异属性。这类欺侮一般能被

---

① ［美］鲁思·本尼迪克特：《菊与刀——日本文化的类型》，吕万和等译，商务印书馆1990 年版，第41 页。

② 藤田英典：《走出教育改革的误区》，张琼华、许敏译，人民教育出版社 2001 年版，第88 页。

③ 杨小微：《美日教育本土化变革的比较及其对中国的启示》，载上海市社会科学联合会编《人文社会科学与当代中国》（第一卷），上海人民出版社 2003 年版，第51 页。

局外人看到，但是这些人大多对此采取默认或袖手旁观的态度。第三类是在一定的封闭集团内发生的具有一定持续性的欺侮。在这类欺侮中，欺侮的对象是该集团的成员，但由于某种原因（如新成员或转校生，与集团的节拍不符，被感到缺乏同步性和忠诚心，对权威和秩序有反抗精神等），他在该集团中处于边缘地位，一旦有某种契机，就会被欺侮。第四类是某个特定的个人或集团对有某种关联的个人反复施加暴力或者恐吓等的欺侮。① 第二、第三种似乎都有"耻有应得"的成分在里面。

在日本的文化传统中，"身份制"和"等级制"是相互关联并沉淀为潜意识的文化基因。传统社会中，个人出生后就被赋予了一种名分，并被保留一生，依靠它给每个人定位，使之安分。日本在近代废除了身份制，但也只是废除了"制度"，而事实上它仍以改变了的形式存在于日常的观念和行为方式中，典型就是日本的企业。日本人的"某某大学毕业"也是一种身份表征，毕业后的工资标准等往往要考虑学历和学校，而且对一生都有影响。与"身份"意识相关的是"秩序"或"等级"意识。日本的任何一个团体成立后，首先要做的一件事就是给全体员工排序，在团体里不排列出顺序来，他们就会感到很不方便、很不踏实。每个人只能在其位谋其政，不可僭妄，"各得其所，各安其分，各尽其责"是他们理解的和谐秩序。给了你名分，也就意味着给了你这个名分下的社会地位，或者受尊重，或者受排斥，也都是"各得其所"。所以，理解日本人的平等、自由、个人等观念，必须放在他们的"身份"和"秩序"的文化背景中；否则，就容易和西方的平等、自由和个人观念等同。日本社会的等级秩序也可以变通和调节，如富裕起来的商人和高利贷主，可以利用典押和地租而变成地主，还能以过继的方式把自己的儿子变成武士的后代。还有不同等级之间被允许通婚，等等。② 现在则可以通过考上好的大学的方式，改变自己的身份和地位，但这种变通，却很难触动文化潜意识。

制度与文化处于相互构成的关系状态，美国的民主制度诞生于它的诚信文化并依赖这种诚信文化，并与文化相互滋养、相互生成。但日本的文化和制度之间，却缺少这种活态的共生机制。日本人用日本文化改造了西

---

① 参见藤田英典《走出教育改革的误区》，张琼华、许敏译，人民教育出版社 2001 年版，第 123—129 页。

② ［美］鲁思·本尼迪克特：《菊与刀——日本文化的类型》，吕万和等译，商务印书馆 1990 年版，第 50—51 页。

方的企业制度，即在民主自由的制度里面流动的却是自己的等级色彩很重的文化血液，这种被改造的或"日本化"的企业制度在成人世界里可以顺利运转（但也可能表现出另一种类型的问题），但在儿童世界里，却会出现儿童化的问题，即一方面是划一、等级和排斥异己的文化意识，另一方面是民主的制度和学生现实生活的无组织和无政府状态，也即在制度和文化之间存在着一个漏洞，在这个漏洞中，会自行产生一种依靠自然法则（优胜劣汰、弱肉强食）处理群体关系的方式。欺侮现象就是一种表现。

日本教育体制和学校管理制度的变革目的虽然强调了个性、自由，但它的问题可能在于把体制和制度的变革与个性和自由以及相应的民主素质的养成看成一个自然而然的过程，认为只要有了自由的制度，就会有自由的"结果"。

所以，日本的制度疲劳，不仅是指划一的集权制度，即使美国式的"民主制度"在日本的文化土壤上照样"打不起精神"来；在一定程度上，正是民主制度诱发和加剧了欺侮现象、班级崩溃等问题的程度。在日本，也有人认识到自由、平等、个性等观念是班级崩溃的土壤。把各种教育病理问题的重要原因看作是学校内部的东西，尤其是制度的东西，并把制度的变革与学校自由化、教育个性化直接从表面上联系在一起，是不恰当明智的。对日本来说，缺少的不是单纯的制度性变革，而是缩小文化与制度之间漏洞的人为努力。在已有的文化基础上、在新的社会结构上重建新的社会文化环境和生活的价值观念，才是文化建设的真义。

日本靠移植、"拿来"成功地解决了社会经济的发展问题，所以，"拿来"也成了一种习惯。不直面问题以及问题的文化土壤，单纯强化制度是行不通的；不改变学校空间而是压缩学校空间的办法，只是回避了问题，而没有解决问题。90%以上青少年的主要生活都是在学校中度过的，即使压缩了学校空间，仍然改变不了这个空间的性质，问题仍然会产生。学校复兴、教育复兴，不是靠选择学校和选择班级的自由来实现的，建设学校，建设班级，才可以使教育改革走出误区。

4. "新基础教育"文化建设的本土意义

中国与日本，同属东方文化，有不同，也有许多相似之处，比如官本位、等级意识等可能有程度的不同，但本质上应该差别不大。中国面临的诸如"考试"地狱、升学压力、青少年道德状况问题等，与日本也有很多相似之处。随着对外开放程度的增强，文化交流的深入，"制度热"在中国也暗暗升温。美国人将制度视为约束人行为的"底线"，日本人将制度视为解决问题的"工具"，而中国人头脑中的制度观念，基本上是一种管制人的"锁链"，是"上面"制定出来"管""下面"的。① 在教育中，也引进着一些制度，但我们同样缺少产生这些制度和保证这些制度运行的文化。如果没有文化的改造，单纯靠制度来解决问题，很可能也会产生类似日本的新的制度性问题。"本来民主"和"为了民主"说明了文化根底的不同，民主制度运行于民主文化中可能是一种自然匹配的状态，但单纯移植制度而不改造文化，则可能导致无政府主义。

我国正处于社会的全面转型期，是全面转型，就意味着政治经济和文化的同步性，就意味着社会各个领域的同步性和相互作用性，就意味着社会各个领域都要为实现全面转型变革自身同时也为整体变革做出"分内之贡献"。教育变革，一方面要依据社会文化实现自身的转型，另一方面，又不能等到社会文化转型成功之后，再考虑自身的转型，教育同样承担着文化传承和文化改造、文化创新的多重使命。下面，通过"新基础教育"的班级文化建设思想和实践，理解本土问题和本土文化之间的动态生成关系，理解教育变革理念本土生长的过程、方式和意义。

（1）"新基础教育"的核心理念——主动健康发展的人和文化建设观

其实，"新基础教育"、"主动发展的人"和日本"个性的人"，就其提出的国际背景和社会现实，基本是一致的。日本第二次教育改革的中心原则是效率、平等；在国际化、信息化和消费的高度化以及生活方式多样化的时代背景下，"共存"和"自我实现"构成第三次教育改革的中心原则。共存原则受到重视，一是因为国际化发展背景下不同文化发展的需要，二是在城市化和家庭孤立化现象日益严重的情况下，人们对人与人之间有联系的、具有生活情趣的社区生活的追求使然。自我实现最终被聚焦在"个性原则"上。② "新基础教育"对社会和时代背景的理解，也同样基于对全球化和信息化的时代背景的思考，同时，也更具体到对中国社会发展阶段性特征，即社会转型性发展的把握，认为"与上世纪末20年的变革以冲破旧体制、扫清新体制建立的障碍、解决产业结构调整中一系列

---

① 杨小微：《美日教育本土化变革的比较及其对中国的启示》，载上海市社会科学联合会编《人文社会科学与当代中国》（第一卷），上海人民出版社2003年版，第54页。

② 参见藤田英典《走出教育改革的误区》，张琼华、许敏译，人民教育出版社2001年版，第3页。

社会问题为主的总特征相比，新阶段更加着力于在新形势下和已有改革开放基础上的新体制、新经济结构的建构与完善，更加关注社会发展的整体性和协调性，更加强调社会发展与人的终身、全面发展的内在一致性。"①国际的和国内的时代特征综合起来说，就是社会生活变化节奏快，变化幅度和强度大，而在这个变化过程中，发展的机遇可能和风险危机并存，生存环境中不确定因素大增。而这样一个时代，呼唤人的主体精神，需要人的主动性的参与。人在复杂背景下的自我选择的意识与能力，对于人生的意义与价值，就显得更为重要和必要。

"新基础教育"主动发展的人的理念，更是建立在对学校教育具体现实问题的反思基础上，建立在对"学校文化"和"人的发展"关系的深入认识基础上。在学校生活中，教师和学生习惯于"执行"已经被安排好的什么，如教师完全依赖于教科书教学、课堂上演出的是一幕幕事先编排好的"教案剧"②；每个人习惯于因循什么、习惯于听从别人甚至要求别人来安排自己，即使在教育变革中，教师也总要求给"操作模式"，把自己降为按照固定流程和程序进行操作的"操作工"。同时，教师也要求学生"听话"、"顺从"等。这其实是整体划一、生产"被动性"的社会文化在教育中的具体体现。"新基础教育"的"主动"，就是针对这种让人被动、不断复制被动的人的教育现实和产生这种教育现实的社会现实、文化现实而言的。

学生每天都处于其中的班级，其组织结构也是和社会组织、社会结构同构和同质的。在班级组织形式中，学生"干部"和"群众"层级分化。在传统意义上，日常的班级工作被分为管理和服务两大类，管理工作由教师和班干部来承担，班干部天经地义地成为老师管理的帮手，行使着"小警察"、"情报员"和教师"代言人"的角色和职权，在班级俨然成为一个高人一等的"特权阶层"，整个班委就相当于由"精英"组成的一个"全能政府"，所有的事情都能而且都要包办，一般的学生则只好做"臣服的"成员，这种体制不可能避免权力"专制"。这种组织中的两类人，对应于成人世界中的两个"阶层"，即班干部对应于社会中的"领

① 叶澜：《实现转型：新世纪初中国学校变革的走向》，《探索与争鸣》2002年第7期。
② 主要参见叶澜《让课堂焕发出生命活力——论中小学教学改革的深化》，《教育研究》1997年第9期。

导"阶层，而大部分学生缺少班级主人感，处于被动服从的地位，缺乏管理与自我管理的意识与能力，这些人成人之后，可能就是成人世界里不关心时世、不思进取和发展的"芸芸众生"。①

观念中，对于什么样的人可以当干部，与社会认识也是一致的。在班干部是"管理者"的观念系统里，就要从能否"胜任"这个角度考虑什么样的学生可以做班干部，也就是说，做班干部必备的素质是在班干部产生的时候已经"具备"的或至少是有这方面的"潜在"素质或基础的。所以，在什么样的人才能当干部的认识上，除了"肯全心全意为班级服务"这个态度上的要求以外，"能力强"、"有特长"等成为最重要的衡量标准（一般来说，习惯从学习好、有特长和肯为班级服务三个大的方面衡量或挑选班干部，还不是真正的"管理"能力；三者当中，起主导作用的观念是"学习好"，学习好等于能力强，因为在学校生活中，尤其低龄学生中，主观上不愿为班级服务的现象并不常见，所以"肯为班级服务"基本上是一个"虚"的标准）；"强"成为衡量班干部的首要的指标，成为对班干部的一个特殊要求，而符合这一指标和要求的，毕竟只是少数人。那么，在这种观念系统支配下，班干部也只能是"终身制"。班干部也有轮换、"下岗"，但轮换是"干部内部职位的调整"，"下岗"是因为"做不好"、"犯了错误"，有惩罚的意味。而且有意思的是，犯了错误被换下来比做得好好的被换下来，后者的"难受"程度比前者大，甚至有的学生因此不再希望当干部，因为"被轮换下来比不当干部还惨"。还有的认为只有当干部才能锻炼自己，不当干部就没有锻炼自己的机会了，所以，不当干部了就"不知再怎么办"。很多的学生认为锻炼的机会，是老师"给"的，这表明"依附"的种子是从小就被播种在学生心里的。②

在理性认识上，"新基础教育"通过"关系"和"活动"把握人发展的主动性，认为作为个体最基本的关系与活动有两大类，即个体与周围世界的关系和实践性活动，以及个体与自我的关系和反思、重建性活动。个体的主动性的发生，总是在对外界和自我及其关系、对将发生的行为价值等有了认识并产生意愿后做出的选择与行动。这两类关系与活动中，不

---

① 参见叶澜主编《"新基础教育"探索性研究报告集》，上海三联出版社1999年版，第44页。
② 本部分有关"新基础教育"班级建设的相关资料，是本人在参与叶澜教授主持的"新基础教育"研究活动过程中，通过与教师和学生的访谈搜集的。以下不再——注明。

管最终主体选择"进"还是选择"退"，或选择"保持不变"，都是出于个体本身的认识和意愿。用"主动"来界定"发展"，是因为它既体现了活动状态，又内含了主体自觉，还指向了关系事物，且道出了追求期望。这是"新基础教育"从关系和活动的整体框架出发，以人的本质力量和当代中国社会发展的需要的整合为依据，对教育应以"学生的什么发展"为本的回答。①

"新基础教育"对于"主体"的理解，还得益于著名思想家埃德加·莫兰的生物的主体和自组织理论。② 而对于文化的观点，受到荷兰哲学家冯·皮尔森关于文化的概念的影响，即文化是"人对周围力量施加影响的方式"，文化和人的生存方式成为同义语，文化不是"产品型"、"过去时"、"凝固态"的，而是活动，是策略的、流动的，面向未来的。在此基础上，"新基础教育"提出了学校教育的文化使命：第一，文化在教育中的功能应提升，它将是形成学生对周围世界和自己的一种积极而理智的、富有情感和探索、创造意识的态度和作用方式，是开发学生生命潜能的一种力量。第二，中国的现代化过程是培养新的一代和改造成年一代的双重意义上的人的现代化过程，是学校教育与社会教育的双重改造，包括观念、内容、组织、活动及教育的行为方式的全面改造。第三，学校要完成适应新时期发展所提出的新文化任务，唯一的出路是参与到新文化的创造中去，按社会发展的要求和时代精神建构超越现实指向未来的新学校文化。第四，学校新文化的建设并非要求对历史和现实取虚无主义的态度，而是应在现有文化的基础上，按培养新人的要求，进行取舍、整合与转

---

① 见叶澜《重建"课堂教学"价值观》，《教育研究》2002 年第 5 期。

② 莫兰从科学的角度重新定义了"主体"概念，并把它拓展到整个生物领域，为主体研究提供了一个不只是停留在思辨领域的视角，并对哲学中涉及的主体问题作了与科学相联系的再思考。他认为，生物具有自我产生和自我再生的自组织能力，这个能力是通过处理一系列信息的、通过自己和为了自己的运算来实现的。生物的最小行动都以"我运算"为前提，通过运算，个体自我中心地根据它自己来处理所有的对象和材料。主体就是这样一个进行运算的存在。人一方面没有脱离生物领域，故依然保留着生物的基本特性，但在人类身上又出现了非凡的新形态，即具有意识、语言和文化，人作为运算/认识的个体——主体，能够做出决定、进行选择、制定政策、享有自由、进行发明创造。第二，在沟通人与生物界的关系的同时，又凸显了人的主体之独特。这种独特内含的本质力量是人具有自觉、自主的选择、策划和创造的能力。从教育的眼光看，这种认识—运算活动，不仅指向外部的物质生存的环境与对象，还指向内部的精神生存的环境和对象。当指向内部世界的认识和运算，直接关注个体自身的发展问题时，人就具有了独有的主动把握自己人生和命运的个体发展意识和能力。

化，使文化活化、动态化和面向未来，这本身是一个充满创造的过程。①

（2）"新基础教育"的文化建设方式

因为文化是一种"生存方式"，那么实现教育的文化使命，就不是遥不可及的一个目标，不是一种"乌托邦"想象，而是体现在对日常生活状态和日常行为方式的具体改造过程之中。班级是学校机体的细胞，是学生在校生活的"家"，是学生实现成长和社会化的重要基地。学生每天在校的班级生活，即每天都存在、都在做的事情，如班级组织、活动进行方式等，对每个学生发展的影响是不可忽视的。班级建设，除了关注那些集中的、大型的、阶段性的主题型活动外，就围绕一个"还"字，从改造"日常活动方式"入手。

班级的文化改造和文化建设，"通过建立小干部轮流制、班级岗位制、小班主任制等制度改革，使每个学生参与班级管理、体验不同角色，发挥个人特长，促进每个人都能在其中得到发展的优秀集体的形成；培养学生自我管理、自我评估和掌握调控的群体自我教育能力。通过学生独立组织开展班级活动和参与学校活动及公益性活动、兴趣小组活动，培养个人对集体的热爱、责任、义务感和集体荣誉感。发展交往合作能力，促进学生个性的健康发展和才能的充分发挥。积极创造班级文化，丰富学生的精神生活。把班级还给学生，让班级充满成长气息，使班级成为学生的精神家园，是班级建设新模式追求的目标"②。

"新基础教育"的班级文化建设呈现两个重要特征，一是类型丰富，如班级个性文化方面就有：班歌、班徽、班训、班旗、班刊（"成长树"、"快乐点击"、"心的交流"等）、小报、班规、组规；成长系列的有"成长记录袋"、"愿望树"、活动日志、"芳草地"、"小苗圃"、"雏鹰展翅"、"多彩的生活"、"我是班级小主人"、"争星星活动"（进步星、学习星、劳动星、卫生星、助人星、守纪星、活动星、文明星等"八星"）。另外还有图书角、黑板报、学习园地等。

团队活动有：艺术类的如手工、书法、民乐队、绘画；科技类的如车模、航模、测向、电子探雷、头脑奥林匹克、IT 兴趣小组、"身边的科学"读书系列活动；体育类的有各种体育活动队（乒乓球队、体操队

---

① 参见叶澜《世纪之交中国学校教育的文化使命》，《教育参考》1996 年第 5 期。
② 叶澜主编：《"新基础教育"探索性研究报告集》，上海三联书店 1999 年版，第 10—11 页。

等）；社会活动类有社会实践和调查、导游队、志愿者等。

学校范围的还有艺术节、科技节、读书节、各种竞赛活动；从学校范围看，富有个性的班级文化、年级（楼层）文化、走廊文化等的教育效应发挥出来。

二是发展性。文化建设围绕不同的发展主题，结合学生的阶段性特征，呈现出发展性、系列性和序列性，也就是说围绕一个主题，随年龄或时间的推移，有向纵深推进和横向拓展的趋势。

（3）"新基础教育"文化建设的特点和效果

与日本对待班级、对待文化、对待问题的态度和做法不同，"新基础教育"直面问题，寻找根源，着眼于文化的改造实现人的改造，通过人的改造实现文化的改造。当然，这与对"文化"概念的理解、对教育的文化使命的认识等有关。它采取的是一种在原有文化基础上积极建设的态度，不是回避或转移或推卸责任的方式，而且"新基础教育"的文化改造和文化建设是通过改变日常行为方式而进行的渐变的、踏实的、有效的，虽然充满艰难、反复，但确实又不断推进的变革过程。

比如，为了打破教师单方面指定班干部（或者看"出身"——以前是否做过班干部），学生不能民主参与班级管理从而也不能激发主动参与精神和参与意识的状况，"新基础教育"最初提倡以"竞选"的方式产生班干部，民主选举是作为民主参与的一个手段、一个途径。这种方式在改革初期发挥了应有的作用，师生的民主意识和民主能力都有了较大的改观，尤其是有些班主任的观念里，已经把"班干部岗位"从狭隘意义上的班主任帮手性质，转换为把"班干部岗位"看作一个锻炼学生管理班级和自我管理能力的一个公共的资源、手段和方式，一种不为某些学生所专有的、人人都有机会分享的资源。但是随着改革的推进，面对师生新的认识状态，作为实现"民主"的一个常规性的方式或程序，就有了新的局限，即不能使"岗位"作为一个公共资源的价值充分地开发，使每个人分享。这时候，师生表现出创造性的智慧，为了扩大参与性和民主性的程度，对"制度"进行了创造性的突破，如建设两个或三个班委会，或在对班级事务分类的基础上，把班级成员分成"十大工作组"，不仅为更多的学生参与管理、做班级主人创造了机会，而且营造了相互竞争、对比和学习、合作的氛围；岗位类型丰富，因事设岗、因人设岗，尽最大可能开发资源，如岗位走出班级，扩展到学校层面；学生不仅参与到各种管理领域和管理过程，而且参与到岗位的产生、职责的确定、命名等过程，学生的自主意识、自主能力、民主参与的精神和能力都得到锻炼和提高。

在岗位轮换过程中，"换岗不换人"的做法还是比较普遍的，虽然理性上接受了新的观念，但被轮换下去，仍然感到不好接受。经过长期、反复的推进，最终出现：班干部被轮换下来感到"很光荣，因为可以带新干部"；还"可以到新的岗位上或挑战新的有难度的工作，更多地锻炼自己"。有的班干部会主动提出让少数能力差、或没有当过班干部、或担任过的岗位难度较小的同学有锻炼的机会，以培养能力、锻炼胆量。

对不同学校、不同年级师生进行访谈，并对教师在日常研究性实践中所写的"研究文献"做分析，可以提炼出师生对班干部标准的几种认识类型：

成绩和能力型。学习好，有能力。

特长型。某些方面领先一步（如智多星、火车头、水中鱼）。

态度和品质型。肯为同学服务，工作认真；说到做到；对自己要求高。

资源型。把各种岗位看作每个人都可以享受的权力和每个人都可以享受到的锻炼自己的资源。

如果进行过程性的分析，可以发现，在改革初期，前两项认识占绝对多数，后来中心逐渐后移。目前，第三类型普遍，第四类型开始增多。已经有学校在班干部选举时创造性地改变了班干部的推举标准，即不再从能力，而是从"工作认真；热心助人；说到做到；对自己要求高"等方面对班干部提出要求。当然，虽然推举班干部时我们不再"唯能力"论，但在班干部上任之后，不仅要从能力和态度方面要求，而且还要有意识地从态度和能力方面对班干部进行培养和锻炼，只有这样，才能实现干部岗位的教育价值和作为一个公共教育资源的意义。"态度"也不是先天就成的东西，也是在实践中生成的；从这个意义上，服务意识、能力、态度，都需要锻炼，因此，"态度"也不成为"班干部"的"入门资格证"。

第三，学校文化可以改变或辐射到家庭、社会。干部轮换制实行初期，最大的阻力其实来自家长，他们往往会问"孩子做得好好的，为什么给撤下了？"但当"资源意识"被学生家长等认识和接受后，"干部轮换制"的阻力消失。

"新基础教育"文化建设的效果是明显的：学生心理发展较积极健

康，自我意识和自我管理能力发展显著，班集体特征显明。同学间团结友爱，集体好胜心强，不孤立、歧视学习困难的学生，各方面优秀的学生不盛气凌人，几乎在试验班成为普遍现象。这是学生心理健康最重要的保证。在有的试验班里，学生因随父母出国或其他因素等离校后，只要放假就想回校与同学相处，甚至回原班级上一段时间课。这说明班级集体的吸引力。班级集体在学校群体中的进步在大部分学校都得到认可。①

在对我国"本土化的教育学"的研究过程中，本人翻阅了大量的文献资料，由于各种原因没有在论文中完全呈现出来。这些文献资料大量的是关于外来教育思想理论和教育变革行为的介绍和研究，关于借鉴研究方法论的文章和专门著作，大概是由于材料来源等的局限，所见到的并不多。

在阅览所掌握的有限的文献时，有一个最强烈的感受：在二十几年的苦心经营下，"国际教育学的超市"在当前已经很具规模，它给我们展示了世界教育发展的广阔的图景，矫治了我们闭关自守，甚至孤芳自赏的狭隘的发展心态，为我们描绘自己教育发展的美好画卷提供了丰富多彩的范本和原料。这一贡献是巨大的。

成绩是不可抹杀的，但却又是不完整和不充分的。一段时间以来，我们更多埋头建设"超市"，却无力理会建设的目的，也忘记了我们最初的需求，到真正去选择这些琳琅满目的外来"产品"时，却又显得过于随意。好的选择，取决于对自己的需求是什么和对自己需求合理性和可能性的清晰认识，而就目前的实际情况来看，这种认识还是不够理性的。当前的基本状况是，中国的"本土化的教育学"，所"化"的对象的形象（即外来的教育思想）很突出、鲜明而且丰富，但"本土"的形象却很模糊、单薄，有时候会模糊和单薄到让人感觉不到它的气息。没有本土的"本土化"，那是一种怎样的"化"，可以去想象。正是在这样的研究和感觉基础上，本书提出：中国的"本土化的教育学"研究，要关注"本土"、研究"本土"，不仅是从思想观念上，而且要从方法论上。

本部分选取的两个研究案例，一个是"学"、一个是"问题"，但主旨都在于揭示：本土文化、本土性那种客观存在的、不可低估的，更不可漠视的力量。

---

① 参见叶澜主编《"新基础教育"探索性研究报告集》，上海三联出版社1999年版，第42—53页。

第二章 "中国特色①的教育学":
问题与分析

一 "中国特色的教育学"的思想

中国最初依赖"进口"的方式实现了中国教育学从无到有的发展，是迫于现实的急切需要（发展近代教育及培养新型学校的教师），依赖进口，在当时几乎是唯一可行的发展策略和办法。虽然，"进口代替生产"不是发展的长久之计，但是，一个多世纪以来，以"藤本"的依附方式求发展却演变成为中国教育学研究的一个传统，这不能不说是一件令人心有不甘但确实又无可奈何的事实。中国教育学的"藤本"特征，与相当长时期整个中国社会文化在多元文化中的弱势地位有关，其实，从文化和教育的相互关系上看，二者也是相互"构成"和"塑造"了彼此的软弱状态和边缘地位。

时至今日，在中国的教育学研究中，不仅中国传统文化和传统教育思想还多是被安置在"中国教育史"的有限空间里，很难找到与"现代教育理论"对话和融通的更多机会和更广平台，就是基于"现在进行时"的对中国本土教育问题的"现代"研究和思考，也还在一种尴尬的处境之中。"历史"不能重塑，但"现实"却可以作为。今天如果不把"中国特色"自身作为教育学研究的出发点和归宿，或者使"中国特色"仍然处于一种"自在"而不是"自为"的发展状态，是对这个多元文化时代的辜负。

---

① 对于"中国特色"，也有人把它和"中国化"、"民族化"、"本土化"等概念通用，本文对后者的使用有专指；但本部分所用文献，凡以"化"为指称，但内涵却是指"中国特色"的，本文引用时一般不再给予特别注明。

（一）"中国特色的教育学"的思想历程

早在 20 世纪初期，"教育学"的中国意识、问题意识就已经孕育了胚胎，它首先表现在对"进口教育学"适用性的反思上。1914 年，张子河编写的《大教育学》自序中就有"思欲讨论修饰，以适合于中国教育界之理想实际"① 的意识。杨贤江撰写《新教育大纲》中曾声称："这本书的大部分资料，与其说是学术的研究，毋宁说是暴露的实话。""现在中国所需要的学术，……是要明白中国现状然后对症下药的学术；中国所需要的人才，……是能研究中国现状然后对症下药的人才。"《新教育大纲》是他对当时中国的社会实际和教育实际深入探索的结果，所要完成的乃是"暴露性"或"批判性"的教育概论。② 1934 年，钱亦石在《现代教育原理》中对教育学的"本土性"和"时代性"的反思更强烈，他批判了因循守旧和醉心欧美两种倾向，用现实的分析方法说明"残酷无情的新时代，已将一切陈旧的、舶来的教育原理'否定'了"。根据"新时代"迹象，他认为封建时期的教育、资本主义的教育和社会主义的教育都不适合中国，中国的新教育原理应该建立在反帝国主义、反封建势力两大"基石"上。③ 不过，非常遗憾的是，由于半个世纪的社会风云变幻，这个"胚胎"虽久经孕育，却一直没有得到真正抽芽成长的时机。

直到新中国成立，在批判凯洛夫教育学的过程中，"中国特色的教育学"姗姗出场，真正属于中国的教育学的种子才开始复苏出自己的细枝嫩芽。按照《教育基本理论之研究》等的分析总结④，20 世纪初期以来，不同时期人们从当时对"进口"教育学的反思水平来确定中国化（特色）的内涵；新中国成立以来，有三次反复。第一次是在 50 年代，以进口的凯洛夫教育学为反思对象，导致了标榜"中国化"的"政策法令汇编"式的教育学的问世。50 年代中期的"中国化"是新中国成立后翻身做了主人的教育学主体提出的。当时，中苏关系开始发生变化，学苏出了问题，又不能学西，迫使教育研究者们必须拿出自己的理论。1956 年我国

---

① 张子河：《大教育学》，商务印书馆 1914 年版。

② 杨贤江：《杨贤江教育文集》，教育科学出版社 1982 年版，第 169 页。

③ 钱亦石：《现代教育原理》，中华书局 1934 年版，第 14、18 页。

④ 瞿葆奎、郑金洲编：《教育基本理论之研究（1978—1995）》，福建教育出版社 1998 年版，第 965 页。

社会主义改造基本完成以后，号召向现代科学进军，培养社会主义的建设者和保卫者的任务也提出建设"中国化的"教育学的任务。

第二次，60 年代初期，以"政策法令汇编"式的教育学为反思对象，结果形成了刘佛年的教育学讨论稿；这本教育学力求从"政策汇编"与"工作手册"式的教育学模式束缚下解放出来，谋求教育"理论"的复归，在方法论、理论水平等方面都有突破，虽然时代的烙印仍然很鲜明，但在那个阶级斗争天天讲的年代，在教育学语录化、政策化的学科基础上，能做到这一步而且试图照顾到"学科特点"，已经实属不易。"文化大革命"开始后，连这样的一本教育学也不复存在，1966 年到 1976 年从教育学发展的特征上看，到了它的"语录化"时期。"文革"时教育学的语录化，"也可以称之为'中国化'，因为它是其他国家绝无仅有的模式"[①]。

第三次，70 年代末 80 年代初，以"文革"期间混乱的教育思想为反思对象，以刘佛年的讨论稿为参考，展开了教育学"中国化"的又一次讨论高潮，这次讨论出现两种倾向性选择，一是排他性的本土教育学；二是在人类教育文明背景上的本土教育学。80 年代始在中国特色的教育学问题上的探索要深入和丰富得多。1983 年全国第二次教育科学规划会议把建设有中国特色的社会主义教育体系作为一个研究的课题；1987 年《教育研究》编辑部召开"关于建设有中国特色的教育科学体系"的专题座谈会，涉及对中国特色的理解和研究此问题的方法论等问题；1991 年 5 月《教育研究》杂志开辟《教育理论与教育实践》专栏，促进理论与实践两方面相互了解，强调中国特色的教育学建设问题；1991 年《中国教育学刊》发表了一些专家、学者们就如何理解、界定"中国特色"等有关问题的见解。这次讨论的最大收获是认识到了教育学的"本土化"、"民族化"和"本土性"、"民族性"等问题，即关注与世界对话和接轨的同时，也关注到对话和接轨要基于本土特性和本国实际；既关注中国特色，又注意到是在"人类教育文明背景上"谈中国本土的教育学。

90 年代中期以后，"全球化"问题突出，多元文化背景使民族文化发展和民族性存亡问题变得更复杂和充满不确定。中国特色的教育学，也就不单纯是一个适应国情的问题，发展和弘扬民族性的责任似乎超乎任何一

---

① 参见郑金洲、瞿葆奎《中国教育学百年》，教育科学出版社 2002 年版，第 265 页。

个时期。这一个时期的中国特色的教育学思想，以"本土生长"、"原创"教育学为代表性话语列席了教育学"全球化"的论坛。

有"中国特色的"教育学意识和理论的出现，最早始于对"进口"教育学的反思；后来，尤其是新中国成立以后，由于国际关系、意识形态以及"有中国特色的社会主义"的理论和实践等因素的注入，使"中国特色的"追求保持了形式上的连续性（叶澜教授认为，中国教育学发展中的中外问题，每一次的中断都是在意识形态的强控下进行的，不是学术的自觉。其实，对"中国特色"的追求，在特定的一个历史时期，也更多是一种"意识形态"的产物）；而在全球多元时代到来的时候，中国特色的教育学建设的内在动力，由于外在环境的变化，也增添了新的因素，如接轨、平等对话和交流，民族文化传承、民族意识凝聚等。虽然不同的时期，对"中国特色"的理解有不同的内涵，其承担的具体历史使命也不一样，但最基本的一点追求是不变的：为了更好地适应中国社会实际和教育实际，为了更好地解决中国的教育问题。

另外，需要说明的是，对"中国特色的教育学"的追求是主流，但也有反对的声音，认为这个问题本身是一个"伪命题"，因为教育学研究的是"普遍规律"、是科学规律，结果应该具有普遍性；"中国特色"的口号存在以下弊端，首先给人以中国教育学发展的主要障碍仅在于缺少中国特色的错觉；其次，教育学如果真具备马克思主义教育学的资格，那么它就应当具备在不同国家、地区获得成功的力量而不但局限于"特色"的中国；最后，混淆了问题的实质，容易引导研究追求特色而不是"科学化"。①

这一观点基本上是站在科学主义的普遍性立场上发问的；本书认同教育学研究是"事理"②研究的观点，教育的"事理"客观上存在着民族的、地域的特色和时代的差异，所以，不存在普世的"世界教育学"，教

---

① 资料来源于瞿葆奎、郑金洲编《教育基本理论之研究（1978—1995）》，福建教育出版社1998年版，第966—967页。

② 教育学研究是"事理"研究，即探究人所做事情的行事依据和有效性、合理性的研究；是一种既要说明是什么，又要解释为什么，还要讲出如何做的研究，包含价值、事实和行为三大方面，且三大方面呈现出三种时态（过去、现在和未来），涉及活动主体与对象、工具与方法等多方面错综复杂的关系。参见叶澜《教育研究方法论初探》，上海教育出版社1999年版，第322—324页。

育学具有很强的"文化性格"①;其实,中国教育发展和教育学研究的一个世纪问题,就是我们在观念里认定了有一个普遍适用的教育模式和教育学,而这个模式又是西方的。在过去探讨教育学的中国特色,虽然渗透过民族主义的情绪、传统文化的情结等因素,但最直接的主要的学术原因是因为客观上存在着进口教育学对中国教育现实的不适应。我们的教育学是"中国的",但却不是适应中国的教育现实和社会文化环境的;或是"中国特色的",但却不是我们需要的中国特色,所以要"建设"我们自己特色的教育学,"特色"教育学的问题也因而成为一个理论上和事实上的真问题。

还有一种疑问是:为什么像中国这样的发展中国家才强调"中国特色的教育学"等问题,而欧美国家却见不到他们说"欧洲特色的教育学"、"美国特色的教育学"?其实这种提问本身已经暗含了答案。第二次世界大战以前欧洲中心主义、战后美国中心主义甚嚣尘上,对他们来说,不光是社会学科领域,在整个社会发展领域都根本没有特别表明"欧洲特色"或"美国特色"的必要。对于像中国这样的发展中国家来说,情况就不同。"中国特色"的提法,不是要排斥欧美乃至世界,而是基于尊重自己的丰富多彩的社会现实、源远流长的学术传统的需要,是研究自己问题、解决自己问题的需要,是在国际学术交流中保持文化独立品格的需要,是改变自己在世界学术格局和国内学术研究中所处边陲地位的需要。当然,"特色问题"是一个历史遗留问题,是一个阶段性的发展问题,不是或不应该是一个伴随中国教育学发展始终的终极问题。

(二)"中国特色的教育学"思想素描

20 世纪 70 年代末以来,"中国特色的教育学"思想从教育学研究的指导思想(或思想方法)、产生基础、教育学的体系和研究方法及方法论等不同的方面勾勒出对中国教育学"特色"的理解。

1. "中国特色的教育学"应该有自己独特的指导思想或思想方法,"马克思主义毛泽东思想"和主导意识形态等是保持"中国特色"的根本,之所以是根本,当时有着比较一致的看法。

首先,它解决了"路线"和"是非"问题,保证了中国教育学的社

---

① 石中英:《教育学的文化性格》,山西教育出版社 1999 年版。

会主义性质。

1979 年，"全国教育科学规划会议"的开幕词明确提出教育科学研究的指导思想，"教育为无产阶级政治服务，当前就是要为四个现代化服务。教育科学研究也是如此。教育科学研究为四个现代化服务，理论要先行，首先解决路线是非问题，在此基础上，再解决理论是非问题；要研究当前教育工作中迫切需要解决的重大理论问题和现实问题，拨乱反正，正本清源，为实现四个现代化扫清障碍，开辟道路。我们一定要坚持实践是检验真理的唯一标准这个马列主义的基本观点，很好地研究、总结新中国成立后三十年的教育工作，敢于从实际出发，提出新问题，解决新问题"①。

1980 年周扬发表《进一步解放思想，搞好教育科学研究》的讲话，奠定了整个 80 年代教育学研究的思想基调：第一，教育应当作为一门科学来研究；第二，教育科学研究以马列主义、毛泽东思想为指导，是毫无疑义的；另外，还要整理国内外的教育遗产。②

后来，"社会主义型"作为教育学的"中国特色"被明确化：第一，我们的教育和教育学，首先应该是社会主义型的，或者说教育学是马克思主义型的，是走社会主义道路的，以马克思主义为指导的，这是不能脱离的根本特点。第二，我们的教育是多元型的，教育体制、内容等要体现这种多元。第三，作为一个发展中国家的教育，应该是赶超型的。这种赶超不是 1958 年那样"赶英超美"，走人家走过的路，而是避免重蹈覆辙走弯路，是从汲取教训的意义上来说的。③ 同期，出现了以"社会主义"命名的教育学著作，即由常春元、黄济、陈信泰先生主编的《社会主义教育学》④。十余年之后，又出现了一本《中国特色社会主义教育研究》⑤与之呼应。

其次，还在于马克思主义本身是科学的。关于马克思主义的科学性主要从以下几个方面进行认识：

第一，马克思主义本身作为世界观和方法论是科学的，"事实证明而

---

① 董纯才：《全国教育科学规划会议开幕词》，《教育研究》1979 年第 2 期。
② 周扬：《进一步解放思想，搞好教育科学研究》，《教育研究》1980 年第 4 期。
③ 参见《关于建设具有中国特色的教育科学体系的问题》（专题座谈），《教育研究》1987 年第 10 期。
④ 常春元、黄济、陈信泰主编：《社会主义教育学》，江苏教育出版社 1987 年版。
⑤ 金一鸣主编：《中国特色社会主义教育研究》，山东教育出版社 1998 年版。

且继续证明，马克思主义是教育科学的最科学的世界观和方法论"①。所以，只要以人类社会迄今为止最为科学的思想体系——马克思主义理论做指导，有马、恩、列、毛、邓等无产阶级革命家的教育思想为依据，有古今中外一切业已被实践证明为科学的教育理论可资借鉴，就能克服形而上学的经学研究方式的影响，面向实践，处理好理论与实践、中与外、古与今的关系，就完全有可能在原有教育理论体系的基础上有所发展、有所创新，逐步建立起有中国特色的社会主义教育理论体系。

第二，"马克思主义的创立为教育学提供了重要的科学基础"，并是教育学的发展从萌芽阶段到独立形态，而最终走向成熟和科学的标志。中国特色的教育学就是"马克思主义的教育学"②，是马克思主义的普遍原理和中国特殊实际相结合的产物，是把教育的普遍原理，特别是马克思主义教育基本原理与我国社会主义教育具体实践相结合而建立起来的一种教育理论。

第三，其他思想方法和具体的教育研究方法只有在马克思主义的指导下才能发挥作用。如"在教育学研究上最重要的是用马克思主义的立场、观点、方法来分析、研究中国教育中的实际问题，找出规律性的东西，运用古今中外法来创立具有中国特色的社会主义教育学。统计方法是必要的辅助工具，绝不能把数量化强调到不适当的地步，说什么没有数量化那只是描述，就不是科学等"③。从以上表述中可以发现，最初对研究方法的研究，如对数量化方法的批判等基本上不是从量化研究对教育学对象或教育研究性质的不适应性上进行的，而是从强调和维护马克思主义立场观点和方法的角度进行的。

后来的还有，"教育科研要取得突破性进展，须做到以下几点：坚持以马列主义、毛泽东思想、邓小平理论为指导，普及系统科学方法论，定量研究与定性研究相结合，建立多元的方法体系"④。

20 世纪 90 年代以后，对马克思主义在教育研究中作用的认识出现分

---

① 郭戈：《试论当前教育科学研究的若干问题》，《教育研究》1987 年第 10 期。

② 刘刚：《教育学研究中的几个问题》，《教育研究》1979 年第 2 期。叶上雄：《建设有中国特色的社会主义教育理论体系的思考》，《教育研究》1992 年第 11 期。

③ 徐毅鹏等：《当前我国教育学研究中的一些问题——全国教育学研究会第三届年会讨论综述》，《教育研究》1983 年第 11 期。

④ 郑日昌、崔丽霞：《二十年来我国教育研究方法的回顾与反思》，《教育研究》2001 年第 6 期。

化:一是承认它对教育研究的指导价值和作用,但认为它只是众多起作用的指导思想之一,是多元的指导思想中的一元;二是承认思想指导的多元性,但仍然认为马克思主义是"最高指导",或者是"中心",是一切科学思想的哲学基础,所有思想和理论研究必须在"最高指导"下或围绕"中心"才能有效地发挥作用。如,在新世纪初,谈到教学论的哲学基础问题时,有人仍坚持认为,马克思的历史唯物主义和辩证唯物主义是我国现代教学论的主导思想,但同时应重视西方语言哲学和现代认知哲学等在教学论研究中的作用。[①]

2."中国特色的教育学"应该发扬传统,促进传统的现代转化

20世纪80年代对传统的认识,停留在对挖掘传统中"有价值的东西"的呼吁上,至于如何挖掘、挖掘什么,基本上没有深入具体的深化研究。

进入90年代,认识的展开从两个角度进行,第一是从继承传统和传统现代化,以及多元文化背景下保护文化的"民族特性"的角度,强调发扬传统文化中有价值的教育思想,理由建立在以下的判断之上,即世界文化发展有明显的交融趋势,但也有失去各国文化和民族特性的危险;教育科学的民族化要为巩固和发展共同的民族意识作贡献。在教育学研究中,"传统"被从两个意义上加以理解,一是民族文化传统,另一是传统教育思想或教育传统,挖掘教育传统是为了民族文化传统的继承和发扬,是为了增进民族凝聚力,如阐发中国传统文化精神和民族教育智慧。[②]

第二,从一贯的意义上,即从对西方的理论武器是否契合中国的问题的质疑出发,要求教育研究要立足社会现代化的需要和当下的教育实践状况,对传统教育思想中有现代价值的东西进行开发,实现传统教育和教育思想的现代转化。这一认识相当普遍。

但非常遗憾的是,无论从哪一个角度,基本上都是"认识到"或者仅仅是"说到"这么一回事,对"传统"是什么的深入理论研究并不是很多,对传统的"现代"转化,从内容到机制等的研究更是少见。

3."中国特色的教育学"要有自己的体系

---

① 参见熊和平《我国教学论的发展与课程改革——中国教育学会教学论专业委员会第8届学术年会综述》,《中国教育学刊》2002年第1期。

② 华东师范大学基础教育改革与发展研究所《聚焦教育研究》会议综述,2003年12月23日。

在我国的教育学研究中，"体系"一般在两层意义上被使用。一个是作为一个有众多分支的学科群的教育学的学科体系；一个是把教育学作为一门独立学科的著作或理论体系。1979 年于光远提出的学科体系建设意见是早期比较有代表性的一种，他认为教育学体系应包括，理论的教育科学，又分为把教育作为社会现象研究的"教育社会现象学"和把教育作为认识现象研究的"教育认识现象学"；应用的教育科学；技术的教育科学；关于一般教育的科学、特殊教育的科学；教育学与其他学科结合的边缘科学以及史学等。① 教育学理论体系的问题也同时被注意到，当时主要是以教育学教科书的教材体系为对象，意识到作为教材的体系和作为著作的体系的区别问题。1979 年五院校合编《教育学》教材讨论会上，绝大多数与会者认为，教育学作为一门科学，有自己特定的研究对象，它应该揭示一系列的科学概念、规律，构成逻辑严密的理论体系。而现有的教育学基本上是依据学校的实际工作建立起来的，不是理论体系，而是工作体系。理论的逻辑应当反映所研究的客观事物本身的固有的逻辑。教育学章节结构的确定，应该以教育这一社会现象的特殊矛盾及其运动规律为基础。除了提出教材和作为理论教育学的区别之外，其实还预设了理论教育学固有的思辨的"理论逻辑"。

80 年代后期，鲁洁先生从共性与个性、普遍与特殊的关系出发，把中国教育学和中国教育放在世界背景中，谈中国特色的教育学的体系问题，她认为，有中国特色的社会主义教育和教育学应当包括这几个层次的东西，第一层，所有的古今中外教育共有的一些东西。从教育学讲是共有的一些规律；第二层，在某一个特定的生产力水平上，教育所共有的东西；第三层，某一种社会制度，比如我们同苏联及其他东欧国家，在共同的社会制度下面的一些共同的东西；第四层，我们中国特有的，也是在我们的生态环境、自然条件，以及特有的文化背景下才发生作用的规律。这四个层次才构成一个统一的具有中国特色的社会主义教育或者是教育学。这四个方面是有机的融合，不能排除前三个层次，也不是四者简单的相加。在信息社会到来、在全球一体化成为趋势的时代，尤其如此。另外，还有一个对待传统的问题，要现代化，也要正确对待传统，传统有优有

① 于光远：《关于教育科学体系问题——在全国教育科学规划会议上的讲话》，《教育研究》1979 年第 3 期。

劣，存在着一个价值判断，但首先要确认的是一个事实判断，就是不能脱离我国的文化传统去建设我们的教育和我们的教育学。尤其可贵的是，她认为传统和现代化是"相互选择"的，是双向的选择：现代化要受传统的选择，在传统的背景上实现现代化，受传统的制约；同时，传统要受到现代化的选择。这都是不可避免的。①

进入 90 年代，对体系问题的研究从建设和批判两个维度上进行。从正面建设性的角度进行体系研究的观点如：认为中国特色的理论体系应当是科学的教育理论体系，所谓科学是指有一系列概念，特别是基本概念、基本范畴和基本命题；应当详明地体现我国社会主义教育的阶级性和时代性相统一的特征；必须符合中国的国情，反映我国教育发展与改革的实际需要。具体为，必须以邓小平建设有中国特色的社会主义理论为根本依据，必须符合社会主义初级阶段我国的基本国情；必须反映中华民族的优良的文化传统和教育传统，必须反映和概括我国教育改革的丰富实践经验。②

另外，还有研究认为中国特色的理论体系和实践体系包括：批判和继承传统的教育理论，立足现实，构建面向未来的教育学逻辑体系；学习和消化西方教育学理论，构建有中国特色的教育理论体系；学习相邻学科的研究成果和研究方法，建立科学的教育学理论体系；总结和升华教育实践经验，为教育理论的发展提供坚实的实践基础。③

但 80 年代中期以后，更多研究者是从对现有体系的批判中展开对体系的研究，认为现有的教育科学体系结构不合理，或逻辑关系不合理；或缺乏中观研究层次，宏观的理论研究和微观的应用研究之间缺少连接，造成理论和实践的隔阂；或基本理论不与学科发生关系，缺乏现实的立足点；学科研究没有基本理论的视角，缺乏在整体中、在关系中、在系统中透视局部、分析问题的能力，囿于局部，无法超脱。④并把阻碍中国教育学发展的重要原因之一归结为是由于到目前为止，教育学还没有建立起科

---

① 参见《关于建设具有中国特色的教育科学体系的问题》（专题座谈），《教育研究》1987年第 10 期。

② 叶上雄：《建设有中国特色的社会主义教育理论体系的思考》，《教育研究》1992 年第 11期。

③ 孙俊三：《教育学研究在当代的发展与教育学逻辑体系的建构》，《高等师范教育研究》2000 年第 4 期。

④ 朱志明：《试论教育科学体系结构的改造》，《教育研究》1987 年第 1 期。

学的范畴体系和逻辑体系；而正确的概念和范畴的形成，则是认识教育规律、建立教育学科体系必不可少的条件和不能逾越的阶段。

90 年代中期以后，更多的是从相关学科那里寻找建构教育学体系的灵感和标准（详细论述见本文第三章）。

4. 要有自己的研究方法论体系

特色思想认为，中国特色的社会主义教育学考察有一个方法的问题，方法结构要素及其内在关系应该不是随意的，合理或科学与否"要用马克思主义的辩证法来考察它"。要建立以马克思主义为指导的多元方法论体系：最高层次是马克思主义基本原理；中间层次是一般科学方法，如数学方法、基本逻辑方法，信息方法和系统方法等；最低层次是教育研究的专门方法，如教育观察、教育实验、教育比较、教育统计等。①

在强调马克思主义方法论指导意义的前提下，同时也要重视对中华民族特有的优秀方法论的研究和运用；对中国传统的富有民族特色的方法论，如悟性的方法应该加强研究。②

方法的来源，不仅要挖掘传统，借鉴西方，而且要根植于我国的教育实践。③

5. "中国特色的教育学"就是从中国的实际出发，解决中国的实际问题

从各种文献所涉及的对"中国的实际"的论述，可以发现基本是从两个层面来理解"中国的实际"。一是中国国情，包括国体、政体；经济和生产力水平；文化；人口；社会结构；历史文化传统等。

如，从中国是一个社会主义国家出发，强调教育学首先要"坚持四项基本原则，把教育面向实际、面向世界、面向未来的精神，切实贯彻到教育学的内容和体系中去"④。

从"中国是一个正在发展中的"或"社会主义初级阶段"的国情考虑，认为所有的理论、学说都应从社会主义现代化建设出发，具有独立自主、自力更生、实事求是等中国特色，教育学也不例外；中国特色的教育

---

① 郭戈：《试论当前教育科学研究的若干问题》，《教育研究》1987 年第 10 期。

② 参见项贤明《我国教育科学的民族化道路》，《教育研究》1991 年第 3 期。

③ 方建锋、何金辉、周彬：《教育理论的世纪回顾与展望——全国教育基本理论专业委员会第七届年会综述》，《教育理论与实践》2000 年第 3 期。

④ 张焕庭：《碎语教育学》，《教育研究》1987 年第 6 期。

学必须适应我国人口众多、生产力水平比较低、经济与文化比较落后、人口素质比较差、多种所有制并存但以公有制为基础的基本国情,能满足"四化"建设对教育提出的理论要求。社会主义现代化建设中的"中国特色",是教育科学民族化的现实基础。①

也有人认为中国特色的社会主义教育体系或教育理论,很可能是在中国的农村教育中发展起来,因为中国农村在地域上和在受教育人口数量上,都是主体;农村教育是一个薄弱点,是一个长期的事实。具有中国特色的教育学,要反映占全国 80% 人口的农村教育的特点。另外,中国特色的教育学还要反映我国多民族的历史特点;要反映计划生育,独生子女问题对教育学提出的要求;要反映中华民族成员身心发展的民族特征;语言和行文,包括体例,要适合中国人的习惯、风俗,使人一看就懂。②

二是研究中国的教育实际,能回答和解决我国教育实践中提出的实际问题。主要应该在总结本国教育实践经验和理论研究成果的基础上,结合本国当前实际情况和时代发展的趋势,编写具有本国民族特色的教育学。虽然,借鉴我国古代的教育遗产和借鉴国外有价值的理论是我国教育学发展的重要和必要条件之一,但是,这些借鉴是流而不是源。教育学发展的真正源泉来自实践,中国特色的教育学体系的建立归根结底要从中国的实际教育中抽象和检验,所以研究者要走出书斋,研究教育实践,进行"行动研究",关注教育的"热点"问题、"难点"问题,找准社会和人们对教育的需求,从而在对教育问题的研究中发展教育学自身的理论,来构建中国教育学的学术体系。③

以上是对"中国特色的教育学"思想或"特色理解"的一个静态素描,在这个素描中可以看到"特色"思想的一个基本的价值认同:基于国情(传统的和现实的),研究中国的问题,解决中国的问题(社会提出的问题和教育自身的——包括理论问题和实践问题)。不过,这种构建就

---

① 参见《学习社会主义初级阶段理论指导教育改革和教育科研》(专题座谈),《教育研究》1988 年第 1 期。

② 参见《关于建设具有中国特色的教育科学体系的问题》(专题座谈),《教育研究》1987 年第 10 期;项贤明:《我国教育科学的民族化道路》,《教育研究》1991 年第 3 期。

③ 参见蔡雁生《试谈编写具有我国民族特色的教育学》,《教育研究》1983 年第 2 期;徐毅鹏等:《当前我国教育学研究中的一些问题——全国教育学研究会第三届年会讨论综述》,《教育研究》1983 年第 11 期;李江原:《论中国教育学的学术建设》,《吉首大学学报》(社会科学版)1999 年第 2 期。

整体的研究情况来看，显得过于笼统。在价值上谈"应该"的多，但以事实说话的少；批判的多，建设的少；给别人提建议的多，向自己提要求的少，好像"应该"都是指向别的研究者，自己却站在研究队伍之外。尤其是对传统教育和传统教育思想、借鉴问题以及教育学学科体系和理论体系等的研究，大多是处于"什么什么是必要的"这种判断上，在方法论层面上追求"如何做"处于起始阶段。研究的方法论意识和在这方面的研究努力还是比较单薄的。

在中国特色的教育学建设问题上，也有学者特别强调"过程性"，认为中国特色的教育学或中国社会主义的教育只能够在发展的过程中来形成自己的特色，批判传统是为了扫清前进的障碍，借鉴国外是为了少走弯路。中国教育发展受生产力、科学技术、社会制度以及文化传统的制约，中国的特性很多，中国式的社会主义的教育模式，只能在各种因素的相互影响之中"自己走来，边走边总结经验，模式画不出来"。或，"有中国特色的社会主义教育，无论是理论体系，还是实践体系，在目前来说，它还是一个进行式，是在不断改革、探索的过程之中"①。

二 "中国特色的教育学"：问题与分析

当然，理论上追求的特色、事实上形成的特色，以及特色的效果或价值大小等不一定是一致的。认识和评价"中国特色的教育学思想"，既应看动机，又要看事实，还要看效果。从"特色教育学"研究的学术初衷看（即摆脱对外来教育学的依附），它的价值、意义是毫无疑问的，即使初衷没有完全变成现实。况且，不能完全变成现实也属于正常的现象，因为"理想"本身是动态的，随着环境、条件的改变而改变，因此，初衷也总是"实现着的"，不是"实现了的"。从效果看，整体上对外来教育学的依附局面可能没有根本改观（一是对本土化的教育学没有产生足够的影响，如"特色"思想强调对"中国实际"进行研究，但却没有变成本土"化"的教育学的基础；二是"特色教育学"自身的力量也不够强大，它本身也有缺陷），但是，在局部的领域，以及一些具体的问题研究

---

① 参见《关于建设具有中国特色的教育科学体系问题》（专题座谈），《教育研究》1987年第10期。

上，毕竟也更多地实现了有益的"中国特色"。在指导思想、体系、方法论等不同方面表现出来的"特色"不能一概而论，为了更清晰地认识"特色"的贡献和在"特色"追求中存在的问题，还需要从具体方面进行具体的分析。

（一）教育学研究的"指导思想"问题，是一个需要增加"理论性"成分的特色问题

有学者对 1979—1989 年先后出版的四本比较有影响的《教育学》专著（均由人民教育出版社出版）进行系统研究，认为在马克思主义的影响下，我国教育学的理论框架、观点等都是区别于西方的，几乎每一部分的撰写都受到其影响，如果说马克思主义的影响全面覆盖了我国的教育研究，绝不是夸张。至于教条式应用马克思主义思想对中国教育学研究的负面影响，也是不容忽视的。对马克思主义本身认识不清，未区分马克思主义、马克思主义哲学和马克思主义教育思想，把政治性混同于学术性，未处理好马克思主义哲学和教育科学关系的性质等，是导致在教育学研究领域里把马克思主义教条化的根本的认识原因。[①]

90 年代以后，马克思主义全面覆盖教育学研究的情况有所改变，但这并不意味着可以说教育学研究已经彻底摆脱了对马克思主义的教条式的解读和应用，事实上，后来对领袖人物思想和国家方针政策等的诠释，仍然存在上述问题，也仍然存在着低水平应用、解释的现象（参考本章的研究案例一）。

从现实的角度看，教育发展不是一个纯粹理论的问题，它更是牵涉到教育决策等一系列的政府行为和社会行为的社会实践问题；教育学研究也不会是一个纯粹的学术问题，它和其他的学术研究一样，从来不会在政治经济文化的真空里"自成一统"，即使有独立"学统"的西方，所谓的独立学统也只是在一定的意义和形式上。所以，学术研究受到包括政治意识形态等在内的各种因素的影响和制约，不是中国特有的现象，而是"世界共性"，只不过差别在程度和影响的方式上。就我国而言，对马克思主

---

① 即 1979 年上海师范大学的《教育学》、1982 年华中师范学院的《教育学》、1984 年南京师范大学的《教育学》、1989 年王道俊、王汉澜的《教育学》。详细研究参考叶澜《教育研究方法论初探》，上海教育出版社 1999 年版，第 135—147 页。

义的研究、对领袖人物思想的诠释、对方针政策的注解，其存在的必然性
和存在的价值本身是无须讨论的，但要把这类研究作为中国教育学研究的
一个构成部分，却应该从以下两个方面提升研究品质：一是增加研究性、
学术性或理论性，二是掌握好此类研究的"边界"，不能像历史上那样，
或全面代替教育理论研究，或全面覆盖教育实践。

换一种思维方式来看学术研究和意识形态的关系，就容易对意识形态
向学术领域的渗透现象产生释然的感觉，意识形态也不是僵化的一条纯粹
的枷锁，它也因为不断吸取新的、有生命力的学术思想而显示出活力，从
而为学术研究提供更大的发展空间和条件保障。

（二）挖掘、传承、光大中国传统，是一个迫切需要研究的特色问题

虽然"中国特色的教育学"思想提出挖掘传统文化中有价值的教育
思想，并赋予了教育学研究发扬和传承传统文化、增进文化认同、增强民
族凝聚力的历史使命，但是客观地说，这方面的工作做得是不够深入的。
如果说历史原因造成了教育学研究和中国传统的阻隔，但是，如今重建中
国特色教育学时，就不能再把传统教育思想、传统文化的零落简单归结为
历史的原因了。"传统"必须成为特色教育学的真正的有机构成。

本书认为，首先，研究传统不只是要去阅读、挖掘历史文献；传统不
是"过去时"的、静止的、封闭的历史文本，传统是"活着"的，它动
态地存在于教育行为和教育观念之中，所以，"阅读"实践也是认识和研
究传统的一个方式和基本途径。其次，促成传统的现代转化，更要从当前
的实践需求出发，从传统与现代相互选择的立场出发；弘扬传统不只是凭
空的理论的阐发，必须有现实的结合点和实践的途径。

（三）教育学研究的方法论，是一个有待形成和成熟的特色问题

二十几年来，中国教育学研究中的方法论意识从整体上来看，是非常
薄弱的。方法论的研究，尤其要形成中国特色的方法论体系，还需要一个
过程。本书赞同叶澜教授的观点，认为由于历史沉淀的教育研究方法论的
"中国式"问题是：如何处理异国文化；如何处理民族文化传统、教育遗
产与当代教育思想的关系；如何在教育研究中正确运用马克思主义。①

---

① 叶澜：《教育研究方法论初探》，上海教育出版社 1999 年版，第 123—125 页。

在中国教育学研究的方法体系或结构中，中国传统的定性研究方法是占主导的（参考第一章"方法的借鉴"），这是一个事实的特色。但这种主流现象可能意味着：第一，定性的研究方法在教育学研究中有广泛的施展空间，这一特色需要继续保持，而且，从历史传统看，定性的研究似乎和中国以"思想"方式而不是以西方"理论"方式存在的知识传统相匹配，如果我们要理解中国传统思想，开发中国传统思想，对这种产生了"中国思想"的研究方法，可能不能放弃；如果说定性的研究方法继续主导中国的教育学研究，还可能意味着我们的方法论意识、方法论思想并不非常成熟，那是在针对已经中国化了的"西方"知识系统来说的；第二，虽然方法是可以借鉴甚至是可以移植的，却并不像想象的那样，方法是客观的，普遍适用的，它的运用及其效果，受制于研究的对象、研究对象所处的文化环境等各种复杂的条件。但是，方法论体系的构建从产生方式上要植根于我国的教育实践、从内容来源上要研究民族特有的方法和方法论，并进行广泛借鉴，却是一个毫无疑问的正确思路。

（四）教育学的学科体系和理论体系，是一个需要矫正的特色问题

相对于对传统的研究和对方法论的研究，体系问题是一个真正进入到研究者视野中、被广泛和长期关注的问题，因此对它的探究要丰富和细致得多，取得的成果也相对丰富。

1. 中国教育学体系建设的基本状况①

（1）1978 年至 80 年代初期是在恢复已经有的教育学科基础上重建教育学科体系。80 年代的学科体系建设和发展在两个指导思想下进行，一是对作为教科书的《教育学》体系的反思，最早始于对逻辑体系的思考，如认为教科书的逻辑是"形式逻辑的体系"，"概念判断和推理体系基本

---

① 从十一届三中全会以来我国教育学科体系建设和发展的基本历程来看，可分为三个阶段：第一，恢复重建阶段（1978 年 12 月—1981 年）。在这一阶段，教育学科体系得到较全面的恢复和重建。第二，初步探索阶段（1982 年至 1984 年）。在这一阶段，教育学科建设者对如何构建具有中国特色的教育学科体系进行了比较广泛的思考和探索，在此基础上，教育学科体系得到初步的建设和发展。第三，迅速发展阶段（1985 年至今）。在这一阶段，以二级学科衍生为主流的教育学科体系建设加快了步伐，大量二级学科出现，教育学科体系基本形成。我国教育学科体系的建设无论是在广度上还是在深度上都取得了长足的进步，并呈现出很值得今后我国教育学科体系建设所重视的特点、动向和趋势。主要参见全国教育科学规划领导小组办公室《我国教育学学科研究现状与发展趋势调查报告》（一）（二），《教育研究》1995 年第 9、10 期；侯怀银《我国新时期教育学体系建设和发展的基本历程初探》，《教育理论与实践》1998 年第 4 期。

上停留在形式上互相平行，看不出它们之间的必然内在联系及由低级到高级的发展"①。进而形成了对学科之所以能成为一门学科的标准的认识，即任何一门学科都有其独有的研究对象、范畴、问题和方法，以及自己的逻辑体系或结构。第二，从国外学科的发展中受到启发，认为学科不断分化、渗透、综合和交叉，新的学科会不断从旧学科中分化出来，如教育学从哲学中分化出来，教学论从教育学中分化出来，或者通过不同学科之间的联姻催生出来，如教育社会学、教育心理学、教育系统论、教育统计学等，或者在旧学科的"边缘地带"生长出来，如成人教育学、职业教育学、特殊教育学等。在这种认识基础上，不仅"文革"前就有的教育学、教育心理学、教育史和各科教学法等得到恢复，而且扩充了一些新学科，如教育经济学、教育社会学、比较教育学、成人教育学、高等教育学、教育哲学、教学论、教育行政与学校管理学、教育未来学、教育社会心理学等。

（2）20世纪80年代中期至90年代中期，以二级学科的衍生为主流的教育学学科建设加快步伐，教育重大理论问题的所有层面几乎都在朝着学科分化的方向发展，新兴学科诞生的鼎盛期到来。一方面，教育科学和哲学、社会科学、自然科学、思维科学等有关学科结合，产生了众多的新的交叉学科，如教育文化学、教育生态学、教育逻辑学、教育评价学等；另一方面，教育学和一些交叉学科自身又在不同维度分化，形成一系列分支学科，如分学科教育学、分学科教学论，等等。

根据北京图书馆的藏书统计，1979—1995年只教育学专著就有100多部，其中1979年3部，1984年8部，1986年13部，1987年37部，1990年20多部。② 除了上述的一些新兴学科之外，在教育学的大家庭里还出现了教育思维学、教育对象学、教育发展战略学、教育决策学、农村教育学、教育情报学等新成员。③ 不仅如此，在教育学的新生代里面繁衍生息的势头也很旺盛，以教学论为例，80年代中期教学论作为一门学科才成熟，但1985年到90年代初，它就繁衍出50多个子学科，而且还在

---

① 刘刚：《教育学研究中的几个问题》，《教育研究》1979年第2期。

② 参见瞿葆奎《建国以来教育学教材事略》，《华东师范大学学报》（教育科学版）1991年第3期；金林祥主编：《20世纪中国教育学科的发展与反思》，上海教育出版社2002年版，第235页。

③ 参见张志远《我国教育科学学科研究的动向与趋势》，《教育评论》1995年第5期。

不断"生育"。① 上向,与哲学等学科联姻,分化出教学认识论、教学辩证法、教学逻辑学、教学科学学、教学系统论、教学信息论、教学控制论;下向,与各种应用技术学科综合分化出课程论、教学模式论、教学方法论、教学技术学、教学艺术论、教学评价学、教学管理学等。横向,与不可胜数的相关学科联姻出教学伦理学、教学社会学、教学论史、比较教学论、教学生态学、教学病理学、教学实验论、教学心理学、教学卫生学,等等。② 德育论在此期间也是烟火旺盛,子孙满堂;其他学科同样不甘落后。③

80 年代以来在教育学教材及课程建设中,又重新发现了"体系问题",认为体系问题是制约教育学发展的一个因素,它缺乏自己一整套概念、范畴、专门术语以及独特的研究方法,命题不严密,缺少逻辑,概念的歧义性很大,使得理论的功能大打折扣。诸如此类的现象,使教育学成"学"的条件和依据发生了危机。危机理所当然地引起教育理论工作者的反思。80 年代中期以来,专门以教育理论及教育学科体系建设为己任的"元教育学"兴起。这种反思朝着两个方向展开:一方面涉及教育学体系的前提性问题,比如,关于教育学及其体系的理解,教育学的研究对象,教育理论与教育学的学科性质、地位等;另一方面是有关教育学体系本身的改造和建构问题,包括教育学体系的逻辑起点、框架的逻辑顺序以及建构体系的方法论,等等。④

到了 90 年代初,元研究遇到了前所未有的批评和责难。由于元教育学也过于热衷于构造体系,一部分人则强烈呼吁,"多研究些问题,少谈论些体系",教育研究要坚决实现目标模式转变,"要从'学科体系时代'过渡到'问题取向时代'"⑤,给"元研究"打上句号。有人认为,元教

---

① 参见徐继存《教学论研究中的两种偏向》,《教育研究与实验》1994 年第 3 期。

② 参见王策三《教学论学科发展三题》,《北京师范大学学报》(社会科学版)1992 年第 5 期。

③ 有关德育学科的研究参见古人伏《关于德育学学科建设的几个问题》,《浙江教育科学》1995 年第 6 期等。

④ 元教育学研究涉及以下一些内容:对中国现行教育学(教材)体系的分析与批判,教育学的研究对象,关于教育学的逻辑起点,教育学理论的性质,教育理论与实践,教育学学科的称谓,教育学学科群(教育学体系)的构建,教育学学科的分类及其标准,教育学的中国化,西方教育学的历史发展,中国教育学的历史发展,等等。参见瞿葆奎主编《社会科学争鸣大系》(教育学卷),上海人民出版社 1992 年版,第 27—28 页。

⑤ 董标:《教育哲学的学科地位及其生长点的再辨析》,《教育研究》1993 年第 8 期;张斌贤:《从"学科体系时代"过渡到"问题取向时代"》,《教育科学》1997 年第 1 期。

育学的兴起是为了解决教育学科在近十几年来在研究对象、学科体系、理论性质等基本问题上的混乱，教育学著作概念、命题、理论的模棱两可和教育研究方法的落后等问题，本着站在一个更高的高度来审视自己，自我反省，从根本上解除制约教育学发展的因素，维护自己独立学科地位的尊严，但不幸的是元教育学自己一不小心，也掉入或者差点掉入了"体系"的陷阱。所以，他们主张研究者应把研究重心转移到我国教育实践中许多棘手的、具有现实价值和理论意义的问题上来，例如，如何落实教育的战略重点地位？如何增加教育投入？如何真正提高教师的社会地位和经济待遇？如何从"应试教育"转变为"素质教育"？如何大面积提高教育质量？如何减轻学生学习负担？[①] "问题研究"中的问题，实际上就是需要认识、研究和解决的现实教育矛盾，或者说是那些实存的教育现象中引起人们困惑的问题。也有人认为，研究这些问题的目的并不在于增加学科知识和完善学科体系，也不在于或首先不在于要创立新的学科，而是要有助于人们对问题本身的认识和评价，从而有助于该问题的解决。而理论体系是随问题研究而"水到渠成"的。这是他们对教育学研究目标取向的根本主张。不过，体系问题和"问题"意识虽然被拿出来当作一个重要"问题"进行讨论，但当时也只是一个"被讨论"的问题，并没有在实际研究中引起足够的响应。

（3）90 年代中期以后，虽然新学科的势如破竹的新生势头有所缓解，但是，用相关学科的视角研究教育问题的现象却已经日常化。有研究者参照唐莹、瞿葆奎的教育科学分类框架[②]，对《教育研究》杂志 1996—2000

---

① 主要参见汪刘生等《当代我国教育理论研究危机的思考》，《教育科学》1997 年第 1 期；杜时忠《论教育学的存在依据和认识方式》，《教育理论与实践》1997 年第 1 期；刘振天《"研究问题"还是"构造体系"？——关于教育学研究的一点思考》，《中国教育学刊》1998 年第 4 期，等。

② 以研究对象的性质为标准，以教育理论为研究对象的是元教育学；分析教育中形而上问题的包括教育哲学、教育逻辑学、教育伦理学、教育美学；分析教育中社会现象的包括教育社会学、教育经济学、教育政治学、教育法学、教育人类学、教育人口学、教育生态学和教育文化学；分析教育中个体的"人"的包括教育生物学、教育生理学和教育心理学；应用方法直接分析教育活动的包括教育史学、比较教育学和教育未来学；研究如何运用方法来分析教育活动的包括教育统计学、教育测量学、教育评价学、教育实验学和教育信息学；分析与其他领域中共有的实际问题的包括教育卫生学、教育行政（管理）学、教育规划学和教育技术学；分析教育领域独有的实际问题的包括课程论和教学论。参见唐莹、瞿葆奎《教育科学分类：问题与框架》，《华东师范大学学报》（教育科学版）1993 年第 2 期。

年，即"九五"期间研究主题的分析显示，从社会学、经济学、政治学和法学的角度出发研究教育问题的占据大多数；其次是课程论和教学论（见表2-1）。

表2-1　　　　1996—2000 年《教育研究》论文的研究主题①

文章内容	篇数	百分比（%）
元教育学	2	0.20
教育哲学、教育逻辑学、教育伦理学、教育美学	204	20.86
教育社会学、教育经济学、教育政治学、教育法学、教育生态学、教育人类学、人口学和文化学	398	40.69
教育生物学、教育生理学、教育心理学	46	4.70
教育史学、比较教育学、教育未来学	116	11.86
教育统计学、教育测量学、教育评价、教育实验、教育信息学	23	2.35
教育卫生学、教育行政管理学、教育规划学、教育技术学	27	2.76
课程论、教学论	162	16.56

80 年代和 90 年代初期体系的批判在于教育学体系不是科学的和严格的逻辑体系，或不成体系，"教育学不像科学，教育学宽大无边，混乱不堪，变化多端"②。所追求的是理论的、逻辑的体系，并掉入"体系主义"的泥沼遭到"问题主义"的批判；90 年代中期以后教育学与其他学科的联合，如哲学、社会学、经济学、政治学、法学、技术学、人类学、文化学、人口学、生物学、生态学、生理学、心理学等成为风气。由于跨学科研究的"成熟"（其实是用相关学科的理论和方法研究教育问题的熟练度增强）或相关学科对教育学"殖民"程度加深，"向相关学科学习"，寻找属于教育学的视角和构建属于教育学的研究范式，又接过了"体系问题"的薪火，给教育学体系重塑了世纪新形象。

但是，这个形象是不是令人满意，还有待进一步分析。

_____

① 贾海英、刘力：《"九五"期间教育研究的一点反思》，《教育研究与实验》2003 年第 4 期。

② 郭戈：《试论当前教育科学研究的若干问题》，《教育研究》1987 年第 10 期。

2. 中国教育学学科建设的基本程式——以元教育学研究为例

教育学新兴学科的构建几乎是按照一套固定的程式在操作。

第一步，以追认的方式寻找学科的源头，为一门学科的合法化寻找历史依据。有人认为，从 80 年代后期到 90 年代初，虽然没有明确提出元教育理论，但关于教育学的研究对象、教育学的逻辑起点、教育学的性质和体系的研究已经触及元研究的领域，① 因为研究触角已经超越了传统教育学的研究范围，可以理解为是传统教育学问题的开拓，也可以理解为是一门新兴学科的孕育。

第二步，建设学科。研究作为一门学科的必备条件：性质、范围、方法等。这成为 1990—1995 年的研究重点。姚文忠的《元教育科学导论——教育科学研究的理论和方法》是我国第一本以元教育学命名的专著，而且以学科构建的方式提出元教育学的性质、对象和方法等问题，界定了元教育科学的研究对象是关于教育科学研究的科学方法及其哲学反思，属于方法学和方法论科学领域。② 90 年代中期，在瞿葆奎教授的倡导下，在《华东师范大学学报》的教育科学版上开设了"元教育学讨论"专栏，元教育学研究开始出现一个小高潮。但重点还是在学科和学科体系的建设方面。如，有研究者认为元教育是一种对教育学进行元研究的学科，是一种以教育学自身以及教育学的研究状态为研究对象的元理论。元教育学的研究框架有几个方面构成：①教育学理论的对象论，研究教育学的研究对象；②教育学理论的范畴论，研究教育学理论的范畴演化史、范畴类型和层次、范畴及其体系，以及范畴逻辑；③教育理论的解释论，研究教育理论的解释原则、方式，阐述解释结果，最终达到指导实践的目的；④教育理论的性质论、动力论、实践论，回答教育学究竟是什么，发展的动力是什么，教育理论和实践应具有何种关系等一系列问题；⑤教育学理论的覆盖面问题、方法论问题等。③

瞿葆奎、唐莹认为，元教育学有别于以教育现象领域为对象的教育学的研究，是一种以理论形态的教育知识为对象的研究。元教育学研究课题

① 张乐天：《教育学元科学研究的回顾与前瞻》，《教育研究与实验》1993 年第 1 期。

② 姚文忠：《元教育科学导论——教育科学研究的理论和方法》，成都科技大学出版社 1992 年版。

③ 郭元祥：《元教育学概论——元教育学的性质、对象、方法及意义》，《华东师范大学学报》（教育科学版）1994 年第 2 期。

包括：①西方近代教育学史研究；②西方教育学对中国的影响及教育学的
"中国化"探讨；③对于中国"教育学"现象的困惑和分析；④教育学理
论的性质问题，以及与此密切相关的教育理论和实践的关系问题；⑤教育
学研究的方法论问题；⑥教育学科群的发展现状及其结构、分类问题；
⑦教育学研究的社会学问题等。他们认为可以从不同的角度对这些研究课
题作整合：①有关教育学内部关系方面和外部关系方面的课题；②有关教
育学曾经是什么和应该是什么方面的课题；③从"教育学"的界说出发，
可以区分出有关教育学作为语言系统方面、作为知识体系方面、作为认识
活动方面，以及作为社会活动方面的课题；④从教育学的分类出发，可以
区分出有关教育哲学方面、教育科学方面以及教育实践学方面的课题。①

陈桂生教授认为：元教育学是以已有的教育学陈述体系为分析对象，
实际上是按照分析—认识论的标准与规则，撇开教育陈述的历史内容，而
关注教育学陈述的形式化分析，即逻辑分析和语义分析。②

在教育学科领域中，相当多的新兴"学科"，走到这个环节就停下了
脚步，虽然有了学科的形式，也有了学科的专著，但对问题的突破性研究
却不多见，只有为数不多的新兴学科继续前行并取得进展。元教育学是其
中之一。

第三步，研究问题，理论深化。

元教育理论问题之成为问题，有其现实背景，不是"为了建一门学
科而建学科"。教育理论与教育实践关系的问题、教育理论地位低下的问
题，促使教育学研究者对现有的教育学进行批判和反思，元教育学研究就
是反思过程的外在表现。

在元教育学的研究过程中，教育学研究队伍的反思意识和反思能力增
强了，所以，整个的元教育学研究过程就表现出来边建设、边批判、边调
整的特征，元教育学最终避开了或走出了一些研究的误区，如"体系的
陷阱"。

元教育学的研究成果不仅表现为有了以"元教育学"命名的专著，
而且更多的是表现为把元教育学研究作为教育学研究的一个视角、一个方

---

① 唐莹、瞿葆奎：《元理论与元教育学引论》，《华东师范大学学报》（教育科学版）1995
年第 1 期。

② 陈桂生：《"元教育学"问对》，《华东师范大学学报》（教育科学版）1995 年第 2 期。

法，促进了对教育学发展问题的认识深化、拓展并有相当的质量，如《中国教育学百年》、《教育学科元研究丛书》。① 这些是元教育学研究结出的沉甸甸的果实。

3. 中国教育学体系建设的"特色"问题分析

从形成方式上说，现在有的各种学科和由各种学科构成的学科体系，是围绕一系列的问题，在问题的研究中形成的（见论文第三章详细论述），这也就是科学哲学家波普尔所说的"科学始于问题"。学科和学科体系形成之后，反过来又为问题的研究提供分析的工具、框架等，也就是说问题研究是体系形成的出发点，也是归宿。因为问题是变化和发展的，所以体系建构不会是一个结果，而只能是一个过程；不存在最后的问题、不存在最后的理论，也不存在最后的所谓成熟的理论体系和学科体系；体系在离开问题研究和解决而被宣告"完善、完美"的同时，也宣告了它的僵化和过时；体系永远是开放的，它随时代、实践的发展而发展、更新。二者的关系，在于古话说的"工欲善其事，必先利其器"那样一种"事"和"器"的"动态生成"之中。

但在中国教育学的研究过程中，却出现了中国式的学科和体系"情结"问题：没有形成学科就好像不能解决问题，任何问题不解决或理论不成熟，都可以归结为学科（理论体系）或学科群尚未形成。为了研究问题，必须首先有计划地建立并完善学科群。学科建设是程式化的：首先加强界定研究对象，因为这是学科建设的基础。其次应加强其理论框架的构建，因为此是学科建设的关键，是学科和非学科的主要判断标准。再次应加快其下位学科的建设，没有下位学科的支撑，就很难有上位学科的长足发展。在这种思路影响下，以至于对某一范畴或领域的研究一集中、增多，就非形成一个学科不可；为了这门学科的发展，非再构建一个学科体系来支持。我们从西方借鉴了学科和体系的形式，但把体系的作用和价值发挥到极致。实际上，我们是遵循了一种"体系先行"的学科建设模式，把体系当作了学科建设的首要目的甚至全部目的，为构建体系而构建体

---

① 郑金洲、瞿葆奎：《中国教育学百年》，教育科学出版社 2002 年版。叶澜主编，国家哲学社会科学"八五"重点课题《教育学科元研究丛书》，共六本，分别是《教育研究方法论初探》（1999 年）、《20 世纪中国教育学科的发展与反思》（2002 年）、《20 世纪西方教育学科的发展与反思》（2002 年）、《教育理论哲学基础的反思》（2001 年）、《教育学科与相关学科的"对话"》（2001 年）、《回到原点的思考》（待出）。

系，关注学科的内在逻辑、知识体系远远超过了对建体系的目的的考虑，使作为教育学科发展客观前提和现实土壤的活生生的教育实践反而被"悬搁"。罗索曾告诫研究哲学的人要谨防陷入"对体系的爱好以及与之相随的体系创造者的虚夸自负"的陷阱，我国的教育学研究就有掉进陷阱的嫌疑或曾经是陷身其中。

说这个问题不是杞人忧天，因为直到现在，各种"学"或"论"还是在奋力破土，从一个具体问题、一个具体领域，提炼上升出来一门"什么学"来。不仅建设具体的学科体系，而且以建立"宏大"体系为目标。在已经无法统计的学科中，开辟一个新领域，创建一门新学科，抢占上一个新山头，争当一个"第一"，成为争取学术资本的一种快捷方式，至于会不会有第二、第三跟上来，会不会有理论和实践上的价值，倒成了无关紧要的一件事情。

在保证教育学研究的问题是"真"问题①而不是假问题或无价值的问题的前提下，后继无人研究可能意味着问题已经解决，但作为一门某某学来说，就基本上不存在因为某某学已经完善或涉及的问题已经解决而不需要后继研究者的加盟或追随这种可能性（一般来说，一门学科的价值还取决于它给后继研究者展示了一个很大的问题领域，所以才能吸引一批又一批的后继研究者投身其中）。所以，从这个意义上说，应该是宁愿研究一个"后继无人"的问题，而不创建一门薪火不接的教育某某学；没有"后来人"的追随，更多情况下，苦心孤诣所创建的一门学科就只能由创始人自己作为"孤本"来自赏了。

---

① 关于教育学中"真"问题的标准，吴康宁教授从外在、内在两个角度进行了分析。认为对于"真"问题的标准，过去采用的通常只是一种外在的、客观的标准，即教育研究应当满足发展教育理论或改善教育实践的迫切需要，这个标准无疑是合情理的。但一个真正"好的"研究问题，无论对教育理论发展或教育实践改善，还是对研究者自身发展来说，都应当是"真"问题。任何真正"好的"教育研究，都必须既是教育理论发展或教育实践改善之过程的"真实的"组成部分，也是研究者自身生命运动的"真实的"组成部分。研究者不能完全抛开自身的生活史去确定研究问题，同研究者既有经验之间缺少任何关联的问题乃是"无根"的问题，研究者不可能对"无根"的问题作出"合情的"解答；同研究者现有能力之间相去甚远的问题乃是"无望"的问题，研究者不可能对"无望"的问题作出"合理的"解答。明知无情而强为，明知无能而勉为，这就逼得研究者不得不说大话、说假话、说空话。一句话，在这个意义上，也仅仅在这个意义上，我们说任何真正的研究其实都是研究者自己的研究，任何研究问题其实都是研究者自己的问题，都是研究者在其自身生活史的作用下"看"出来的问题。详细参见吴康宁《教育研究应研究什么样的"问题"——兼谈"真"问题的判断标准》，《教育研究》2002年第11期。

（五）基于中国实际、解决中国教育问题，是生成"中国特色"的基础和本源

20世纪70年代末以来，中国教育学研究的重大理论问题，除了教育学研究的指导思想、教育学自身的发展问题之外，还有教育与社会、教育与人、教育自身的变革三大主题。应该说，这三大主题，在认识上都取得了突破式的进展。

1. 中国教育学的第一主题：教育与社会，或者说与社会转型

具体来说，社会的中心任务从阶级斗争转向社会主义经济建设；经济建设从计划经济转型为市场经济，并随着社会经济体制改革和思想解放，教育学研究的这一主题中的"小中心"也不断切换。

在教育与社会关系中的中国式问题是：教育是狭隘的社会工具，或是阶级斗争的工具，或是生产斗争的工具。

对这一问题的认识从80年代关于"教育本质"的大讨论开始。讨论内容从批判"专政工具"，经过"意识形态"说和"生产力"说的对峙期，到最后的"多元"局面：双重（多重）属性说、特殊范畴说、人类自身生产说、劳动力再生产说、多本质说、精神生产说、社会遗传说、本质转化说等。与此同时进行的是关于教育功能的研究。教育功能讨论涉及教育的地位、作用，涉及教育与社会和人各方面的联系。主要研究的内容有：教育功能的界说与分类、教育的育人功能、教育的社会功能、教育育人功能与社会功能之关系以及教育功能的发挥等。讨论过程从质疑和批判阶级斗争工具职能开始，经历了"生产斗争工具职能说"，从工具功能讨论中又引发了教育的本体功能说。[①] 从对教育功能研究的已有成果看，不仅在理论上有了一定进展，并且在实践中也产生

---

① 以下三方面的研究比较突出：一是在分析教育的阶级斗争工具职能的同时，很多研究者从教育与经济增长、教育与劳动力再生产、教育与经济效益提高等方面，充分认识到教育作为生产斗争工具的职能，即教育的经济功能。二是在论及教育工具功能的过程中，教育本体功能的研究也逐渐展开，把教育的育人功能独立出来专门加以研究，从不同角度立论、分析了教育在人的发展中所起到的各方面的作用。三是在教育诸类功能的深入研究过程中进行了对教育功能的综合探讨，由对教育的某一功能的追求，转向对功能与功能之间关系的分析；明确提出教育具有多种功能的论点；对教育功能的发挥也进行了审视。参见全国教育科学规划领导小组办公室《我国教育学学科研究现状与发展趋势调查报告》（一）（二），《教育研究》1995年第9、10期；侯怀银《我国新时期教育学科体系建设和发展的基本历程初探》，《教育理论与实践》1998年第4期。

了重大影响。

从改革开放以来时间的纵轴上来看，在"教育与社会"这个主题上研究重心的"过程性"切换特征就更清楚。

第一阶段，"经济建设为中心"带来的教育学研究的中心问题——教育学研究和教育怎样为四个现代化服务。

1979 年以全国社会科学规划会议的召开为标志和起点，整个中国社会科学，包括经济学、宗教学、外国文学、历史学、法学、马克思列宁主义、毛泽东思想研究、社会学、技术经济管理现代化等的规划会议，以及教育科学的规划会议都把研究的焦点指向了一个共同的主题：这些学科如何为四个现代化服务。于光远在经济科学规划会议上提出四个方面，一、发展和建立经济科学各个学科的本学科。经济学家应该用经济学家的身份，拿他掌握的经济科学知识，把经济科学各个学科本身作为武器为四个现代化服务；二、研究、讨论、澄清、提高我国经济建设的一些指导思想问题；三、经济科学应该给做各项经济工作的人提供研究问题的方法和做指导工作的方法；四，积极参加各项经济政策、措施、方案的研究和制定工作。总的说来，就是要把本门科学发展起来，把本门中各个学科建设起来，并把本门科学领域中的指导思想弄得比较深一点，清楚一点，还要参加本门科学领域里以科学为武器的各项实践活动。以此类推，教育科学本身要建立和发展起来，教育科学家不光是作为劳动力去为四个现代化服务，而是作为教育科学家为四化服务。建立和发展教育科学，在教育指导思想方面作出贡献，用教育科学去积极参加教育领域的各项实践是贡献的最恰当方式（本文认为，事实上教育学和教育学研究者的独立品性意识已经蕴涵其中了）。① 这一时期的中国式教育学问题是教育学研究领域里的"思想解放"问题，但却也以"解放教育"的方式表现出来，即出现了第一次关于"教育本质"的大讨论中，讨论从质疑"专政工具论"开始，形成了"生产力说"和"上层建筑说"的对峙以及"综合属性"说，意味着对教育功能的认识已经从"政治斗争"工具扩展到"生产斗争"的工具，这一进步是飞跃式的。

第二阶段，1988 年前后，中国政治体制改革和经济体制改革全面启

---

① 于光远：《关于教育科学体系问题——在全国教育科学规划会议上的讲话》，《教育研究》1979 年第 3 期。

动，社会主义商品经济体制确立，对教育也产生了强烈的震撼。中国教育工作者第一次真正把教育与经济的相互关系作为一个无须质疑的大前提，把主要精力集中在"商品经济对教育的影响"以及"教育是否具有商品属性"这两个方面，它表明了研究重心从"是否有经济功能"转移到"二者如何相互作用"上来，意味着在研究者的认识上，教育不再仅仅是被作为一种简单的社会适应性的工具，教育也要在社会那里谋求发展的动力。

第三阶段，教育如何适应社会主义市场经济。表现是 90 年代初期的第二次"教育本质"讨论的高潮。这次本质大讨论的契机一是 1992 年初邓小平南方视察讲话明确提出要搞市场经济，二是同年 10 月 12 日在党的十四大报告中江泽民第一次郑重宣告：我国经济体制改革的目标是建立社会主义市场经济体制。"社会主义市场经济与教育"迅速成为核心话语。这次讨论进一步深化了对教育功能和作用的认识，即教育不仅是适应和服务社会的被动工具，而且在社会经济建设中的地位与作用越来越大，越来越主动，"社会要发展，教育要先行"；"教育立国"、"教育兴国"的思想再度盛行，而且，教育的功能和价值不是单一的，而是工具功能和本体功能、社会功能和个体发展功能、外在功能和内在功能、外在功能中经济、政治和文化功能等统一、综合、协调作用。

第四阶段，1995 年左右，由于市场经济的积极影响，中国的现代化问题日益凸现出来。"教育现代化"话语也应运而生。同时，由于市场经济的负面影响，社会出现了种种问题。在这种背景下，作为对社会问题的积极回应，教育学研究中出现了"人文精神"的复兴与回归，"传统文化与教育"、"人文主义教育"也就成为人们关注的热点问题。

最后一个阶段，社会转型与教育。随着新世纪的到来，中国社会的转型进入了一个重要的新阶段。虽然对社会转型的研究和实践都在进行中，但社会转型与教育转型之间的关系还是被敏感触及了：进入新世纪，我国进入全面建设小康社会，加快推进社会主义现代化的新的发展阶段。与 20 世纪末 20 年的变革以冲破旧体制、扫清新体制建立的障碍、解决产业结构调整中一系列社会问题为主的总体特征相比，新阶段更加着力于在新形势下和已有改革开放基础上的新体制、新经济结构的建构与完善，更加关注社会发展的整体性和协调性，更加强调社会发展与人的终身、全面发展的内在一致性。这一切对于学校改革来说，具有重要导向价值和多重影响。实现转型，被认为是中国学校世纪初变革的基本走向。①

2. 第二大主题：教育与人的发展

在教育与人的问题上，中国式的问题是教育中无人，或只有抽象的社会人。

对"人的问题"进行聚焦始于20世纪80年代的文化界和社会思想界，随着对"极左"思潮批判的深入，人们意识到左倾与传统文化一脉相承，因此由社会批判转向文化反思，认识到左倾的根源之一在于没有把人当作人，而是当作工具和某种理念的奴隶。中国在短短的几年里，不仅把西方从文艺复兴到20世纪几百年的人道主义思想资源和理论话语温习操练了一遍，而且唤醒了自己作为人的主体性的意识和行为，理性、能动性、个性开始张扬，80年代中国的上空飘扬起"大写的人"。

在教育学研究中，始于80年代的对"人的全面发展"的研究应该是对社会文化思潮的一种辉映，此后在此问题的探讨中涉及教育是以社会发展为本还是以个体发展为本，而对后者的研究又具体涉及了"和谐发展"、"主体性发展"、"自由发展"、"多方面发展"、"个性发展"的研究。80年代初期和中期人的智力因素研究是重点；80年代末期到90年代非智力因素受到重视。80年代的话语方式是为社会发展需要培养全面发展的建设者和接班人，并提出应该从社会出发还是从人出发的教育论题；过渡到90年代，话语方式开始转化为"人的教育"、"人是教育的出发点和归宿"，90年代中期以后教育变成"为了人的教育"、"一切为了人"。

总之，在教育与人的发展问题上，二十几年的认识是逐步推进和丰富的：教育中从无人到有人；从片面人到全面人；从被动人到主动人；从抽象人到具体的生活世界里的人；从抽象的社会人到具体社会环境中的具有个体特性的人。如"新基础教育"对"主动健康发展的人"的认识，从对人的期望、理想的层面，深入到对具体条件中"成"人的机制的研究。"新基础教育"把人的发展置于"活动"、"过程"和"条件"之中，认为"发展"作为一种开放的生成性的动态过程，不是外铄的，也不是内发的，人的发展只有在人的各种关系与活动的交互作用中才能实现。因此，不能只从孤立个体的角度来设定对人的发展要求，而应以"关系"

---

① 叶澜教授从学校转型的角度论述了中国的教育转型问题，详细论述见《实现转型：新世纪初中国学校变革的走向》，《探索与争鸣》2002年第7期。

与"活动"为框架思考，在具体的条件下，如何促进人的发展或成什么样的人，即以"什么发展"为本的问题。而作为个体最基本的关系与活动有两大类，即个体与周围世界的关系和实践性活动和个体与自我的关系和反思、重建性活动。个体的主动性的发生，总是在对外界和自我及其关系、对将发生的行为价值等有了认识并产生意愿后作出的选择与行动。①

3. 第三大主题：教育自身的变革

促成了宏观变革和微观变革的"分进"到"合流"，实现了局部变革到整体转型性变革的初步转化；学校教育的转型性变革初见端倪。

一般而言，研究学校和学校内部教学过程、教师、学生和教育管理人员的个体及群体行为等，被视为微观研究，与之对应的变革可以称为微观变革；研究国家、地区和社会的教育事业如研究中央和地方各级教育事业的发展战略规划、体制改革、结构体系，以及教育制度建设和人才培养中重大的全局性问题，等等，被视为宏观研究，与之相应的是宏观变革。②宏观变革一般是通过国家政策法令的形式自上而下推行的，微观变革是由研究者或实践者自行推进的，但未必表现为自下而上的方式。我国宏观教育变革和微观教育变革是相向运动，最终实现了"相遇"。

一方面，宏观变革推进到学校内部。20世纪80年代教育自身的变革表现为对前一历史时期遗留下的问题的解决和对遭受破坏的教育事业的全面恢复和调整，随着对两个"凡是"的清算和批判，重申了知识和人才在社会主义建设中的社会价值和地位③，教育事业逐步走向正常的运作轨道。80年代解决了办学的自主权问题。以1985年5月27日公布的《中共中央关于教育体制改革的决定》为标志，把发展基础教育的责任交给了地方，调整了中等教育的结构，大力发展了职业技术教育，并改革了高等教育的招生计划和毕业分配制度，扩大了高等教育的办学自主权。90年代进一步解决了与市场经济相适应的教育体制问题。以1993年《中国教育改革和发展纲要》为代表，要求适应经济体制、政治体制和科技体制改革的深化，"教育体制改革要采取综合配套、分步推进的方针，加快

---

① 参见叶澜《重建"课堂教学"价值观》，《教育研究》2002年第5期。

② 《我国宏观教育研究进入一个新阶段——"宏观教育研究奖"的背景介绍》，《教育研究》1998年第4期。

③ 参见《关于建国以来党的若干历史问题的决议》，《中国教育年鉴》（1949—1981），中国大百科全书出版社1981年版，第7—10页。

步伐,改革包得过多,统得过死的体制,初步建立起与社会主义市场经济体制和政治体制、科技体制改革相适应的教育新体制"①。

90 年代末,教育改革从宏观体制改革转向自身的内部变革,以 1998 年的《面向 21 世纪教育振兴行动计划》和 1999 年中共中央、国务院公布的《关于深化教育改革全面推进素质教育》两个文件为代表。前者提出教育发展的"六大工程",基础教育的重点在教师队伍的建设和新课程体系的建设,高等教育方面重点在提高高校的创新能力,办好一批一流大学和学科;后者则以培养创新精神和实践能力为目标,从体制、机制、目标、课程、内容、方法等一系列方面提出改革要求,至此,学校内部的全面改革问题提出。

另一方面,微观变革推向学校层面的整体变革。80 年代微观变革的重点集中在教学方法上,如启发式教学、发现法、最优化法、情景教学法、暗示教学法、问题教学法等;90 年代各种"新"的教学方法渐渐变得熟悉,综合运用方法和对方法的反思成为主调,教学设计、教学模式、教学艺术和教学风格等受到青睐,学校管理体制等方面的改革也提到日程上来;90 年代末,局部的改革达到一定的"极限",客观上要求学校系统的整体发展做保障。

世纪之交,宏观变革和微观变革在学校层面合流,促成二者汇合的客观因素很多,但教育学研究提供了理论的支持和动力。

总之,70 年代末以来,"中国特色的教育学"思想虽然比起这之前的特色追求,已经拥有了更多的理性,也少了"为了特色而特色"的生硬,但总体上,尤其是 90 年代中期以前,还是给人一种被强行推出的、不自然的感觉。这种感觉可能来自于以下方面:

首先,至少在 90 年代中期以前,在教育学研究的指导思想上,一直是"铁打的马克思主义,流水的各种思潮(包括西方的和中国传统的)",而这个"铁",自然而然的生成成分少,强硬挤压进学术研究的成分多;理性分析少,感性附着多;学术性少,装饰性多。也就是说,我们主要不是以学术研究的方式应用马克思主义,而是以"意识形态"的方式在应用马克思主义,以贴标签的方式在应用马克思主义。这个方面表现出的

---

① 国家教育委员会办公厅:《中国教育改革和发展文献选编》,人民教育出版社 1993 年版,第 11 页。

"中国特色"是最鲜明的,但却是需要以理性的平常心对待的。

其次,对于本身就是"西方的"理论和学科"体系",却是倾情地演绎出了非常强的"中国特色",在一定程度上,甚至是游离出研究者的"控制",作为很强的"反控制"力量,把研究者引向一种体系的迷宫;在扑朔迷离的繁华中,研究者自我迷失,教育学自我迷失。这个既成事实的"中国特色",成为自我意识再度苏醒的后继研究者集中批判的对象。

"中国传统"和"中国现实(或国情)"共同构成"中国特色"生长的根。但是,对传统的研究,却把"传统"看得过于"传统"了——传统更多是被看成"过去"、"静止"的和"历史文本"的,研究传统的途径似乎更局限于"文献"方式,而且是教育史研究者的"专业范围"。缺少对"活"在现实中的传统的有意识的关注、缺少对传统的有目的的"活化"研究,这个天然的中国原色的东西,却很难进入"特色"。

相比较而言,"教育与社会"、"教育与人"和"教育变革"这三个宏大主题的研究取得的进展是比较明显的,如果要找原因,大概有以下几个:它们所研究的真正是中国社会现实和教育现实中的实际问题,是中国的时代问题,是基础性的问题,是全局性的问题,是不得不直接面对和解决的,而且需要见成效的迫切的问题(体系问题虽然也是教育学研究面对的很现实的问题,但它的局限性和时效性都有"延迟反应"的特征)。这一点正好也说明了,基于中国实际、解决中国教育问题,是生成"中国特色"的基础和本源;基于实际的"特色"问题的研究,也是最可能有成效的特色研究。

20多年来所追求的特色、形成的特色、有效的特色,可以用下面的表(表2-2)进行直观的表示:

20世纪最后20年至今天中国教育学研究的历史,是一部中国教育学依附性发展的历史,同时也是一部教育学自我意识觉醒,争取独立、自立和自强的发展史。

第一,"中国特色的教育学"思想出场,虽然有比较复杂的社会历史原因,但希望从对国外教育学研究的依附中独立,表现为对中国教育学发展的民族性、本土性的诉求,这一学术动机是毫无疑问的。

表 2－2   "中国特色的"教育学

追求的特色	指导思想	（文化和教育）"传统"	教育学学科和理论体系	方法和方法论	中国实际
形成的特色	代替理论研究和覆盖理论研究的倾向	不明显	"体系情结"	不明显	宏观研究成效大
基本评价	加强理论性	有待深化	需要重构	有待加强	宏观和具体、表象和深层的研究继续加强

    第二，从意识形态的全面覆盖、控制下独立，从"左"的思想桎梏下解放出来，主要表现为思想解放和思想多元的诉求，增加了科学的、民主的、实践的视角和向度①。解放的重要标志之一，是希望把教育学作为一门科学来研究，所以，"科学化"追求的直接动因是反对意识形态化、政治化倾向。这也是中国教育学发展中一个独特的现象。标志之二，从提出"思想解放"到提出"学术自由"的问题，其实质是反映了从意识到"影响学术的因素"，到对"学术因素"本身的认识。教育学研究者的独立品性问题也由此被裹挟出来。标志之三，通过学科建设问题的方式呈现出来，表现为建设科学的教育学的理论体系和学科体系、寻找教育学的学科地位的诉求。标志之四，就是重新启动了对国外教育学的借鉴研究，也即借鉴研究本身又是思想解放的一个表现，是追求学术独立的一个构成力量。从对外借鉴的态度上可以反映出来。在整个 80 年代的借鉴是谨慎的，并没有像社会思潮那样风起云涌。1989 年才开始明确提出学术自由的问题，对把社会科学等同于政治、把影响学术的因素作为学术因素本身的做法给予了批判，而且对新中国成立以后三十多年"百花齐放、百家争鸣"的实质进行了剖析，认为所谓"百花"归根结底是鲜花和毒草两类，所谓"百家"归根结底不过是无产阶级和资产阶级两家。②而三年之后，即 1992 年，在全国教育科学"八五"规划重点课题评审

---

    ① 根据法国社会学家布迪厄的观点，真正的科学研究，要根据它是否能够独立于各种世俗权力、独立于经济和政治权威的干预来加以判定。参见 P. Bourdieu and L. Wacquant, *An Invitation to Reflexive Sociology*, Chicago: University of Chicago Press, 1992, p. 56。

    ② 成有信：《教育科学的发展和学术自由》，《教育研究》1989 年第 2 期。

会上，又提出"抵御和反对和平演变"是教育面临的问题，认为西方资产阶级通过进口书籍、电视、电影等媒体宣传西方的价值观、生活方式，我们翻译的诸如萨特、弗洛伊德的著作，《第三次浪潮》、《大趋势》等本质上都是反马克思主义的；教育科研中必须坚持以马列主义毛泽东思想为指导①，又强化了 1989 年批判的现象。可见，思想的解放，并不是一个一帆风顺的过程。

当然，在追求解放的过程中，又陷入对外来教育学研究的依附，对"中国化"了的学科体系的专注，中国教育学研究在挣脱意识形态枷锁的同时，又套上了另一些依附性的锁链，"解放"的任务并没有变得轻松。

第三，从"教材"的框架、学校"工作逻辑框架"、"理论到理论的演绎框架"中解脱出来，争取按照教育和教育学研究自身的逻辑，与实践"关系"的逻辑进行教育学的研究。教育学研究的实践意识觉醒。

第四，从对相关学科的依附中独立，表现为对教育学范式、言说方式、框架、教育学视角等的诉求。

中国教育学研究的独立意识在增强，并不等于说中国教育学研究的多重"依附性"已经被很好地克服，"繁荣"与"落后"并举的中国教育学发展特征证实了这一点。不少人认为，20 多年来，所谓中国教育学的"繁荣"，乃是指数量上的繁荣，它包括研究队伍的数量以及文献的数量；另外还有新兴教育学科的数量；教育学话语的数量，或教育学"话题"的数量等。所谓"落后"，乃是指质量上的不可人意。② 这说明离教育学研究走向真正的自主性发展，还有一段距离。

进入 20 世纪 90 年代以后，教育理论建设和教育学科建设的独立性问题更加受到关注，在这种背景下，原创教育学理论作为独立性追求的一个重要表现，对 20 多年中国教育学研究的依附性问题做了一次总汇，提出了新世纪中国教育学研究全面转型的发展课题。

---

① 何东昌：《在全国教育科学"八五"规划重点课题评审会上的讲话（摘要）》，《教育研究》1992 年第 1 期。

② 主要参见周作宇《论"中国教育学现象"》，《内蒙古师大学报》（哲学社会科学版）1997 年第 4 期；全国教育科学规划领导小组办公室《我国教育学学科研究现状与发展趋势调查报告》（一、二），《教育研究》1995 年第 9、10 期；程少波《论转型时期的教育话语》，《教育评论》2000 年第 3 期，等。

三 原创教育学研究的出场

(一)"原创教育学"的含义

从词源学的意义上,原创性的"原"是指"源头"、"根本"和"原本",是任何后继者的本源、原型或母本;"创"从消极意义上讲是指"伤害和惩戒",从积极意义上讲是指"始造与开创",但在事物的创生中,任何一种肯定其实都包含了对对立面的否定,从这个意义上说,"创"的消极和积极意义是同时包容其中的。① 从词源学的考究出发,有研究者认为,研究可分原创性研究和继发性研究。原创是最初或最早的创造。是否具有首创性、基础性、导引性,是区别原创性研究和继发性研究的主要标准。原创性研究是最初解释特定研究对象构成要素和运行与发展规律的研究,或最早提出了特定的解决问题的思路或模型与方式的研究。原创性研究既可以在学科领域中进行,也可以在实践领域中进行。② 或"原创性"是"原始创新性"的简称。教育理论的原创性就是指某种教育理论在原始创新性方面所达到的程度。③ 但是,本书认为,以"早晚"、"先后"来对原创的内涵进行规定,必须满足这样的条件:第一,是同一类或同一个问题;第二,是发生相同或相似条件中的带有普遍性的问题。如果问题不同,或者问题的表现形式相同,但发生在不同的文化环境中,即使最早的"创新",对不同的问题和不同条件下的同类问题,其基础性或导引性的价值还是要打折扣的。所以,用"先后"做尺度评价原创,不适用于不同文化类型之间的关系评价("先后"做评价尺度可能更适合于以"进步"为明显特征的自然科学的研究领域)。

但是,中国教育学原创性问题的提出,并不是从词源学上追溯出来的,它直接针对的现实靶子是中国教育学研究一贯的依附性状态,要解决的是如何实现中国教育学研究的"转型发展"问题。

第一,在"中外"教育学关系的维度,中国教育理论的原创性是指"以本国教育发展需要和问题为研究的本源,通过各种不同手段获取原始

---

① 王树人:《〈周易〉的原创性及其思维特质》,载杨适主编《原创文化与当代教育》,社会科学文献出版社 2003 年版,第 286—287 页。

② 傅维利:《教育研究原创性探析》,《教育研究》2003 年第 7 期。

③ 石中英:《关于推进教育理论创新的若干思考》,《中国教育学刊》2002 年第 6 期。

性素材，或作原始性（相对于'验证性'）的研究，进而得出在国内或国际范围内富有独特性和创新性的理论（或其他形态的研究成果）"。中国教育理论的原创性至少应体现出"问题的原发性、研究素材的原始性、结论的独特性和创新性"等要求；对于教育理论原创的意义，则认为除应有的理论和实践价值之外，教育理论原创性的发展，"还涉及学术领域里的民族自信心问题"。"一个偌大的中国，一个拥有最多教育人口的中国，一个进入了21世纪的中国，不能没有原创的教育理论。"①教育理论的原创研究是基于本土、面向本土的，解决本土的现实教育问题的研究，本土性必然地成为教育理论原创的应有之义。②

第二，从教育学科建设方面来谈"原创性"问题，教育理论"原创"之"创"的内涵是指"发现了新的研究对象，或者拓展了原有研究对象的范围，并为此提供了新的研究基础；提出了新的研究问题的视角和思维方式；形成了新的独立的别人无法替代的言说方式和表达方式；以上述三者为基础，提出了新的问题、概念、范畴、命题和观点"。而教育理论"原创"之"原"的内涵则体现在"以自己特有的研究对象、视角、思维方式、命题的言说方式等"构成一个"论述框架与范式"，而这个"论述框架和范式"要作为同类研究的起点并为同类研究预设一个"问题域"，使紧随其后的研究都不得不从这起点出发或不得不在"原创者"所设定的"问题域"内发问——虽然这个框架和范式可能会存在诸多问题而受到后继者的批评，"但即便这些批评者也不得不承认，这些框架和范式是他们所绕不过去的"③。

第三，从研究者个人立场谈原创性问题。创造是创造者的创造，研究是研究者的研究，任何原创性研究都首先表现为研究者个人的原创性，所以，原创性研究还有一个个人的立场。有学者认为，教育理论的原创性主要表现为它对于教育问题把握的敏感性程度、研究视角的新颖性程度、研究结论的创造性程度和学术观点的深刻性程度。从某种程度上说，所有可以称为"教育理论研究"的东西，都或多或少地具有原创性，但是彼此

---

① 叶澜：《世纪初中国教育理论发展的断想》，《华东师范大学学报》（教育科学版）2001年第1期。

② 吴黛舒：《教育理论原创的应有之意》，《教育研究》2002年第7期；柳海民、李伟言：《教育理论原创：缺失归因与解决策略》，《教育研究》2003年第9期。

③ 李政涛：《教育研究的原创性探询》，《教育评论》2000年第1期。

之间的原创性程度显然有很大的差别：过于满足于对别国或别人教育理论的概括、总结、介绍或诠释，甚至满足于对他人或自己观点的拼凑、复制或盲从，或在功利主义学术价值取向的影响下，开始给教育理论"注水"，都会极大地影响到教育理论的原创性。[①]

以上研究其实提出了原创性的三个基本维度，即立足于中国本土的、相对于西方教育理论的、以追求自己本国特色或教育研究领域里的民族独立性为目的的原创教育理论，"原创"之意义可以理解为"中国的"、"本土的"或"民族特色的"，树立了中国教育学研究的"本土立场"；以及立足于学科建设的、相对于其他相关学科的（如社会学、人类学、文化学等）、以追求"学科"独立性为目的的教育理论原创，"原创"应理解为教育学"独有的"、其他学科"不能替代的"或直接说是"教育学"的，树立了中国教育学研究的"教育学"立场；第三个维度是相对于他人来说，是个人的、私己的，树立了中国教育学研究的"个人立场"。所以，原创性教育研究树立起教育学研究的本土的立场、教育学的立场和研究者个人的立场，其实是对一个世纪中国教育学研究的基本问题，即教育学研究的"依附性"问题的集成，并试图在这一问题上实现新世纪的研究突破。[②]

---

① 石中英：《关于推进教育理论创新的若干思考》，《中国教育学刊》2002 年第 6 期。

② 另外，原创思想的研究者还分析了中国缺少原创教育学的原因，如客观上，哲学的缺失，时代的动荡，中国一直没有找到真正能够自己解决自己问题的"话语"系统，没有确立起真正有效和稳定的学科设置、学术队伍和学术环境。主观上，原创性不足的根本原因则在于教育研究主体问题意识和实践精神的缺失。至于原创性不足的表现，有研究者认为表述方式、思维方式和方法论的贫乏是主要表征。指出了原创教育学的理论工具、外在保障和原创性研究的重点，认为教育是一种具有"非决定性"、"不可逆性"和"非线性"的复杂现象，判断其研究的价值，应遵循复杂研究的规律。中国教育研究应在科研管理体制、立项、评估和奖励等方面做出重大改革，以尽快进入原创导引的时代，并建议我国教育的原创性研究应集中在如下三个领域：1. 创建新的理论体系，用新的概念、研究范式和原理，令人信服地揭示教育现象的深层原因，为从根本上解决这些教育上的老大难问题提供新的理论依据；2. 在新的社会背景下，用新的视角和思维方式，寻找解决在社会转型时期出现的各种教育新问题的思路和方案；3. 用新的理论和话语方式，构建新的教育学科体系。这种具有原创意义的研究应包含着两方面的内容：一是用新的概念、理论体系和原理更新旧的学科内容和结构体系；二是开辟新的研究领域，并以此构建新的教育学科。参见叶巧先《认识与分析：教育学中国化》，《理工高教研究》2002 年第 5 期；李政涛《教育研究的原创性探询》，《教育评论》2000 年第 1 期；朱利霞《论教育研究的原创性》，《教育理论与实践》2002 年第 2 期；傅维利：《教育研究原创性探析》，《教育研究》2003 年第 7 期，等。

（二）原创教育学与本土化的教育学、中国特色的教育学的关系

本书认为，原创性的教育学，做广义理解，包含了本土化的教育学，因为既然外来教育学已经被"本土"化而进入了，当然也就转化为"中国的"。但是，如果把原创性教育学进行狭义的理解，即特指与"本土化"相对的一个过程，则二者的区别在于，原创性的教育学必须同时具备两个条件：基于本土性，即在依据本土条件或资源解决本土教育问题的过程中产生的教育学；同时是为了本土性，即把民族、本土、中国的个性化作为一个发展的目标和追求的目标。本土化的教育学虽然从动机上说是为了解决本土教育问题，为了推进本土教育的发展，但从来源上说，却不是在解决本土教育问题中产生的，是先在或外在与本土性的，因此缺少"原"的规定性。

从历史的视角透视与本土化的教育学相对的、属于中国自己土生土长的教育学的发展历程，中国的教育学经历了胚胎期—藤本期—木本期三个不同的发展形态。中国特色的教育学标志了"藤本期"中国教育学的发展特征，即要摆脱依附但又无力独立的一种发展状态。原创教育学则表达了中国教育学从"藤本"发展向"木本"发展转型的意愿和发展趋势。

原创教育学和中国特色教育学都是要解决"中外"关系中的中国教育学的发展问题，是在反思中国教育学发展的"依附性"状态基础上提出的，但中国特色的教育学更多是局限在"中外"二元的关系中讨论中国教育学的发展；它要克服对外来教育学的依附，但又依赖外来的教育学，同时又多了对意识形态等的内在依附。原创教育学面对的"依附性"问题，内涵更丰富和扩展，即它既面对外来依附问题，又面对内在依附问题。如果把本土化的教育学和中国特色的教育学进行"定型"处理，原创教育学要做的是克服以上两类教育学缺陷的努力，是在多元的文化背景下，在社会转型、教育转型的背景下，对中国教育学的"转型性发展"问题的综合思考。

"转型"概念的提出和研究，是 90 年代社会学学术史上的一个重要事件。一般认为，其标志是中国社会学年轻一代的代表人物李培林博士以论文《"另一只看不见的手"：社会结构转型》[①] 首次提出并系统阐述了

---

① 李培林：《"另一只看不见的手"：社会结构转型》，《中国社会科学》1992 年第 5 期。

"社会转型"理论，且在学术界和社会上引起强烈反响。李培林认为，社会转型是一种整体性发展，也是一种特殊的结构性变动，还是一种数量关系的分析框架。现在，"社会转型"已成为描述和解释中国改革开放以来社会结构变迁的重要理论范式，同时也成为其他学科经常使用的分析框架。

21世纪中国的社会生存环境发生了巨大变化，无论是为实现在经济全球化、社会信息化背景下的社会主义现代化和民族复兴的伟大事业，还是为满足新时期每个人生存、发展的需求，都迫切要求创建不同于近代型的现代型学校。[①] 中国的教育面临着新的转型性的发展。那么，在这样的背景下，中国的教育学研究也不可能不与时俱进，不可能不适应教育实践的变化而回避掉自身的转型性问题。

在原创教育学的研究基础上，本书就中国教育学研究转型要确立的"本土立场"、"实践立场"、"教育学立场"和研究者的"个人立场"等，进行进一步的研究。

四　研究案例

（一）中国特色的教育学研究模式[**]

本书采用教育学"研究模式"这一术语，是特指"中国教育学"的研究模式，即在一定时期内为中国"教育学"的研究共同体所认同的、由特定的研究内容和要素、过程和方法、范畴和理论等构成的基本规范和结构式框架。20世纪80年代以后的中国教育学模式，从形成时间上看，

---

① 叶澜教授认为，中国近代型的学校始于清末民初，是出于富国强兵抵御外国侵略的直接目的，由洋务运动开始发展起来，最后集中到教育制度的变革——废科举，兴学校。近代型学校的基本特征是按照工业化、批量性生产的模式来"塑造"学生；统一的目标，基本划一的课程与教科书，整齐排列的通用教室，严格规定的课时与教学周期，按规定执行的教育教学过程；学校的基本任务是知识的传递和培养社会不同领域需要的规范化人才。新中国成立后，尽管对"近代型"的学校进行了多方面的改造，但是由于半个世纪中，经济上仍然基本处于以农业经济为主的阶段，工业化进程与解放前相比虽然有较大的进展，但并没有完成国民经济工业化的转换，在教育方面的投入和开放程度也都不足，故学校既无内在转型的需要，也无外在的冲击与压力，整体形态、内政基质和日常教育实践并没有发生转型性的变革，没有走出近代型学校的基本框架。参见叶澜《实现转型：新世纪初中国学校变革的走向》，《探索与争鸣》2002年第7期。

** 也有的研究者用"研究范式"来指称，但"范式"的含义和后文中提到的库恩的"范式"是有区别的，为了避免混淆，在这里暂用"模式"来指称中国特有的"教材式"的研究方式。

是从 50 年代引进凯洛夫《教育学》开始，80 年代南京师范大学《教育学》出版是其规范和成熟的标志。更准确一点说，中国的教育学研究模式其实是一种"教材模式"*。

"教材化"或"教材模式"是一个很"中国"的术语。其实，20 世纪初的教育学研究和编写是不拘形式和内容的，呈现出来的是借鉴、开放和创造共有的特征，但随着中国教育学发展的几次历史中断和重新启动，开放和创造的特征逐步消失，以编写教材代替理论研究却形成研究传统继承下来。到了 20 世纪 50 年代，这种倾向进一步巩固，直到现在，提到"教育学（教材）"，总还是让人不由得想起那种统一的指导思想、体系框架、研究对象、研究范畴等。

南京师范大学的《教育学》作为一本高师的教育学教材，继承了"借鉴"和"创造"两个教育学研究传统，标志着中国教育学研究的"教材模式"在模仿和独创之间的成熟和完善。虽然从体系结构上凯洛夫的痕迹比较重，但是，它的现实感和问题的针对性也是非常强烈的，在认识上拨乱反正，对"文革"期间存在的比较严重和突出的问题给予了认识上的澄清，如关注教育过程中的内部矛盾、强调教育的相对独立性、确立教学在学校教育中的核心地位等。正是这种现实感和针对性，才使南京师范大学《教育学》并没有囿于凯洛夫的话语和体系，也摆脱了前一个历史时期的"政策学"倾向。从这一意义上，它的示范性价值和作用在一定时期功不可没。

80 年代中期以后，社会发生着巨大变化，教育也逐步变革，"教材模式"不仅没有相应突破，反而被进一步强化：凡是"教育学"，都以"研究教育现象和揭示教育规律"为性质，以"培养合格教师"，使其"掌握必要的教育学知识和教育教学能力"为目的，必有统一的指导思想和研究方法，体系框架"四大块"、研究范畴也回避不了教育本质、教育规律（包含教育与政治经济和生产力发展的关系）、教育与人的发展、教育目的、教育内容；深入到每一部分，也都以确定性的知识或规律性的结论为追求目标，教育规律从教育与上层建筑、与生产力、与文化、与人的发展等几个大的方面进行阐述；教学和德育，也是先谈规律，后说原则，最后

---

* 但如果要考究"教材模式"的渊源，又要从中国"教育学"研究的肇始期开始，因为中国教育学的发端，就是从编写教材开始的，即为培养新型教师编写参考用书。

论及方法。

教育学的教材模式同时也成为其他学科建设自己体系的典范，如80年代初期分化出来的德育论。80年代出版的德育论或德育原理有二三十本，但体系构建也基本上是价值观、功能、目标、过程、内容、原则、规律、途径、方法；教育管理学、教学论等一大批学科风格类似。

教材模式是中国特色的，但教材模式的局限性也是很鲜明的。

首先，它制约着后继教育学的建设，使后继教育学缺少与时俱进的时代气息，造成了定型的、静止的模式和不"规范"的、变动的教育现实的时间错位。南京师范大学《教育学》是特定历史和特定时代的产物，所以它在认识上的价值和教材建设上的示范作用是有历史阶段性的；随着历史的发展和原有教育问题的解决，在原来的历史文化背景下充满生机和活力的东西，在新的历史时期，却可能因为丧失问题针对性从而也丧失了生命力。变化着的现实聆听着理论者站在80年代以后的时空里，言说着80年代中的教育理论和实践，自然有"理论"与"实践"脱节的"隔世"感觉。

其次，造成了固定模式和不固定的教育生活的疏离与空间错位。新的问题和新的现实不断萌生，任何理论框架都不可能包容一切新生事物。结果就出现一方面教育学研究模式越来越规范、条理、固定、封闭、合乎逻辑，另一方面，教育的现实生活却不因为教育学的封闭和僵化而停止纵向上的推进和横向上的丰富，现实的逻辑不按照教育学的"指示"进行，而是越来越丰富、多元、开放、深刻和非逻辑。固定的模式划定了固定的研究对象的范围、预定了研究的问题和方式，当带着先见的"模式"去过滤和规范真实的教育生活时，"理论"和"实践"相互之间产生"他乡"感是不可避免的。虽然也有很多被称为"填补了空白"、在某个方面有了较大的"突破"的研究，但只要是在原有框架下，局限于对原有的框架进行修补和深化，还是不能从根本上摆脱既成框架的枷锁，使问题、领域、方法、思想等全部开放而纳新。

再次，教材模式还造成教育学研究领域内部的"块状分割"，基本理论、教学、德育、管理各领一份田地，专门耕耘，有"老死不相往来"的味道。我国高师教育系的专业课程设置、研究生学位方向确定、教育学研究会的分属，基本都依据教育学的体系框架分门别类，各自画地为牢，教育系统内部"隔行如隔山"，研究基本理论的可以不了解教学和德育，研究课程的可以缺少基本理论的常识；甚至课程改革不问教学，教学改革不管教材，更谈不上问津学校的整体变革和转型。虽然认识上可能有局部的突破，但却无法实现整体的对教育学的改造。

最后，以编写教材代替教育学研究，阻碍了教育思想的创新。对教材的编写情有独钟，带来了理论专著较为薄弱的后果。进入 80 年代以后，在我国涌现百余种教育学教材的同时，教育学理论专著却是寥寥可数，教材与专著的比例严重失衡是一个不容否认的事实。

编写教材、学科建设和撰写理论专著之间的关系比较复杂。一般意义上，我国的教育学教材指向对象是高等师范院校的学生，是培养"合格中小学教师"的教学用书。教育学的学科建设从广义上包含两类"教科书"的建设，一是上述提到的培养中小学教师的教材，二是旨在训练后继研究者的"指定文献"，但它比教师用书在内容和形式上更加自由，而且，如何建设和被指定哪些文献作为对后继研究者进行"入门"训练的参考用书，一般受某个学术共同体研究范式的影响。但理论专著，一般应该是从教材未涉及、未展开或未解决的领域或问题入手，使研究向纵深化方向发展。从原则上讲，它一般不受或基本上不能受教科书"规范"或"体系"的约束。

（二）马克思主义毛泽东思想、意识形态等对中国教育学研究的影响

马克思主义毛泽东思想对我国教育学研究的影响，主要体现在对领袖人物的哲学和教育思想以及体现这些思想的方针政策和文件的解读、阐释中。

1. 在教育学研究中的地位变化

（1）从"等同"到"主导"、到"多元"，领袖人物和主导性的意识形态对教育学研究的影响从未间断过。

走过了把教育学研究等同于"方针政策注释学"、"语录学"的时期，教育学研究首要的任务是思想解放，即从左倾路线、教条主义和官僚主义下解放出来。在坚持马克思主义指导的前提下，发扬社会主义民主和坚持百花齐放、百家争鸣的方针；坚持党的领导和尊重科学、坚持马克思主义和从实际出发成为"统一关系"。

改革开放以来，在教育学研究过程中，贯彻解放思想、实事求是的思想路线，坚持"双百"方针，促进教育理论界的思想解放；注意理论和

实际的结合;以及坚持马列主义、毛泽东思想和邓小平建设有中国特色的
社会主义理论,以江泽民的"科教兴国"、"教育创新"思想为指导等,
构成一个连续不间断的话语流程,几乎成为我国教育学研究中最常见的话
语方式之一。突出强调教育科学研究和学科建设的社会主义方向性和中国
特色,围绕建设有中国特色的社会主义教育体系这个中心,研究我国社会
主义现代化建设和教育改革与发展中的重大理论和实际问题,并坚持教育
科学研究为教育决策服务,为教改实践服务的方向等,成为教育学研究的
一个基本的"中国式"任务。

(2)但是,这种影响也毕竟从"唯一"的控制局面下挣脱出来,经
历了金字塔形的多元时期,走向平面化的多元共存状态,即经历了"排
他—容他—多元"的三个不同时期。

表现之一,对领袖人物教育思想的解读和对政策方针的阐释在数量上
呈现出递减的趋势(见表2-3)。

根据袁智慧的统计和解释,几个重要的政策有:1981年的《关于建
国以来若干历史问题的决议》;1983年9月邓小平"三个面向"题词;
1985年《中共中央关于教育体制改革的决定》;1986年《中共中央关于
社会主义精神文明建设的指导方针》;1988年邓小平提出的"科学技术是
第一生产力";1992年邓小平的南巡讲话;1993年《中国教育改革与发
展纲要》;1997年十四届六中全会报告和1998年十五大报告。其中,对
1981年的《决议》、1985年的《决定》、1993年的《纲要》研究性文章
最多。

领袖人物思想研究在1981—1985年和1992—1998年形成研究高潮。
1981年《关于建国以来若干历史问题的决议》颁布以后形成第一个研究
高潮。《教育基本理论之研究》的观点是,1986—1991年的研究低谷是由
于"马克思主义过时论"和"毛泽东思想过时论"的影响和冲击[①];袁
智慧的观点认为,在这个阶段,经济改革与教育体制改革是教育研究的最
大热点,是这些问题冲淡了对"领袖人物教育思想"的关注;另外,这
一时期经济改革推崇让利放权、自由竞争,一度使商品经济放纵发展,为
两个"过时论"的滋生提供了适宜的土壤。

---

① 瞿葆奎、郑金洲主编:《教育基本理论之研究(1978—1995)》,福建教育出版社1998年
版,第3页。

表2-3 《教育研究》论文对领袖人物思想和政策方针的研究统计①　　　　单位：篇

年份	1979	1980	1981	1982	1983	1984	1985	1986	1987	1988	1989	1990	1991	1992	1993	1994	1995	1996	1997	1998	1999	2000	2001	总计
A	2	3	4	7	5	8	5	1	1	2			2	3	14	11	8	6	6	8	4	1	3	104
B	3	2	9	7	2	2	2	3					1	2	2	6	1			2	2	1		47
C	5	5	13	14	7	10	7	4	1	2	0	1	4	5	20	12	8	6	8	1	5	1	3	153

（A：领袖人物思想；B：政策方针；C：合计）

同期出版专著的情况，也印证了这样的结论。根据一项研究，1949—1990 年，有关马列主义、毛泽东教育思想及其研究的图书出版量是 0，而 1991—1995 年，本类图书种类是 48 种，占同期教育学科图书总数量的 0.76%。研究中涉及马克思主义教育理论和教育思想的图书 19 种，涉及毛泽东教育理论与教育思想的著作 20 种，涉及邓小平教育理论和教育思想的图书 15 种。②

本书认为，如果放在改革开放的大背景下，从多元文化的视角分析，这一时期恰恰正是西方各种文化思潮大量涌入的时间，并由于特定的原因激发出 90 年代初期社会思想文化领域里的"传统文化热"。这一历史背景和 1992 年邓小平南巡讲话，1993 年毛泽东诞辰 100 周年共同酝酿出 1992—1998 年的"领袖人物"研究高潮。以江泽民为核心的党的第三代领导人对教育的论述和社会变革对教育的发展需求，使高潮得以在长时间里持续。第三代领导人的教育思想也被及时梳理和系统总结：在教育地位问题上，强调教育优先发展，提出科教兴国思想，并将其列为基本国策；在教育方针的表述上，强调教育必须为社会主义现代化建设服务，提出"四个统一"新型人才标准（学习科学文化与加强思想修养的统一，学习书本知识与投身社会实践的统一，实现自身价值与服务祖国人民的统一，树立远大理想与进行艰苦奋斗的统一）；在知识分子问题上，提出"知识分子是新的生产力的开拓者，是现代化建设的主要依靠力量"的新命题；

---

① 根据袁智慧《我国社会转型对教育研究主题变迁影响之分析——以〈教育研究〉杂志为例》提供材料整理。见华东师范大学 2003 届硕士学位论文。
② 龙华军：《中国大陆 1991—1995 年与前 40 年——中文教育图书的比较研究》，（台）《教育研究杂志》（大陆版），2003 年 3 月版（创刊号）。

在德育问题上,指出"凝聚力也是综合国力的重要组成部分",重视共同理想与公民教育问题,提倡依法治教与以德治教紧密结合;在教育改革方面,倡导知识创新,大力推进素质教育、终身教育。①

另外,虽然二十多年中的对领袖人物和政策的阐释在数量上呈现降低的趋势,但这种低走势是从研究的相对数量上来说的,从绝对数量上可能不会出现这种发展趋向,即不是由于这方面的研究少了,而是由于其他方面的研究多了。存在主义、分析哲学、人本主义、现象学、建构主义等一系列新的"主义"的引进,客观上造成对"马克思主义"研究的相对数量减少。

(3)对政治领袖思想研究的侧重发生变化,研究的学术性增强。

中国的"毛泽东热"出现过几次;1945 年中共第七次代表大会前后,20 世纪 50 年代初出版《毛泽东选集》之后,50 年代末开始搞个人崇拜以后,在"文化大革命"中达到高潮,一直持续到毛泽东逝世。后继的三次是 1981 年中共中央通过正确评价毛泽东和毛泽东思想的历史地位的决议之后、1993 年毛泽东百年诞辰和现在。综观历史,中国的"毛泽东热"是从盲目的迷信和狂热式的个人崇拜,逐步走向理性的。

根据袁文研究,1978 年以来对邓小平思想的研究也有一个转化过程。在 70 年代末和 80 年代初,主要是对邓小平有关教育论述的诠释,到了 90 年代,对邓小平教育思想研究的理论兴趣逐渐浓厚,且具有一定的深度。这种变化说明了对领袖人物思想的研究,从单纯"政治指导"或"意识形态至上"的角度进行简单阐释的局面已经开始改变,意味着理论"研究"或"学术"的成分在增强。

2. 对教育学研究的影响方式

"指导思想"对教育学研究的主要影响方式,大体有以下几类:

(1)对教育方针政策直接阐释或把领袖人物的思想直接作为教育学的内容。1979 年华中师范学院等五院校合编的《教育学》在要不要把"我国的教育方针"列为一章讲"教育必须为无产阶级政治服务,必须同生产劳动相结合"的问题上发生争论,最终是以"我国的教育方针是毛泽东教育思想的核心,是马克思列宁主义教育原理同我国教育实践相结合

---

① 张建:《江泽民教育论述对毛泽东教育思想、邓小平教育理论的丰富与发展》,《现代教育科学》2002 年第 1 期。

的产物，体现了我国教育的根本特征和规律，对我国教育事业的发展，无论过去、现在或将来都有重大的指导意义"为理由，在《教育学》教材里确定下来，并一直被延续。① 可见，意识形态作为主导思想和价值观对教育学研究的影响在当时几乎是处于不可动摇的"至尊"地位。在80—90年代的各种教育学著作中，尤其是在90年代中期以前的著作中，或明确或间接，都申明了自己的研究是在这种思想指导下进行的。

（2）作为理论是非的判断依据或标准。如在教育的起源问题上、人的发展问题上、教育的本质问题上以及对古今中外的一些人物教育思想的评价等方面，都以马克思主义的主要论断作为是非评价的标准。

（3）作为分析方法。辩证的分析方法成为指导教育学研究分析各种"矛盾"关系的最根本的指导方法，如在影响人发展的诸因素关系、教育的外在价值和内在价值、教育的工具功能和本体功能等主要基本理论问题上都采用了这种分析方法；马克思的"商品分析"方法也成为寻找教育学的逻辑起点所参照的标准方法。

70—80年代，用辩证逻辑的方法进行研究，从恩格斯的判断，"马克思对于政治经济学的批判就是把这个方法作基础的，这个方法的树立，我们认为是一个成果，就重要性说，丝毫不次于唯物主义的基本观点"。以及列宁所说，"马克思在《资本论》中首先分析资产阶级社会（商品经济）里最简单、最普通、最基本、最常见、最平凡、碰到过亿万次的关系——商品交换。在这个最简单的现象中（在资产阶级社会的这个'细胞'中），这一分析揭示出现代社会的一切矛盾（或一切矛盾的胚芽）。往后的叙述为我们揭明了这些矛盾以及这个社会在其各部分的总合中自始至终的发展（和生长和运动）"。以此推断，普通教育学中应该寻找最基本、最常见、碰到过亿万次的关系或"细胞"形态；它一方面和现代教育的历史起点一致，为以往教育所没有，另一方面又与人类教育的历史起点相一致，是人类教育历史起点中最简单、基本的东西在新时代的表现形式。经过这样的寻找，最后为教育学找到"教学"、"教育目标"、"学习"、"生活"、"人"等20多个教育学的逻辑起点。②

---

① 华中师范学院教育系：《认真探讨教育规律，努力编好〈教育学〉——华中师院等五院校合编〈教育学〉教材讨论会纪略》，《教育研究》1979年第3期。

② 参见刘刚《教育学研究中的几个问题》，《教育研究》1979年第2期；胡兴宏：《教育学逻辑起点的思考》，《教育研究》1991年第4期，等。

（4）把社会政治任务直接作为教育学研究的问题

如把社会政治领域中反"精神污染和自由化"的任务引申为教育学研究的任务。最大的政治任务转向经济建设时，教育学研究的任务也转向探索教育是否具有"商品属性"、是否能"产业化"等（不是研究教育如何为商品经济服务，而是研究教育有没有商品属性、产业属性）。

（5）引导教育话语

有人认为，80年代以来，教育学中的话语可分为权力话语和非权力话语，从总的趋势看，权力话语占了上风，如"素质教育"以及"创新教育"两个话语属权力话语的范畴。虽然"权力"是一个中性概念，它本身并不说明权力话语的非学术性质，但是，客观地讲，在中华人民共和国成立以来，权力话语在教育研究和教育实践活动中并不是一个中性概念，而是具有很强的倾向性与导引性。它从来就不是为了教育研究的丰富多彩而存在的。①

有学者按照抽象和间接程度的不同，把教育研究中运用马克思主义的水平分为三级②：初级水平是"语录"式的运用。中级水平是运用基本观点，把马克思主义学说中的结论作为思考教育问题的基本依据。高级水平是最为抽象和间接的运用，即把马克思主义学说中辩证思维的方式、历史唯物主义的社会观等作为思考教育问题的出发点和基本方式，分析、研究教育领域内的基本问题。在就实际的运用情况看，大多是停留在前两个层次，高级水平的运用还是很少见的。

"中国特色"是一个可以牵动起民族自尊和自豪的、让人感受到温馨和踏实的、有着很强的凝聚力和号召力的美好字眼。这种美好感，让人几乎不想、不忍动用理性的刀具对它进行显得残酷的剖析。

不过，毕竟"中国特色"的使命不仅仅是为了激发一缕"文化乡愁"和"民族情愫"。"中国特色的教育学"作为民族教育思想安身立命的根，作为中国教育可以栖息而居的家，需要进行理性的培植和营造，才能茁壮和牢固。

回头看清我们曾经怎样理解教育学的"中国特色"，又形成了怎样"中国特色"的教育学，才能明晰我们需要什么样的"中国特色"，我们

① 程少波：《论转型时期的教育话语》，《教育评论》2000年第3期。

② 叶澜：《教育研究方法论初探》，上海教育出版社1999年版，第142页。

应该怎样建设"中国特色"。

事实上，在很长的一个历史时期内，"中国特色"的追求，总是与意识形态的需要过度密切地纠缠在一起；"为了适应中国实际、解决现实问题"也许被放在重要的位置，但在一些研究层面和研究领域却是一个重要的"摆设"的位置。

而具体的另外的一些事实的特色，如体系情结等，是需要逐步瓦解、粉碎和更新、重构的。"传统"和方法论的研究需要加强。

为什么形成了这样的特色而没有形成其他的特色，需要放在中国文化传统的背景下来分析，但本书目前尚没有能力做到这一步。

笔者确信：只有深入本土，研究现实、发现问题、解决问题，才能生成荡涤思想沉疴、疏浚文化传统河道、突破"体系"束缚、开辟多元研究局面的强大力量。

本部分选取的两个案例，也在于进一步说明并不是所有的"特色"都是我们需要的；对"特色"要有理性的态度。

第三章 学科史和学术史视野中的
学科发展问题

一 世界学科史中的学科危机和生机

(一) 学科危机是学科制度化发展史上的普遍现象

学科危机是伴随着学科分化和制度化而出现的一种现象，因此在学科发展史上一般也称学科的"制度化危机"。学科分化和制度化最早发生在欧洲大陆和英美地区，制度化进程是由在大学开设讲座开始，进而发展到系科的专业训练制度化和研究的制度化，如成立专业学会、创办学术期刊等，并最终实现了从国家到国际的图书收藏制度化。

学科发展过程中遭遇危机并不是教育学的独特经历，几乎每一门学科都经历过并还在经历着的各种各样的学科制度化危机。历史学是最先取得制度化形态的学科，以至于 18 世纪末期以后社会学、经济学、人类学等都通过界定自己与历史学的不同（研究对象和研究方法的不同）来确认自己的学科独立性。但是，伴随学科制度化进程，各个学科的领域危机（历史学、社会学、政治学、经济学等的领域之争）和方法危机（典型的如人类学田野研究的方法危机）等也如影随形。

但是，20 世纪以来，随着对传统知识划分合理性的质疑和不同学科在具体问题研究中的合作加强，传统的领域危机和方法危机依然存在，甚至更加严重，但却很少以孤立的、单纯的形态出现，学科危机呈现出复杂化的态势。在西方史学中，对新方法的采用（调查和集体研究的方法），对新领域的扩展（向人类学、心理学和政治学等领域扩展），寻找新的认识方法和新的分析范畴（如改变原来的把历史分为经济、社会制度和文化三部分并通过这三部分来观察历史的传统做法），以及把"社会角色"和"实践"概念引入，强调对具体情景下人的过程性实践的理解和研究等，都是对历史学危机的回应。

中国史学也不例外，20 世纪 80 年代以来也曾经希望把历史学作为一门科学来经营（对意识形态强控的反应，与教育学作为科学建构的背景和动机一致），另外"回到乾嘉时代"、"回到马克思"的呼声，对历史研究领域的扩展（社会史、文化史的研究成了史学领域中的热门），尝试对传统中国通史框架（即以"五种生产方式"理论为基础所建构的框架）的突破和超越，对西方化的理论框架、历史命题和范畴的质疑，重新审定中国民族史学在世界上的地位，乃至史学"下海"等等，也都表现出中国史学界对中国当前史学危机的不同角度的思考。

现在，社会学的"传统危机"（领域性危机）没有消失，但研究范式统一性危机和方法论危机的严重性又被认为是空前的。社会学中的库恩主义者认为，社会学多范式并存的局面、不能建立一个统一的范式，或者假定社会学达到了一种规范科学的状态并且由一个唯一的范式支配等现象都会使社会学处于危机之中。社会学界认为，社会学多重范式结构在 20 世纪 60 年代末期的出现，严重挑战了帕森斯的结构功能主义在美国社会学长达二十多年的统治，威胁到社会学学科的统一，使社会学产生了分裂；70 年代以来，帕森斯的社会学理论和拉扎斯菲尔德的定量研究方法使社会学理论研究与经验研究之间的裂痕继续扩大，从而使社会学总的危机到来。

中国的社会学也被认为总体上处于发展低潮，判断依据有以下几个主要方面：社会学发展的非社会学化（社会学研究越来越多地从其他学科特别是从哲学、历史学、文化解释学、经济学、政治学及法学中汲取思想资源，纯"社会学的"概念已经很少见）；社会学的实用性格，表现为问题取向、政策取向和经验取向而相对地忽视学术研究和理论研究（中国社会学的实用性格是由社会历史环境决定的，80 年代初期为了减少政治和意识形态因素的影响，有意识地强调社会学的经验性和实用性，而回避了重大社会理论问题的学术探讨与争论，导致了对研究方法和规范的偏重而缺少思想建树和方法论研究）；缺乏对学科发展与社会发展之间互动关系的研究；以及中国的社会学和民族学研究对象、内容的重叠模糊等。

此外，经济学、人类学等学科同样被所属领域的研究者认定也处在这样那样的危机之中。

各个学科面对的危机可能不同，不过有一点是可以确信的：虽然不同时期、不同学科表现出的"危机"有差异，但学科危机是伴随学科制度化发展的一种普遍现象，在学科发展和克服危机的道路上，教育学并不是孤军奋战；在学科危机面前，过于悲观和过于乐观、盲目自卑和盲目自信都缺少事实依据，虽然这种两极情绪容易产生也可以理解，但无论对"弱势学科"还是对"强势学科"的发展来说，却都不是理性的和有建设价值的态度。

（二）学科危机的总体特征和教育学危机的性质

当前，不同的学科在危机表现形式和表现角度上的差异仍然存在着，但从表面的林林总总中却仍可以归纳出一些共同的发展性问题和趋势。

第一，与传统历史学、社会学和人类学等相对孤立出现的领域危机和方法危机比较，当前的学科危机以综合的、整体的方式呈现出来，即思维方式、研究范式和一般的理论建构乃至基本范畴等都遭到前所未有的挑战。

第二，学科危机和当前的社会转型紧密相连。学科发展史上，当社会现实基础发生重大变化时，固有的学科模式和新社会现实之间总会出现不适应，这时，学科的衰亡或转型往往是不可避免的。前学科时期学术研究和社会转型之间的关联性就显露出来，中国两晋南北朝时期出现的中国第一个史学高峰，文艺复兴时期西方史学的第一次转型（史学研究开始摒弃神学影响，用理性考察历史而且是面向人间的历史）都与当时的社会大变革息息相关；学科制度化时期社会变革和史学研究之间的内在互动则更加复杂化。

社会学危机也以社会本身的历史和文化变迁为基础。美国社会学界几十年来占统治地位的帕森斯主义代表了西方社会与社会学理论之间的一种相互适合，而60年代后各种社会冲突和运动浪潮，使原有的社会秩序以及关于秩序和进步的观念受到冲击，主流社会学和社会学家遭遇到史无前例的严峻挑战也属当然。我国的研究者也认为，中国社会学和中国社会转型有不解之缘，它是由中国社会转型的需要和推动而引进和产生的，并经历了中国社会转型的各个时期。不了解中国社会的快速转型，就不能深入理解当代中国社会学，也就很难推进社会学的理论创新和学科建设。①

---

① 郑杭生：《"转型中的中国社会"学术研讨会开幕式上的致词》，载《中国特色社会学理论的拓展》（郑杭生社会学学术历程之三），人民大学出版社2005年版。

默顿曾分析了社会结构对科学发展的影响：（1）社会结构对科学的影响因科学的具体类型的不同而不同；（2）社会结构对科学的影响因科学自身发展阶段的不同而不同；（3）社会结构对科学的影响还因历史背景的不同而不同①。科尔曼也考察了社会结构与应用社会研究和社会学研究的关系，认为：（1）社会研究可分为应用研究和学科研究两个领域，它们的研究目的不同，应用研究的结果直接影响社会行动（实践）领域，而学科研究的目的是建构本学科的知识与理论体系，同时还反思和检验社会学知识在社会运行过程中所起的作用。（2）社会结构的变动使应用研究的主题、方法、委托人（或责任结构）等要素发生了本质变化。（3）社会互动结构的变换，导致社会学家研究重点的转变，如美国社会学哥伦比亚学派的兴起就是由于 20 世纪 30—40 年代以来美国社会的互动结构由地方扩大到全国。②

如果认识到社会变动和科学发展的内在关联，也就理所当然可以理解为什么当前几乎所有的社会学科都不约而同地开始关注当代及由当代产生的对学术研究的时代需求，也理解了为什么都一致强调自己的生命源泉——密切关注社会实际存在着的一些现实重大问题。

第三，问题研究和学科建设结合在一起。历史学、社会学等都是在对现代社会问题的研究中认识到了固有的学科局限性并对一些现实重大问题进行了更多的关注，并为有效认识和处理这些新问题同时展开了对学科重构的思考。问题研究的有效性毕竟离不开有效的认识工具，而提供认识工具是学科诞生和发展的基本动力之一。问题研究和学科建设的结合比历史上任何时期都更加自觉和有意识。

其他学科对学科危机的思考和应对学科危机的思路给我们一个信号，教育学一向信任的亲缘学科也不是长居安不思危，所以把大部分希望寄托在向它们的"达标"上，即单纯参照其他学科体系的传统构建模式寻找教育学危机的根源和渡过危机的方法似乎是有了更大局限。在传统的学科界限和学科标准都受到强烈触动的时候，教育学的学科危机不可能仅仅是纯粹的研究方法、研究领域或者体系结构的问题，对中国教育学危机的性

---

① R. K. 默顿：《十七世纪英国的科学技术与社会》，范岱年等译，四川人民出版社 1986 年版。

② 科尔曼：《社会理论的基础》第 23 章，邓方译，社会科学文献出版社 1990 年版。

质应该置于一种新的、更本源的关系中来进行全面的审视和考察。而这种"本源关系"，从思想资源的角度去考察，可能存在于中国学术史的视野中；从动力源泉的角度考察，是而且也只能是"理论与实践"的关系（详细论述见第三章）。

二　中国学术史中的学科危机和生机

近代以来在中国梳理学术史的高潮有两个时期，一次是自晚清开始，另一次始自20世纪末并延续到当前。第一次实现了学术传统的转型，以学科分化为标志，第二次则是在中国学术传统和西学传统整合意义上再次"关联"式地思考中国学术的当代转型问题。重提学术史研究很大程度上是为了解决自身的发展困惑，在"危机被意识，新'范式'即将浮现的关键时刻，借'辨章学术，考镜源流'来获得方向感"①。当前社会科学各个领域梳理学术史的重点有三个，即中和西、传统和现代以及跨学科研究问题。不过此时依托"中西古今"的时空定位系统和学科科际关系系统思考中国学术的发展，不仅仅是一种学术探索的方向，更多意义上已经着力在学术"建设的思路"。所以说，应该没有人在21世纪的入口还把"考镜源流"理解成复古传统或扬鞭策马的一路西行，也应该不会有人把学科关系的考察看成是排斥学科交流、借鉴或者取消学科界限。

其实，无论整个20世纪是基于怎样的学术样板来改写了中国的学术方向、建制了中国的学科和专业，但中间经历的波折和反复以及从20世纪末至当前正在进行的学科专业的调整在事实上都在改写着百年来传统学科和专业的形态和结构；而百年之际各学科的反思和重建也在理论上与之相互辉映并拣选出一些学术和学科发展的陈规和新律进行价值重估。在最近一段时期内，学科和专业设置无论在理论探索还是在实践尝试中也许会继续空前热闹和芜杂，其中有些标准被动摇也有些规则在创生；每个学科在此过程中都在经历考验和磨砺，都在不停重生和蜕变，我们可以把这种现象叫做"危机"，但同时也可以说是"生机"无限。

---

① 陈平原：《中国现代学术之建立——以章太炎、胡适之为中心》，北京大学出版社1998年版，第1—3页。

（一）中国教育学的"学科危机"

从时间序列上看，对于教育学学科危机的认识在不同阶段有不同侧重。20世纪70年代末，教育学的学科危机意识出现，它首先表现为对意识形态强控教育学建设的反思，因此希望把教育学当作一门"科学"来追求。此后，对教育学危机的认识随着教育学发展面临的具体任务和问题不同，经历了几个不同时期。

1. "科学"教育学体系时期

1978年至80年代初期在恢复已经有的教育学科基础上，重建了教育学的学科体系。从意识形态的全面覆盖和"左"的思想桎梏下解放出来，作为思想解放和思想多元的表现，教育学发展多了科学的和实践的向度。其标志性事件是希望把教育学作为一门科学来研究，建设科学的教育学的理论体系和学科体系、确立教育学的学术地位，并认为，教育学作为一门科学，有自己特定的研究对象，它应该揭示一系列的科学概念、规律，构成逻辑严密的理论体系，反映所研究的客观事物本身的固有的逻辑。

80年代中期至90年代中期，以二级学科的衍生为主流的教育学学科建设加快步伐，新兴学科诞生的鼎盛期到来。在教育学学科建设过程中，"体系问题"再一次被重提，并认为体系问题是制约教育学发展的一个因素，而我们的教育学体系缺乏自己一整套概念、范畴、专门术语以及独特的研究方法，命题不严密，缺少逻辑，概念的歧义性很大，使得理论的功能大打折扣，使教育学成"学"的条件和依据发生了危机。

危机引起教育理论工作者的反思。80年代中期以来，专门以教育理论及教育学科体系建设为己任的"元教育学"兴起。这种反思朝着两个方向展开：一方面涉及教育学体系的前提性问题，比如，关于教育学及其体系的理解，教育学的研究对象，教育理论与教育学的学科性质、地位等；另一方面是有关教育学体系本身的改造和建构问题，包括教育学体系的逻辑起点、框架的逻辑顺序以及建构体系的方法论，等等。[①] 其中对教育学逻辑起点的考察和追溯是以马克思分析资产阶级社会（商品经济）的政治经济学方法进行的，追溯的结果是为教育学找到"教学"、"教育

[①] 参见瞿葆奎主编《社会科学争鸣大系》（教育学卷），上海人民出版社1992年版，第27—28页。

目标"、"学习"、"生活"、"人"等 20 多个逻辑起点。①

2. 问题取向时期

90 年代初，由于元教育学也过于热衷于构造体系，一部分人开始强烈呼吁，"多研究些问题，少谈论些体系"，教育研究要坚决实现目标模式转变，"要从'学科体系时代'过渡到'问题取向时代'"②，给"元研究"打上句号。他们主张研究者应把研究重心转移到我国教育实践中许多棘手的、具有现实价值和理论意义的问题上来。③ 也有人认为，研究这些问题的目的并不在于增加学科知识和完善学科体系，也不在于或首先不在于要创立新的学科，而是要有助于人们对问题本身的认识和评价，从而有助于该问题的解决。而理论体系是随问题研究而"水到渠成"的。

3. 相关学科道路时期

90 年代中期以后，虽然新学科势如破竹的新生势头有所缓解，但是，用相关学科的视角研究教育问题的现象却已经日常化。教育学与其他学科的联合，如哲学、社会学、经济学、政治学、法学、技术学、人类学、文化学、人口学、生物学、生态学、生理学、心理学等成为风气。有研究者对《教育研究》杂志 1996—2000 年，即"九五"期间研究主题的分析显示，从社会学、经济学、政治学和法学的角度出发研究教育问题的占据大多数（参见表 2 – 1）。④ 教育学与其他学科联姻过程中"教育学"属性缺失的危机凸显出来，参照相关学科建立教育学范式（如研究方法的独特性、研究领域的独特性等）成为克服教育学危机的主要思路。

例：教育学与其他学科联姻成新学科的主要程式和代表性表达

A—教育学　B—其他学科　O—由 A 和 B 的结合而产生的新学科

O 的学科性质：

A 和 B 交叉而成，但不同于 A 的研究对象和研究方法，也不同于 B 的研究对象和方法。

---

① 胡兴宏：《教育学逻辑起点的思考》，《教育研究》1991 年第 4 期，等。

② 董标：《教育哲学的学科地位及其生长点的再辨析》，《教育研究》1993 年第 8 期；张斌贤：《从"学科体系时代"过渡到"问题取向时代"》，《教育科学》1997 年第 1 期。

③ 汪刘生：《当代我国教育理论研究危机的思考》，《教育科学》1997 年第 1 期；刘振天：《"研究问题"还是"构造体系"？——关于教育学研究的一点思考》，《中国教育学刊》1998 年第 4 期，等。

④ 贾海英、刘力：《"九五"期间教育研究的一点反思》，《教育研究与实验》2003 年第 4 期。

O 兴起的必然：

（1）学科分化综合的大趋势

是 A 发展的必然

是 B 发展的必然

（2）实践的需求

时代需求

特色需求

O 的历史发展：

中外历史中的 O 学发展——萌芽期；发展期；成熟期。

O 的研究对象：

（1）是 A＋B 现象的整合

（2）是 A 现象的 B 学应用

（3）是 B 现象的 A 学研究

O 的研究特点：

（1）现实性和学理性的结合

（2）哲理性和实证性的结合

（3）反思性和前瞻性的结合

（4）科学性和功利性的结合

O 的研究方法：

（1）实事求是的方法

（2）理论联系实际的方法

（3）辩证思维的方法

（4）系统科学的方法

（5）定量分析和定性分析相结合的方法

（6）实证分析与规范分析相结合的方法

（7）静态分析和动态分析相结合的方法

（8）宏观分析和微观分析相结合的方法

另外还有文献分析法、调查统计法、观察法、访谈法等。

（说明：一般的新兴学科都要开明宗义地说明自己和原来的两个母体学科在研究对象和方法等方面的差异，但是一般也都没有揭示出独立存在的区别于两个母体学科的"独特性"。

在学科价值和意义上，也往往会谈到原来的两个 A、B 母体学科已经不能解决"新时代"的"新问题"了，所以 O 学产生有现实的必要性和必然性。笔者的疑问是：如果 A 和 B 确实无法适应新情况新问题，为什么它们自身就不能"与时俱进"，而非要由还无法确定独特"研究对象和方法"的 O 学综合交叉代之？

此外，作为一门"新兴学科"，往往还标明出此书为相关研究领域的"国内第一本"等，因而具有开创和奠基价值和意义，但也不够成熟和完善，以期待更多后来者努力云云。）

总之，80 年代以前的教育学危机是在与意识形态的关系中呈现的，表现为教育学的政治工具性而缺少学术性，因此才有 80 年代和 90 年代初期对科学体系的追求。在追求理论的、逻辑的科学体系过程中，又陷入"体系主义"的泥沼遭到"问题主义"的批判。90 年代中期以后，由于问题研究所需的理论工具没有解决，向其他学科借鉴成为必然，教育学的学科建构也更多是从相关学科那里寻找灵感和标准，教育学甚至被认为只有首先作为现象学、解释学或其他某某学才能把握自己，进而又导致了对相关学科的圭臬，教育学的危机又呈现在与相关学科的关系之中。

20 世纪 80 年代伊始，优先占有其他学科知识并以之研究教育问题意味着立足于教育研究的学术前沿，时至今日，教育研究中对诸如哲学、社会学、经济学、文化学、法学等知识的丰富占有程度也许到了令人叹服的程度。在教育研究领域内部，我们也依然在执著地为某个教育现象的解释寻找来自其他学科的视角和相关的理论或者方法的支撑，好像有了其他学科的背景，对教育问题的发言就有了天然的权威。

社会生活的普遍关联性和学科发展的相互渗透性作为一个铁定事实已经不被人怀疑，所以我们现在不会再认为教育学的发展可以不要其他学科的滋养，而事实上教育研究者的开放心态和引进其他学科知识及方法的主动态度，是非常值得尊重的。但引进的开放主动，不等于引进就没有问题。二十多年过去了，教育学如何接受其他学科的滋养、接受了什么滋养、这些滋养给教育学带来了什么样的成长，在做一个基本的事实清理后，也许就可以对学科关系中呈现的危机有一个具体而全面的认识和了解，同时也可以因此而省悟出教育学在科际关系中获得发展的新的契机。

下面，以教育学和文化学的关系为例，来说明教育学在接受其他学科滋养过程中获得的发展和出现的问题。

（二）在现有"科际关系"中考察中国教育学危机的认识局限

学科危机和生机对教育学来说其实都是老话题，虽然"生机"问题不直接被提出，但是学科危机反复谈，也包含了寻找生机的急切动机和美好愿望，所以回头看危机，也就总能在重重危机叙事的结尾处，多多少少地发现研究者们苦心给教育学发展生机预留下的伏笔和空白，教育学"求生"的方向和路线有时候似乎只差一点点就可以达到明朗和畅通的境界。但多少年过去，危机可以一言以蔽之，生机也可以大概一二做概括，但柳暗花明的欣悦总是犹抱琵琶，直到现在当我们审视教育学时，看到的危机似乎还是那样的危机，生机也依然在蓝图中被文字激扬，成为现实的快意，好像很近但确实又感觉很远。

但是，也许还存在另外一种情况，即教育学发展的真实情况不总是那些让我们感到"绝望"的问题，说不定它潜在着某种盎然的生机或者正焕发着一种强劲的活力，只不过是由于我们习惯了一种透视工具、一种透视方法和一种透视角度而把它紧紧地"束缚"住了，只有当我们放下惯用的"透视镜"，换一种方式或者从多个角度重新省视这个已经让我们滋生疲劳的老问题时，才有可能为那被"囚禁"的活力释放出更大的迸发空间。

自 20 世纪 70 年代末以来，对中国的教育学学科危机的认识，从学科发展意义上来探讨的主要有两个方面，第一方面以是不是科学来表达，又包含两种含义，之一，与挣脱意识形态的羁绊密切相关，希望联系教育实际按照教育规律和科学规范进行教育研究，算做学术领域的自由运动。这一追求代表性的说法还是"马克思主义的诞生是进入科学时代的标志"。之二，以科学方法的运用为标准来判断科学性，主要涉及如实证、归纳、实验以及后来的新老三论等方法。第二方面以是不是一门自足性的学科来表达。同样是为教育学立法，但与科学性追求的侧重有所不同，这一危机是在"学科关系"的比对中呈现出来的，即与所谓成熟学科对照中，暴露出教育学学科资格的缺陷，是学科规范方面的自足性危机。

在"关系"中发现问题和研究问题，是学科发展和理论创新的基本思路，尤其在 20 世纪 80 年代的中国，它不仅拓宽了不同学科的研究视野，丰富了各学科的研究内容和方法，而且还为打破教条演绎马克思主义的一统局面作出了巨大贡献。现在学科之间的关系成为学科发展过程中非常突显的普遍问题之一，一是因为学术研究和学科发展更多依赖其他学科的资源性供给，还因为在相互供给和融合中学科自身的必要界限越来越模糊而带来了一定的学科恐慌。就教育学来说，学科关系的实际状态和我们对它的判定方式已经成为缠裹和窒息教育学发展的锁链，需要对它松绑和解压来为学科发展释放必要的空间，也为教育研究和教育实践之间相互生成的新的内涵赋予学科意义创造条件。本书该部分的重点已经不在考察教育学和其他学科事实上或者应该是怎么样的关系状态，而在于对考察学科关系的习惯方式进行反思：第一，我们习惯上认定的教育学的亲缘学科是哪些？第二，这种习惯性的亲缘学科确认方式是怎么形成的？第三，在当前探寻学科发展生机的时候，这种习惯认识有没有局限？

对于第一个问题其实很好做回答，和教育学关系密切的学科，无论从教育学理论资源借鉴的多少，还是从研究科际关系时选择的亲缘学科的频次，多集中在西方哲学（含政治哲学）、社会学、经济学、人类学、法学、文化学、管理学、心理学等。如果仅仅停留在这一步亲缘学科的确认上，似乎还是看不出什么问题，但当我们把研究学科问题的镜头推广拉长，把这些学科放在整个学科系统中，放在中国学术发展史中，从中国学术发展和学科建制过程中学科的生成方式来看，可能就会看出点别的问题。为了有助于思考后面两个问题，首先还需要进行一次长途的学术历史之旅。

（三）中国学术史视野中学科发展的历史回望与当下探索

"1927 年以后的中国学界，新的学术范式已经确立，基本学科及重要命题已经勘定，本世纪影响深远的众多大学者也已登场"，同时，晚清开创的思想多元局面由于舆论一律、党化教育推行而结束，党派与主义之争鹊起，"20 世纪中国学术从此进入一个新时代"①。

这是中国学术的一次非常重大的转型，这次转型直接摧毁了传统中国学术"经传注疏"的思维方法和治学方法，使西方为主框架的学术形式得以确立。这次转型性变化主要在以下方面得以充分表现：

———————————

① 参见陈平原《中国现代学术之建立——以章太炎、胡适之为中心》，北京大学出版社1998 年版，第6—7 页。中国现代学术的转型是晚清和"五四"两代学人的"共谋"，为本书的核心观点。

　　第一，虽然没有形成阻碍政治对学术强力干预的机制，但实现了官吏和学人、业师和人师复合身份的分离，知识分子的学术信仰和使命也发生了重大转变。科举制取消，是中国教育和学术发展的一件大事，使近代的教育和学术转型得以启动，学科设置、课程教授、论文写作、学位评定，图书分类、学术期刊的创办，对中国学人来说都是新鲜的事情。但这些相对于另外一些根本的东西，还是比较表层的，真正动摇中国学术根基的还是这些表层背后的深层转折，即"政"与"学"的两位一体终于在学术自觉、学术独立和中国知识分子"铁肩担道义"的道德理想的冲突中实现了一种条件性的剥离；学人和官吏的复合身份直接内在涉足政治和学术的方式，变成了不同的专门家从外部思考、干预国家事务（不同专业的专门家干预社会的能力和愿望大小是有差别的）。现代中国学者"走向专门家"的几道重要关卡，"首先是学术与政治，其次是学科与方法，再次是授业与传道，最后是为学与为人"①。被一道道打开了，从王者师，人师，最后剥离到只是"业师"，读书和精神生活无关，求生谋职的工具性价值成为最显在的，和其他行业一样，"教师"变成一种依托专门技术的"职业"（参见结语部分研究案例：《教师专业发展：观念和实践》）。

　　第二，虽然"求真"未必代替"求善"成为学术的主导精神，但从"专治一经"转变到"专治一科"，已经大大改造了知识传统的形态，而知识类型的变化，也意味着认识世界的视角（专注内心世界和外部世界）和思维方式（和而不同、综合思维和分析对立思维）发生了内在的结构性变化。中国式的专治一经和西方式的专治一科是有区别的。中国的文、史、经相互独立分离出来大概在宋代就已经完成，但是"和"或者"统整"的思维方式和价值追求一直左右着中国知识分子的为人和为学，文史经合一，或文苑、儒林、道学合一，或像黄宗羲"合理义象数名物而一之，又合理学气节文章而一之"②，都是不满足于专攻一家，综合学问与文章、做人与学问、学问与学问的理想表现。但事实上，文与学、文与史、义理和考据，难得有人把它们结合得好，这里面，除了个人的学术能力和修炼程度之外，可能各个领域相互之间确实有不可通融的东西，使人

――――――――――

　　① 参见陈平原《中国现代学术之建立——以章太炎、胡适之为中心》，北京大学出版社1998年版，第10—11页。

　　② 参见陈平原《从文人之文到学者之文》之第七讲《超越"江南之文"——全祖望的为人与为文》，三联书店2004年版，第183页。

不可能兼而得之，所以"以通人之资成专门之家"，就只能是退而求其次的学术目标了。而事实上，中国传统的所谓通人理想，其实并不是或者事实上指的不是一通百通的"全人"，而是指和中国的知识形态、思维方式和关注的世界图像相关的、以一种"和"的思维方式关注世界的复杂和联系的学人，不是像西方基于分析思维基础上由学术分科造成的、把鲜活复杂的关系还原为单一形态来思考的专人。但无论传统怎样，此后又经历过多少反复和波折，1950 年以后，文人学者借助西学的分科终于把"学术界限"明确起来，把传统的综合理想有理有据地搁置，堂堂正正做起专门家了。

第三，虽然以西学的全面挺进和传统的全面退让为主要特征，但是"古今中外"的关系问题综合交错地渗透在中国学术发展的各个领域、各个层面、各个时期，并以不同的消长方式和结构组合形式，促使了中国两大类不同学科的形成，并使中国不同领域的学术历程呈现出阶段性的共性特征也表现出独特的个性差异。两大类学科，一是指那些"有传统的学术基础"的学科，即不仅有独立的悠远历史传统而且形成了相对完备学术体系（独立的概念范畴、评价标准和方式方法）的学科，如史学、文学、艺术美学（"气韵"、"意境"、"虚实"、"动静"、"疏密"以及"散点透视"）及中国思想（史）等，当然我们现在描述这些领域的方式也许仍然仰赖了"现代学术分科"的眼光和标准。古代中国的治学浑然一体，却也并非没有相对的领域划分，只不过这些领域恰好还和现代西方的学术分科有某种程度的一致性。我们姑且称之为"国情学科"。其二是"无传统的学术基础"的学科，如社会学、经济学、人类学、法学，心理学等，确实无法在传统学术中找到与之直接对应的领域也是事实，所以从形式上来看，是一种以"无中生有"方式进行的借鉴，姑且称之为"移植学科"。但如果考察再精细一点，"国情学科"还可以再分，即有自己的传统学术基础但被强扭进西方学术体制的领域如以西方哲学体系和范畴重新书写的中国传统思想史（胡适的《中国哲学史大纲》可谓"开先河"者），还有一些是放不进"学科"之中、但确实又无法忽视而且具有社会价值和学科发展意义，只能以独立的方式存在，如史学中儒家尤其是清代儒家的治史方法和历代史家的治史方法，无论是"致用"（有政治之用和发扬光大民族文化之用的区别）还是"求真"，均有其方法论价值和客观实践依据，此外比较特殊的还有中国画、中国建筑等。这些传统学术中形成的一些学术范畴、学术命题和价值标准，还能解释历史和部分的当下生活，而且治学方式和从业研究者的师从关系，也还保留一定的传统成分，与西方的大学教育模式有很大的区别。

19、20世纪之交；20世纪50—70年代；20世纪80年代以后以及中—西关系；传统—现代关系；学术—政治关系；思想—学术（规范）关系；学科科际关系等，这几个时间和几对范畴对几乎所有的学科来说都可以产生相同相似的回忆和联想（参考附2：《中国学科发展的共性》等），但是，由于学科的产生基础和方式不同，在不同时期对这些问题的应对方式和策略也有显而易见的差异。从产生和发展方式上来说，传统学术中可以对应西学的领域做的是旧型改造的工作，如胡适用西学的史学方法重塑了中国思想和思想史；传统中无法对应的新的社会现象，以无中生有的方式移植，如经济学、政治学、社会学和心理学以及方法，等等；传统学术领域中西学无法插足的，或搁置或安插在新体系中作为独立存在的"国情学科"，这种情况在历史、艺术、文学等领域都有存在而且命运飘忽不定，如国史和国画，还如文学中的鲁迅和他的杂文文体虽然进不了《文学概论》，但可以在中国文学史中确定他的地位和意义（鲁迅本身也改造了许多旧文体，比如，在当时以娱乐、消遣为原初形态的"小说"体，被改造用来写严肃的"为人生"的目的，并且用它来"改良社会"）。

从19、20世纪之交的中国学术转型说起，目的是揭示中国学术传统的转型性变化和学术传统转型中中国学科发展起点的基础性差异，其实重温具体的历史进程还不是本书的重点，省略过程，再看当下中国的两大类学科在这个新百年之际的学术转型中呈现的共同发展趋势和不同发展路径。

第一，在"古今中西"纵横的时空坐标系统中从不同的层次和角度动态地、理智地认识传统的进程已经开始启动。其实，在中西关系问题上，并不是西学一直大行其道，国学有作为旗号的明言坚守，如晚清的《国粹学报》，20世纪二三十年代的《学衡》、《制言》，还有90年代的"国学热"，以及新近的"国学院"的酝酿等（当然，19、20世纪之交的国学更多是以一种坚守阵地、守护家园的方式展开和西学的顽强对抗，而当前的国学坚守更多一点对"稀有文化物种"保护的意味，有时保护的目的不是为了作为一种活文化而渗透于民族文化生活之中，而是为了"观赏"、为了"展览"、为了"收参观门票"）；还有一种是作为精神或者方法或者思维方式乃至思想与学术须臾不分的共进，如在艺术、文学和史学研究中所呈现出来的一些传统文化景象，学为政本、学术担负转移社会风气的使命等，都不是"现代学科"所宗旨的原则。无论过去什么原因促成或者对待传统采取过什么激进或者保守的态度，当前传统成为建设新的学术体系不能忘情的因素却是事实（虽然动机比较复杂）。不过可以庆幸和欣慰的是，当今重新对文化传统进行认识和清理，在有些学术领域和有些学人那里，再不是完全简单的否定或者复活一些固有的传统文化元素，而更多地认识到文化作为一个整体的不可分割性和可以因时因势的可变性；不是把传统看作是与现代和西方对立的一种固有静止和完成性的存在，而是更多在"文化生命"和"文化生态"的意义上，把民族文化传统在各种外来的文化营养和内在生成的新文化细胞作用下向现代的演进看作是一个自然的过程，或者从认识论的视角看，是以综合了古今中外的"现代"眼光对传统的一种重新发掘和解读，是把民族文化生命的根重置于它真实的文化生态系统中，获得与现实当下的生活生机勃勃的关联；人们逐渐认识到对立的思维方式诱导人们只能在极端之中做出选择，而综合的、具体的、复杂的思维方式才能使人尊重事实的常情和常理。

在一般意义上和文化精神方法上重新认识文化传统，所有社会人文学科有一致性，如经济学的核心也可以在这种意义上与中国传统文化贯通：一个人最有效率的行为是遵从道德的行为，经济学精神和中国传统的道德思想珠联璧合；中国文化的基本精神是"有效率"，反映在17、18世纪欧洲的中国运动，对先驱魁奈、斯密都产生了影响。[①] 从文化精神的一致性上打通传统与现实的关联可以称许，但以"移植学科"为先在的价值标准和学术准则来规范中国传统文化和思想的做法却不见得要过分提倡，比如对孔子的所谓经济学思想、心理学思想等的探究就未必见得需要那么执著。在具体的学术传统（方法论、思维方式和具体的学理资源等）汲取方面，文史和中国思想等学术领域有显而易见的优势所以也在与传统的精神沟通和具体联系方面走得更远。20世纪80年代以后谁先举起了中国传统学术的旗帜一时不好考证，但艺术、文学和史学领域在现代学术体制下的坚守却还一直是有迹可循的，因为国画和西画、中国文统和西方文统、中国史学和西方史学在价值取向、审美趣味和治学方式等方面的差距

---

① 盛洪：《经济学精神》，上海三联书店2003年版，第268—269页。

之大，确实还很难寻觅到任何超越二者之上的审判标准来实现彼此的圆通和相互阐释，不仅无法彼此解释和评价，甚至也无法在具体学人和其学术生涯以及具体的学术实践问题上实现"互补"，那种被人钦敬的"学贯中西"，在知识层面的贯通容易，在实践和精神气质乃至思维方式层面的贯通难，不仅是技术上难，而且是有无法消除的内在抵牾。中西关系中的"取长补短"只能在笼统和整体意义上来讲，放在具体的情景中，进入到实践过程时，会发现"长"是有来由的，"短"也不是凭空的，纸头上可以"博采众长"，但行动起来却不能众长一起用，而且无论用哪种长，都不能拒绝长的另一面，那就是"短"。"中西合璧"，虽然无数人梦寐求之，但至少目前在具体的践行中还不是作为普遍现象存在的。而不以机械的长短论为宗旨，可能更有助于推动研究和相关的实践。

确实，在许多层面，"传统"一直就没有"过去"过，但此时我们更强调和看重的是它在理智的、自觉意义上的存在。以文艺理论为例，80年代以后对待文艺理论遗产的认识有两点进展可以确认：确认古代文艺理论是一种具备完备思想体系、独特话语系统的学术形态，是一种具有对文学艺术进行整体把握、深度透视的有效性、有逻辑一贯性的思想体系；确认古代文艺理论具有与西方文艺理论系统进行平等对话的资格，并只有坚持这个民族理论传统才能获得基本对话资格进而真正有效地进行文化交流，才能完成具有民族特点的当代文艺理论体系建构的任务。[①] 这种认识其实意味着一种取向，即在一些可能的领域，传统已经不只是研究的对象，已经尝试从静观描述它的存在或者用它描述过去的事实，开始了用做学术标准或者价值目标引领当下。从这种意义上来说，"国情学科"是以"自然延续"的方式接受传统学理资源的直接滋养并实现与现代学科发展的"自然汇流"，而"移植学科"习惯做也需要做的恐怕还是以现在的眼光"回望"历史，在浩瀚的传统文化中去寻找还不明朗但确实又需要依赖才能实现自身进一步发展的资源，如中国传统文化中关于社会治乱兴衰的思想，对于观察现实的中国社会、对于改造西方社会学理论，应该是不可或缺的，但却又不见得是"现代社会学"或"西方社会学"标准所能直接接受的。不过，如果中国社会学研究者对历史河床的疏浚工作不停止，传统的文化血液则有望由断续的涓涓细流逐步汇聚壮大而涌进"中

---

① 庄锡华：《二十世纪的中国文艺理论》，上海三联书店2000年版，第85页。

国社会学"发展的河道。

第二，在尊重事实的前提下开展独立研究的工作也有进展。不仅能尊重现在的事实，而且包括过去的事实；不仅尊重自己的事实，而且还正视别国的事实以及不同事实之间的差异、不同事实差异基础之上的学术传统、理论和方法的合理独特这样一种关系事实。或者说，不仅独立研究彼此的事实，而且独立研究彼此的研究；借鉴细节和现象的同时关注细节和现象之后的整体和规则。

正视和认同彼此的本土性，或者把差异性作为一种常识，在中国学术上其实并不是一件容易的事情。尽管我们不缺乏对这种差异客观存在的理性认识和多方求证，也不缺少历史的和现实的差异性实践。经济学的、社会学的、人类学的、艺术的，等等，在中西之间，同样的命题、同样的术语，却笼罩着无论如何都抹杀不掉的事实差异。从前我们总是认为我们的事实错了，我们的实践走样了，现在我们终于领悟到承认差异的必然、尊重差异的必要和在事实层面寻求同质强求一律的危险。民族、国家、前卫和现代、民主和自由、天人关系，那么"中国"地存在着，那么顽强地以存在者的事实姿态抗拒着概念的裁割，这种事实层面的自我坚守，以及外来学术理论在向事实推进过程中的挫败（如主流经济学家解释中国经济现象和推进经济改革的困厄）等，终于激活学术界对事实本身的敬畏和感动。"中国有中国的文化现实，特有的历史传统，特有的政治游戏规则（中国的集权文化与中国的君权有本质的差异；中国人有自己的民主自由人权和实现方式），特有的地理人口条件。中国人有中国人特有的人生观，特有的思维方式、表达方式和理解方式。尤其不要忘了，中国有中国特有的语言文字……中国文化与西方文化之间不是差距（先进与落后）的关系，而是差异的关系。"①即使没有西方提供的学术工具，我们也有自己连续的社会文化发展史和连续的学术史，有了西方的学术资源，却不能为了学术接轨在双重的否定（否定事实也否定事实基础上的学术）基础上去另外拓现一种别样的社会文化发展史和全新的学术发展史。

以研究的眼光对待西方学术成果而不局限于翻译、介绍和拿来就用，从学术独立的意义上开始反思和重建中国学术的努力而且有成效并达成共识从而接近于常识被接受，当推中国史学和中国思想史以及一些"国情

---

① 河清：《现代，太现代了！中国》，中国人民大学出版社 2004 年版，第 351 页。

学科"的存在和延续；因为学术和现实的天然联系，这些学科的本土立场、实践立场和原创立场更容易觉醒和确立。如果说从总体上看过去一百多年的学术发展是以汲取西学为主，过去半个多世纪的学科发展更多依赖社会学、经济学、人类学、西方哲学的大量滋养，但现在有望开始独立的双向互动和共同滋养，却不得不重新依托国情学术和国情学科对传统资源的基础性延续和重建，也不得不借助于这个参照系统标识我们当前学术的方向。比较明显的例子，中国社会学、经济学的"本土特色"和"原创发展"，很大程度上就依赖了中国史学对于"传统资源"、对于"本土真实"匡正复本的重新认识，史学领域的几个重大论争，其影响力其实已经远远超出了史学的范围。比如，中国社会史和社会性质问题、中国古史分期问题、资本主义萌芽问题、关于中国封建社会长期延续问题、历史主义与资产阶级观点问题、社会形态演进法则问题、历史发展动力问题等。

在立足现实，研究问题的意义上，中国社会学作出了开创性的努力。在早期，严复用治乱思想给社会学下定义，费孝通在《乡土中国》中用"差序格局"来说明乡土社会划分群己人我界限时所形成的一种社会结构格局，等等，就是立足自身的一种学术创造。中国社会学恢复与重建后，小城镇理论和实际、社会转型论、社会运行论、新视角下的社会学本土化理论等则是有中国特色的社会学理论中较有影响的几种。① 但从这些"原创"思想中，总是不难发现与中国史学发展的内在勾连。

例：中国史学研究反思

史学研究很大程度上是通过考证史实恢复中国政治经济文化史的"原貌"，尝试用自己的学术概念和范畴去"发现中国的历史"而不是让西方史学编写中国的历史，比如去发掘和探微封建社会和资本主义萌芽蕴涵的社会关系和经济形态表象之后的某种"中国历史事实"。

在历史分期问题上，"亚细亚的"、"古代的"、"封建的"、"现代的"，或者"原生的社会形态"、"次生的社会形态"以及"原生社会形态在新基础上的复归"等，是一个哲学的（或历史哲学的）概念体系，是一种为了特定目的而确定的纲领和手段，而不是年代序

---

① 郑杭生：《五点希望：人文社会科学的创新之路》，《中国人民大学学报》2003 年 3 期。

列的时段。概念不无条件地直接就是现实，现实也不直接就是概念。历史分期是哲学问题，把哲学概念当作现实是实践历史学家的误解。① 用依据特定的对象研究得出的抽象结论来覆盖整个人类历史更是一种僭越。

在史学的使命问题上，把史学作为政治工具，或史学把"国家"作为研究对象并为它出谋划策无可非议，但问题是怎样为它服务，为了更好地服务它，必须相对地疏离它而保持学术的独立性；恢复历史原貌，但历史只要是湮没和残损就很难复原，除非通过想象和推测，但即使可以复原，又能解释和说明现在的什么问题呢？史学的目的应该是正确认识自己的文化，通过文化要素分析法，把历时性的叙述转到共时性的分析。②

依赖机器生产和工厂制度，通过刺激非生活必需品的需要消费和效率生产发展起来的工业文明在某种关系中才可以评价是好是坏；中国文明不是这么一种文明类型，但却是一种在人口和生产类型关系矛盾思考中产生出来的一种尽量抑制"高消费"，甚至限制雇工规模和生产规模、避免谋求节约劳力的技术发明、追求最大产值的工业道路，也即在有限的土地资源上"尽量养活多数人口"的文明形态。不能笼统地说欧洲的生产方式是经济的，而中国的传统农业方式就是不经济的，因为判断经济与否并没有一成不变的标准，而只能从不同的环境和条件出发。传统和现代、农业文明和工业文明之间的冲突，从更长的时间尺度来看，很难断言谁对谁错，传统农业的经济思想，它所主张的适度发展和持久保长性质，或许不见好于现代，但在无限工业和全球工业的前景成为问题的时候，很难说它就不能彰显其永恒和不灭的价值。③ 从养活更多人口出发而不是从节约人力出发，也就是说人口问题到现在还不能不作为一个重要的严峻的国情加以考虑，作为建构政治经济政策的出发点同时也作为建构中国政治学、经济学和社会学、人类学，乃至教育学等的重要出发点。

---

① 常金仓：《二十世纪古史研究反思录》，中国社会科学出版社 2005 年版，第 3—4 页。

② 常金仓：《二十世纪古史研究反思录·自序》，中国社会科学出版社 2005 年版，第 1—4 页。

③ 高王凌：《活着的传统——十八世纪中国的经济发展和政府政策》，北京大学出版社 2005 年版，第 169—184 页。

近代历史学和世界历史体系以及各种理论概念的建构，主要是工业革命以来的产物，这种从欧洲出发的单一角度的观察，认为在历史发展的基本线索上，世界各国都是一样的，有共通的阶段、模式和发展形式，在时间上也都应该"同步"。在欧洲中心论受到质疑后，各个民族和文明之间的巨大差异和内在价值被逐步认识到。诸如"封建社会"（包括奴隶社会、自然经济和"中国封建社会长期延续"），以及"资本主义萌芽"等名称或符号所指称的欧洲历史政治和经济等上社会内涵，在中国历史上寻找——对应的历史阶段和"标准的"社会形态，总是似是而非的。其他国家和民族的历史和欧洲的差异被认为是"不对头"、"不典型"或者是"怪胎"，或者是对中国为什么"没有"、"未能"等的质问，就是因为对外来标尺的比附造成的。这种"应当如是"的外在标尺先入为主的提问带有很大的危险性，它无助于对自身历史的认识，因此"从中国本身的角度，而非作为西方经验的反面事例来分析"中国的历史认识论应该有其应然的地位。①

在西方的现成的概念范畴无以解释中国的历史和现实时，是以概念范畴来裁割和批判史实，还是创造或者从固有的中国思想概念中提炼相应的概念，是一个历史研究方法论的问题，也是一个科学认真负责的学术态度问题。创造一个"中国学"，研究中国的活历史而不是西方概念下的"假设"、"虚拟"历史，恐怕不能被看作一种狂妄的学术野心或者把"民族主义"的激进帽子横压下来。

第三，围绕学风、学术规范、学科范式等问题，开始推进中国式的学科建设。针对学术建设中长期存在的通过西方知识之间的互释、西方知识和中国知识之间的互释、西方知识和中国事实之间的互释来发展中国学术的状态，传统学人的思想资源（道义担当的学术使命和价值目标、学术综合理想以及传统学术方法训练等）再度进入学术视野；学科规范被创造性地改造，原创思想资源（传统的和现在的）开始走进学科以专业化的方式在现代大学制度中实现着学科制度、方法论训练、研究问题的统

---

① 高王凌：《活着的传统——十八世纪中国的经济发展和政府政策》，北京大学出版社2005 年版，第 198—201 页。

一；实践和理论的互释（而非单方面理论对实践的裁割）正在有意识的努力中开拓着局面。强调理论和实践的本土关联，不是要迁就事实本身，从学理上来说，所改变的是观念先导的对事实的解释，所追求的是从实践的根上生长出的与实践契合从而实现互释和导引的概念、命题和理论。

"优势学科"狂妄自信的破碎和多学科个性视角的确立，使在"浑然一体"中寻找私密空间有了可能。学科的制度化进程也许无法拒绝，但学科范式的变化和发展却不完全受制于西方或者古人。曾经相信"经济学的逻辑可以解释人类社会的一切问题"的人，在事实和学理面前也可以产生打消这种学科狂妄的勇气，慑服于经济学超越利益动机的道德理想美和经济学的信仰美、文化美和精神美，"经济学不是一堆结论，不是一组数学公式，也不是一种逻辑，甚至不是一种分析方法，而是一种信仰，一种文化，一种精神"①。学科也许不会再固守一种知识范畴或观念方法，而是一种原则、信仰，或者是一种探究的态度和精神传统。同时，学科的独特视角也因为学科的狂妄破碎而清晰起来，经济学的视角、艺术家的眼光、社会学的思考、教育学的立场，已经成为新的学术话题，认识到自己的有限，但又寻求以有限的方式和另外一些有限性的勾连，以无限多的有限性获得对丰富的无限的相对合理的认识。"和而不同"，有望成为学科诸侯争霸之后解决学科之间关系的基本原则。

而且，"后学科"时代对学科立场的坚守，使建设的意识和努力显示出来力量和成就。

例：中国学科发展的共性
百年山水画与中国现代艺术思潮②

20 世纪初受西方科学主义思潮影响，中国画革新，以写实精神改造中国画，提倡院体画，否定文人画（以形写形，以色貌色；外师造化，中得心源；图真、适意、自娱、寄乐；寄托"林泉之心"）。

20 世纪 50—60 年代，在"政治挂帅"影响下，北方的山水审美风格成为主流。

20 世纪 80 年代以后，受到现代主义价值观的挑战，中国画面对

① 盛洪：《经济学精神》，上海三联书店 2003 年版，第 273、265 页。
② 卢辅圣、汤哲明：《百年山水画与中国现代艺术思潮》，《新华文摘》2006 年第 14 期。

的似乎是它的"穷途末日",在表现范围、表现形式和审美取向上多元繁复。

现代和后现代重叠时期,任何创新都不再稀奇,随之而来的问题是:山水画、中国画、水墨画,乃至绘画这一艺术形态也消解了。而物极必反的结果是:山水画传统文脉在此时得以梳理和确认。

二十世纪中国文学的变革和发展①

20世纪初"西学"的引入与中国文学研究现代化的开端,现代文化思潮、学风引起文学转向,如旧的诗文体被改造或抛弃,"新诗体"和"小说体"昌兴;研究上,新思想带来新的研究范式,现代学术体制和现代学术样式得以确立。

20世纪50—70年代,文学理论政治化取向,以"党性"为核心的理论逻辑取得统治地位,"阶级斗争"放大为文学理论中的基本语态。人的复杂心理结构、审美取向、集体想象、个体的无意识,都被简化为阶级意识。代表事件:对俞平伯《〈红楼梦〉研究》与胡风《关于解放以来的文艺实践情况的报告》的批判。

20世纪80年代以后文学研究中的理论重建与多元取向。借助西方的人性、人道问题恢复了人在文学创作和研究中的"主体地位";现代派和"后现代"文学理论、文艺心理研究、方法热等促进了文艺理论的繁荣,在这种繁荣中,马克思主义文学思想得到新的拓展,"中国文论"的话语开始呐喊。

二十世纪中国理论经济学的形成与发展②

20世纪上半期理论经济学的传播与形成。理论经济学作为一门经济学的基础理论学科,是19世纪末20世纪初随中国向西方世界打开大门和中国近代工业的发展,逐步由西方传播到中国的。理论经济学传入中国,恰恰是从马克思主义的经济理论开始。20世纪初理论经济学的基础理论部分多来自国外的启蒙,其中包括马克思主义的经

---

① 王铁仙、王文英主编:《二十世纪中国社会科学——文学学卷》,上海人民出版社2005年版。

② 施岳群、袁恩桢、程恩富主编:《二十世纪中国社会科学——理论经济学卷》,上海人民出版社2005年版。

济学理论和西方古典经济学、新古典经济学等，但经济史和经济思想史多来自传统文化思想资源的传承，主要标志是两大中国经济史研究刊物的创立，即 1932 年"社会调查所"主编的《中国近代经济史研究集刊》，1934 年陶希圣主编的《食货》，内容涉及中国经济史理论和中国古代、近代经济史的各个方面。20 世纪上半期的中国经济学发展历程表明：凡是在学术上有重要成就的中国经济学家，几乎全是研究中国经济问题的经济学家，他们精通中外经济理论和方法，同时又努力用经济学的理论和方法研究、解决当时的中国本土经济问题。

20 世纪 50—70 年代中国理论经济学的曲折发展。新中国成立初期，经济理论的发展有两条线索，一是承袭了"五四"以来马克思主义经济学在中国的传播和研究，二是引入以斯大林理论体系为基础的苏联社会主义政治经济学。但 1966 年以后，经济理论的引入和发展处于停滞阶段。少量的经济学研究和有关经济理论，多是服从当时政治气氛对马克思主义经济学进行极"左"篡改和歪曲，正常经济理论研究几成空白。

20 世纪 80 年代以来理论经济学的发展与繁荣。80 年代上半期，引进和研究以新古典经济学和凯恩斯经济学为主，同时还有货币学派、供应学派的一些理论；80 年代下半叶以经济增长理论和发展经济学为主，同时对经济管理、企业管理理论的介绍和研究成为重点；80 年代末至 90 年代初，则以介绍和研究西方新制度经济学为重点，我国经济学界掀起了一股"产权热"。在引进热潮一浪高过一浪的涛声中，"构建中国经济学的方法论与主题"也被看成是当务之急：不应该把现时期世界主流经济学即西方经济学当作我国的主流经济学，我国的主流经济学还要用中国的经济理论来解释，同时，中国的经济理论又要面对中国的现实来求发展。

三　中国教育学的研究新空间

现在，可以把教育学重置于拓现出来的新的学科关系系统中（参考表 3 - 1），以基础相似、命运相似和气质相似为标准重新确认自己的亲缘学科并分析教育学的科际关系类型和相互关联方式。

"国情学科"和"移植学科"的差异，从与教育学发展相关的意义上来看，至少有几点需要清晰。第一，国情学科从学术发展的意义上，目前经历的是第二次转型，而移植学科在中国，虽然是第一次中国学术转型的产物，但目前经历的乃是第一次学科意义上的转型，并且是在中国学术第二次转型的大背景下发生的，所以它这次转型可能要有意识地认识自身发展和中国传统学术的关系，因为要接受中国传统的学理资源，势必会产生"中学"和"西学"在新"体用"关系上的冲突。第二，国情学科在第二次转型中，又汲取了第一次转型前的学术基质，并借助传统学术资源显影了一些在"西学"标识下被隐蔽的客观历史现实和深层文化意识，而这些被重新"显影"的东西，可能是中国学科发展突显"民族性"的重要依据。第三，由于国情学科和移植学科在文化根源上差异，也决定了对待传统文化的不同汲取和滋养方式，以及两类学科之间的相互关系方式，中国社会学和经济学对中国史学的借鉴已经说明了这一点。

表 3 - 1

中国学科系统	国情学科	史学、文学、艺术、建筑学等
	移植学科	政治学、经济学、社会学、人类学、法学、管理学等
	其他	科学、技术等

以往我们不太关注两类学科在生成方式和存在发展方面的差异，但是差异的存在其实决定了发展共性之下个性问题的存在；这些个性问题，在一定条件下会被隐匿而在另外条件下也可能再度被张扬出来，并演变成为学科发展的关键影响因素。现在回过头来再看教育学科际关系考察时习惯上心仪的对象，就会发现我们的取舍偏好和偏好之中暴露出来的价值取向，即西学标准的权威地位。回溯中国的学术发展历程，从中国学术转型和学科建制的起点来回顾两种类型的学科发展所应对的共同境遇和发展的不同际遇，也在于引起这样的相关思考：两种类型的学科在应对"古今中西"以及"科际关系"等这些学科危机时，有没有不同的策略和办法？它们反映出的学术传统差异对中国学科发展的影响有没有时代差异？对教育学研究来说，这种回顾看起来将是一次对教育学学科的远离，但希望"远离"能实现"更好地亲近"的目的。

学科史和学术史的旅程带给教育学的思考至少应该有两点：第一，在认定教育学的"学"是不是名副其实时，我们习惯采纳的标准本身也在不断变化，教育学不得不和其他学科一起面对共同的发展性问题进行独立思考；第二，教育学与"国情学科"的亲缘性更强，它们在应对当前的学科危机过程中，可能有更多的共同语言，比如对于传统学理资源的吸取方面的智慧态度和方法等，至少在教育学研究中，我们不应该再简单地以现代的课程论思想和教学理论去粗暴规范中国传统的教学文化和教学思想。第三，中国教育学发展过程中出现的很多现象和问题，比如"去民族性"、比如"去教育性"，大概和教育学的"归属错位"有很大关系，因为过度依附了"移植学科"，所以在学科形态、学科标准、学科资源、学科立场上，都是以"一边倒"的方式来构建自身的。

教育学在努力通过汲取其他学科滋养而发展自身的过程中，没有把中国思想（区别于西方哲学体系的中国思想）、史学、艺术、文学等纳入到研究的视野，是由很多原因造成的，但现在却没有任何理由不从这些中国自古有之的传统学术领域中寻找自己的民族支撑。这些领域曾经不以"学科"的姿态显赫地存在过，但确实又有着自己的独特的学术传统、相对系统的方法论、思维方式和思想体系，进入到学科的封疆加爵行列，曾经迷失过很多东西并出现过"走投无路"的危机，现在这些领域正在重续传统并重植根系；它们不见得要在"现代转型"的旗帜下实现自我新生，即使是"转型"，也肯定转不到西方任何时期的任何型上面，但是它们确实在通过与传统连接的方式探索别样的"学科"形态和别样的学术存在。这些"学科"抑或更确切地应该叫做"学术领域"里面，非常本土的东西不容易消失也不容易被取代，因为当用那些外来的范畴和概念来观照时，连试图这么做的人都会很容易地感觉到一种滑稽（这些外来标尺在裁定中国事实进而虚拟中国事实的过程中，有时不得不抛弃或否定中国事实，而引领着去认识别处子虚乌有的"存在"）。

拓展教育学关系学科的视界，目的是为教育学发展寻找新的空间，而不是寻找到新的关系对象再循环复演一次仿效的过程。其实，上述学科史的回顾，也包含着教育学人的努力和贡献。教育学与社会学、经济学的显著差异之一就在于有无自己基于学术领域划分上直接对应的传统思想资源（非间接资源）；这种不同也许在现代学科制度的视野里可以忽略不记，但现在这种发展原点上的差异在经历过一个世纪的发展之后显示了它对学科发展的影响力。至少，把学科关系的领域拓得更宽一些，可能有助于我们撇开"学科标准"的坎陷，从而为勘破危机和生机生发新的体悟和灵感，以致改变对教育学发展道路的追思方式和问题提问方式。因为如何提问问题，确实对如何解决问题的思路和方向有基础性的影响。

作为一门学科而且是后发展学科的教育学仍然要接受既定学科规范的引领。学科规范对于新生学科来说是种规约，其实在发展的早期更是种助长和引领。当一个新的实践活动领域出现，无论它诞生于传统的哪一个大的社会"门类"，抑或是从不同学科的缝隙中成长出来的新异"物种"，它的生长无论如何摆脱不了既成的学科范式的规约和评价。对于新兴学科来说，它之所以能够"兴"，是因为它具备了某些符合学科要求的基本要素，如研究领域、对象，欠缺的部分也往往参照既定的公认标准框架来逐步实现和完成，这是它要成为一门学科必须完成的任务。但是，学科领域的发展往往又遵循着这样一个规律，即当一个研究领域出现并有独立倾向的时候，由于它自身的独特性还没有完全被自我清晰认识和评价，它不仅要接受成熟学科提供的一般的学科范式的规约，而且还会主动或被动接受其他学科尤其相近学科具体规范的制约，即使它自身的特殊性无法被恰当表达的时候也是如此；也就是说，它诞生之初，从学科必备的一般框架要素，到内在的理论命题、范畴原理、评价标准都有可能是"借用"的。一个属于它自己的新的评价话语和规范体系的诞生需要一个过程，而且是一个学科领域自我意识觉醒的内在过程，也是自我认识和自我评价系统成熟的内生过程。比较典型的例子如摄影相对于传统艺术。在摄影发展之初的几十年，摄影师创作了众多的图像，但却没有创造出可以用来欣赏它的理论性术语。摄影评论依据其他艺术延续下来的术语，如模仿力、想象力等来框架摄影发展的方向和空间。摄影画面的过于清晰和准确被诟病，摄影也一度通过牺牲这种精细和清晰制作出"像绘画"的照片和模糊摄影来迎合评价手工绘画和传统审美的"眼睛"，或者摄影师通过把自己的镜头对准宗教题材，借助神圣性来免受攻击。"像绘画"的评价方式只能使摄影居于次等艺术的地位，"像绘画"是对神圣古老绘画外表的肯定而不是对摄影本身的一种礼赞。19 世纪末和 20 世纪初，机械和机械过程被作为一种新的艺术创造工具和创造方式被认可，艺术摄影才可以自我评价而不完全依赖其他领域的话语和规则。① 自此，摄影才不是作为一种次等的

---

① ［美］玛丽·沃纳·玛利亚：《摄影与摄影批评家——1839 年至 1900 年的文化史》，郝红尉、倪洋译，山东画报出版社 2005 年版，第 95—105 页。

绘画被看待，而是一门独立的艺术。评论家塞西尔说："摄影所占的领地十分有限，但是在这块领地上，任何东西都无法靠近它。"① 摄影理论的发展和成熟为摄影从机械复制的庸俗"技术"上升为一门艺术门类和专业做出了自己的理论贡献。从学术角度看，学科内在的理论生长过程对于一门新学科的地位确立是重要的，对于它对应的社会实践活动的社会地位确立和价值提升也同样是必要的。有很多事实可以证明学术分工和社会分工的这种"专业性"相互提升或者单方面的推动作用。在中国当前我们可以感受到的如经济活动和经济学、社会变革和社会学之间共生的关系；信息技术的广泛运用和它对应的一系列新兴研究领域的互惠关系等。

众所周知，教育学史和教育史上，在众多学科榜样的引领下，教育学在这条道路上的趋近主流的尝试和努力一直没有间断，也正因为此，康德和赫尔巴特被后继者不断圈点。

科学连续体及其内容②
——形而上学环境

> 一般的假设
> 模型
> 概念
> 定义
> 分类
> 规则
> 复杂的与简单的命题
> 复合关系
> 方法论上的假设
> 观察

——经验的环境

人类知识发展在任何时候都没有像现在这样需要以建立在领域独特之上的学科和专业的方式来说明自己的独特。各自的独特，是抵御学科趋同而又推动学科发展而不是瓦解为"后学科"状态的基本力量。教育学要

---

① ［美］玛丽·沃纳·玛利亚：《摄影与摄影批评家——1839 年至 1900 年的文化史》，郝红尉、倪洋译，山东画报出版社 2005 年版，第 126—127 页。

② 苏国勋、刘小枫主编：《社会理论的开端和终结》，上海三联书店 2005 年版，第 577 页。

寻找的应该是这种力量。哲学、社会学、经济学、法学、人类学等的理论和方法，可以也需要被继续拿来研究教育问题，因为为了研究一个问题，不得不尊重所有有关它的道理。但教育学的"自新之路"却只能靠汇聚各种外力之后自己迈步行走。内生的理论，包含了社会文化、心理、习惯等所有的即时性和历史性的信息，在经验中并超越经验的思索来实现它的"生成"。当然，经验的实证层次不是简单上升到理论的抽象层次，理论的形成需要一个过程，这个过程有很多具体的条件，对理论生成和发展是一种依赖，也是一种限制。其间关系的表述见仁见智，但可以提供一个参考模型供评价。美国加州大学伯克利分校社会学教授 Jeffrey C. Alexander 在《社会学的理论逻辑》一书中提到，任何科学的结论都是经验环境和形而上学环境两个层次之间交互作用的产物，他对科学连续体及其内容做了形象的描述。

作为一个后发展学科，教育学要接受一个特定时代的既成标准的制约和裁度无可非议。从学科和学术发展史的视野中审视教育学的关系学科，首先不是否定既往学科科际关系的研究价值和方式，其次拓展出来的新的学科关系丛，更是为了教育学的发展提供新的参照系统和资源，最后，无论有多少种学科科际关系类型存在，都不能代替教育学的自主发展。

四 研究案例

（一）学科制度化进程与教育学的发展①

无论是用自然科学规范，还是用相关学科范式来重塑教育学形象，都是在用一种发展的"结果"或把一个历史发展过程的某一段的"横切面"作为标准来规约教育学。这样的横向类比或对话是有必要的，但仅仅如此还不够。当我们引进历史的视角来审度时，发现目前已经成熟的、制度化的学科并非"向来如此"，也可能未必"永远如此"；如果是这样，教育学的发展，也就未必"只能如此"。

1. 学科制度化进程（参见表3-2）

第一阶段：知识分化时期的学科分化及其分化标志

---

① 吴黛舒：《论"教育学"的学科立场——探索"教育学"独立性问题的另一个思路》，《华东师范大学学报》（教科版）2004年第3期。

　　自文艺复兴以来，科学理性获得了独立发展的自由，在牛顿模式和笛卡儿二元论（自然与人类、物质与精神、物理世界与社会/精神世界之间存在着根本的差异）的前提下，科学被界定为"对于超越时空、永远正确的普遍自然法则的追寻"①，与进步、发展、统一性、支配等共同组成一个完整的词汇系统或"确定性的"知识系统，逐渐与"非科学"的另一种知识或文化（称谓不统一，有时被称为人文学科，有时被简单称为文化，德文里称精神科学）分庭抗礼并打破了独立而平等的领域分割，在两种知识或文化之间形成了等级分化，"科学"（事实上与"自然科学"同义）确立了"独尊"地位。近代国家的发展急需更加精确的知识作为制定政策的基础，这种需要在 18 世纪已经导致了一些新的知识门类的出现，不过它们的性质和范围还不十分明确；18 世纪晚期和 19 世纪早期，知识的性质和范围开始明晰化，众多研究主题和学科的名称在这个时期相继提出，主要的几个社会学科：历史学、经济学、社会学、政治学和人类学基本被塑造成型而且进入"精致化"时期，并形成共同的研究信仰，即反对哲学思辨、探索普遍规律、强调价值中立、注重事实本身、推崇客观方法。知识的发展和创造导致了大学的复兴和改造，大学成为创造知识的主要制度性场所，以大学为依托的知识的学科化和专业化成为这一时期思想发展史上的重要景观，而且，无论从大学的角度还是从分化出的各种学科的角度讲，其使命或宗旨都是生产新的知识和培养知识的创造者。值得一提的是，虽然所有这一切，都是在科学战胜了哲学取得了崇高的社会声誉的背景下发生的，但这一时期的大学复兴却是在人文社会科学的知识分化直接推动下实现的，只不过是人文社会学科分享了自然科学有关"普遍性"、"客观知识"以及发现真理、变革、进步等观念（如知识的进步被看成是朝着实证主义的迈进），把认识（根据获得的客观的真理性的认识）与改造的方法和行动扩展到人类社会生活的领域。学科分化和制度化发生在欧洲大陆和英美地区，制度化进程由在大学开设讲座开始，进而是系科的专业训练制度化和研究的制度化，如成立专业学会、创办学术期刊等，并最终实现了从国家到国际的图书收藏制度化。

---

① ［美］华勒斯坦等：《开放社会科学》，刘锋译，三联书店 1997 年版，第 4 页。

表 3 - 2　　　　　　　　　　知识分化和学科分化过程

非科学	科学				
文学、艺术等	自然科学	社会科学			
	物理、化学等	非现代文明	现代文明		
		人类学、东方学	过去	现在	
		历史学	国家	市场	市民社会
			政治学	经济学	社会学

　　这一时期学科制度化进程的一个基本方面是，每一个学科都试图通过界定自己与其他学科的差异来确定自身，尤其要说明它与那些在社会现实研究方面内容最接近的学科之间的区别；历史学是最早取得自律化制度形态的学科，绝大多数以研究普遍规律为宗旨的社会科学都首先强调它们与历史学的区分：学科目标是要得出被假定制约人类行为的一般法则；把握各种必须当作个案加以研究的对象（而非个别事实）；强调将人类现实分割成不同的部类以便对其分析；认为采取严格的科学方法不仅可能，而且也是应该的；偏爱用系统的方法获取证据（如调查数据）以及受控的观察。① 总之，各门社会学科此时都形成了自己与众不同的研究领域、研究方法、知识系统和学科体系。在 19 世纪后期到 20 世纪中叶，除了社会科学与研究非人类系统的自然科学、研究人类文明的社会的文化、思想和精神产品的人文科学有了明确的区分之外，社会学科系统内部也有三条明确的界限，对现代（文明）世界的研究（历史学、政治学、经济学和社会学）与对非现代世界的研究（人类学和东方学）之间；对现代世界的研究方面，研究过去的历史学和研究现在普遍规律的社会科学之间；以探讨普遍规律为宗旨的社会科学内部，研究市场的经济学、研究国家的政治学与研究市民社会的社会学之间的鲜明分界线确立下来。②

---

① 参见华勒斯坦等《开放社会科学》，刘锋译，三联书店 1997 年版，第 32—33 页。
② 同上书，第 39—40 页。

第二阶段：知识融合时期学科的分化和融合以及制度化特征

进入 20 世纪初期，学科的分化出现第二次高潮，但与以往不同的是，分化与融合并行，对经典科学观和学科观的确信和对它的深度怀疑（牛顿模式和笛卡儿二元论根基的动摇）并行，对两种文化（科学和人文）或三种知识（自然、社会、人文）的划分的合理性、和与之对应的对研究范式区分的合理性，不再是不证自明或天经地义的了，各门社会科学之间的三条界限也受到深刻的怀疑。传统的学科分类走到终点，五大传统社会学科形成了成熟的学科的知识体系和学术规范，但与此同时，"学科界限被以各种各样的方式弄得模糊不清了"，其中具有标志性意义的事件，是以问题为核心的区域性研究出现。所谓地区研究，是指一个大的地理区域，它被假定在文化、历史和语言诸方面具有某种一致性。① 这是一个新的制度性范畴，它客观上需要也确实促成了多学科的联合，并证实了传统社会科学知识所做的鲜明的制度性区分具有相当大的人为性，同时影响和改变了大学中历史系和三个以探索普遍规律为宗旨的社会科学系的结构，学科之间在问题、对象和方法上出现重叠。由于可接受的研究对象有了范围上的扩大，每一门学科变得越来越不纯粹，随着三门学科都在越来越大的程度上采用了定量方法和数学模型，它们各自切入问题的方法论的独特性被削弱了，而且每一学科在批判本学科实证主义在本学科研究的局限性方面基本也都是一样的，结果，尽管维护学科区分的呼声并未停歇，但无论是依据研究的对象还是依据处理数据的方法，要为几门社会学科找到明确的分界线越来越困难。另一方面，新兴学科和交叉学科的出现作为应付学科界限模糊局面的一种方式，又在客观上加剧了学科的融合，使学科之间的界限更加不清晰。50—60 年代，学科之间区分的有效性问题成为批判性讨论的焦点，以往在学科制度化过程中几近神圣的标志自己身份和地位的东西，如独特的知识体系、问题、方法、措辞等，变得不那么重要了。尤其第二次世界大战以后，摧毁了以西方为中心的进化论信念，历史学、人类学以及地理学、区域研究等"特殊"研究的兴起也松懈了"普遍化"传统的根基，多元化的研究局面不得不被接纳。有些学科开始放弃了界定自己身份的一些活动，开始为自己领域的研究寻找另外的依据（如人类学放弃了人种学、东方学也并不介意把"东方学"的名称放弃，

① 参见华勒斯坦等《开放社会科学》，刘锋译，三联书店 1997 年版，第 40 页。

把自己并入到历史学、哲学、古典学和宗教学等）。70年代，学科之间研究范式的趋同变得十分顺利，具体表现在：对原始材料的确切把握、概括的水平、叙述性描写的程度，甚至脚注的方法①。也就是说，在这一时期传统学科以守为攻、新兴学科以攻为守抢占研究地盘的同时，另一股旨在打破学科壁垒，以"大综合"为特征的研究潮流悄然兴起：从打破研究对象领域和研究方法的时空界限入手的如"世界体系"理论②，从思维方式上强调用复杂思维超越简单分析思维的如"复杂"理论③。

20世纪中叶学科的再度分化使研究"高"层次化，催生了新的研究机构，而且孕育了与大学和教学分离的专门研究机构；大学里产生了新的研究规划、新的系科和新的学术团体，新创办的期刊，以及各图书馆制定的新的分类书目。

总之，在学科制度化的第一个时期，各门学科通过界定在问题、研究方法和知识系统等方面的差异争取自己的学科合法性、确立自己的学科地位；大学学科与学术研究是相互促进的，学科设置是为训练专业的研究人员而不是其他，专业训练的目的反过来又强化了学科的专业化和制度化。制度化的第二个时期，以问题、方法和知识系统为要素的学科范式的趋同成为一个显著特征，随着大学职能的现代转化，学术与教学分化，基于学术分工的学科和基于教学分工的学科也分化开来（两个时期的学科分类依据和学科地位标志可参见表3-3）。

表3-3　　　　　　　　　　**学科分类依据和地位标志**

	学科分类依据	学科地位标志	学术研究重心
前学科阶段	学术分工，即基于知识分类基础上对知识生产和创造的劳动分工	教师或研究者修道式的研究功夫	"纯粹"学术
第一阶段	学术分工为主	有没有独特的研究对象、问题、方法、措辞	客观的、普遍性的研究
第二阶段	纯粹学术分工和面向社会需求的职业分工并存（有了学术专著和教材的区分）	是否科学或是否有"科学范式"是评价一门学科地位高低的通用标准	特殊研究、问题研究、具体的开发和应用研究

① 参见华勒斯坦等《开放社会科学》，刘锋译，三联书店1997年版，第48页。

② 同上。

③ 主要见埃德加·莫兰的系列著作，其中有陈一壮译《复杂思想：自觉的科学》，北京大学出版社2001年版；秦海鹰译《方法：思想观念》，北京大学出版社2002年版。

同时不能不提的是西方的学科建制和社会建制、文化结构的相关性问题，无论从社会结构的政治、经济和市民社会三分的角度，还是从文化结构上政治、经济和文化艺术三分的角度①，都给政治学、经济学和社会学的分界提供了坚实的社会和文化基础以及社会和文化上的合法性和合理性的依据。

2. 学科制度化进程中的教育学发展概况

学科制度化进程的第一阶段，教育学并没有参与进去，虽然也进入大学课程，但是，既没有形成像社会学、经济学等那样的学科体系、知识系统，也没有形成相应的研究制度和规范。18世纪随着资本主义的发展，现代学校制度在欧洲主要国家逐渐建立起来，培养教师的任务促进了师范教育机构的建立和发展，培养教师所用的教育学朝着"教育术"、"教学法"的方向发展，目的指向是对作为教师从业者的专业化训练，但就教育学研究而言，"理论"教育学虽然仍在发展，但并没有像历史学、社会学那样建立起对专业研究者的培训制度，更不要说类似兰克研究班的历史学研究方法论训练。

学科的"科学化"是学科制度化进程的一个方面，尤其作为狭义的"科学化"追求，更是制度化阶段后期的一种表现，而且很快就被新认识论、后现代话语以及多元知识观等解构了。从历史回溯中可以发现，学科制度化的内涵要广泛得多。但是毫无疑问的是，学科"科学化"进程中，教育学的参与是积极的。一般认为，世界范围内，20世纪以前是传统教育学或哲学教育学、理论教育学为主流，比较突出的倾向是热衷于对概念、范畴和体系的建构，主要代表在欧洲大陆国家；20世纪上半叶，研究范式改变，主要是以实证研究和实验研究为特色，即我们说的狭义科学化时期，在美国的发展比较突出，后波及世界范围。这一时期，教育测量、教育统计、教育实验等学科化。

对中国教育学来说，学科制度化的第一个时期，中国没有学科意义上

---

① 丹尼尔·贝尔认为，社会不是统一的，而是分裂的，它的不同领域各有不同的模式，按照不同节奏变化，并且由不同的，甚至相反方向的轴心原则加以调节。现代社会由三个特殊领域组成，即经济—技术体系，政治与文化。经济—技术的轴心原则是功能理性，调节方式是节俭。政治的轴心原则是合法性。文化，指的是象征形式的领域，如绘画、诗歌、小说或宗教。经济—技术体系的变革是直线型的，明确表现为"进步"；文化中始终有一种回跃，即不断转回到人类生存痛苦的老问题上去。参见丹尼尔·贝尔《资本主义文化矛盾》，赵一凡等译，三联书店1989年版，第56—59页。

的教育学，谈不上参与；学科制度化的第二个时期即学科的内部调整时期，我们才开始模仿西方的教育学，但因为是在"无"的基础上生"有"，不论是传统教育学还是科学教育学，都广泛汲取，倒显示了学科初创时期的开放性。

（二）多学科视野下的"师生关系"研究①

20 世纪 80 年代以来，"师生"关系研究的学科依据非常丰富。

哲学依据：（含政治哲学、解释学、现象学等），关键词有生命视野、生存论、哲学思考、建构主义、人本主义，民主、平等、公平，反思性教学，我—你关系，主体性等。

法学依据：关键词有教育权和受教育权、权利与义务等。

心理学依据：关键词有心理沟通、心理健康、心理依恋、心理关系、教师性格特征、个性培养、人格发展、学生孤独感、情感、个性化教育等。

人类学文化学依据：关键词有文化反哺、师生文化差异等。

社会学依据：关键词有交往、合作型师生关系、师生冲突、人际交往、社会互动、社会公平、可持续发展、教师职业自我认同等。

管理学依据：关键词有管理中的师生关系、学校管理、班级管理、教学管理、课程管理等。

伦理学依据：关键词有师德、诚信、宽容、爱、理解、关心尊重，以及教学中的伦理关系如教学相长等。

此外，还有经济学依据和生态学依据等。

这些学科虽然参与到师生关系研究的很多方面，但是最集中的问题是为新型的"师生关系"提供多学科的理论支持，即从"主从、疏离、权威"的传统师生关系，转换到"民主、和谐、情感"的师生关系，同时也涉及建立良好师生关系的策略以及良好师生关系的作用等问题的论证。

我们不反对多学科参与教育问题研究，但是从 80 年代至今，如果在那么多学科的共同聚焦下，在师生关系的认识上仅仅获得上述"结论性成果"，"投入"和"产出"似乎有些不太匹配。可以从另外一个角度来设想一下，如果没有那么多的其他学科视角，是否也可以得出这样的结

---

① 参考文献为 1977—2006 年间有关师生关系研究的研究成果。

论、产生这样的认识?

例如,"把教学看作是师生共同的生命运动过程,是一种精神的交流与互动,是对师生内在的创造力的激发;教师在课堂上不只是简单地传授知识,而且通过知识的传授,呈现一种生命状态、生活方式,这种生命状态、生活方式对学生的吸引与影响可能是更为内在也更为根本的"①。这种生命状态的回归,我们会在更遥远的传统中找到我们想要找到的思想依据。以教学为单位的师生关系的精神资源(教学相长、启发诱导等)的现代阐释,至少是和师生平等、民主等观念的宣扬和理解同等重要的东西。

此外,虽然多学科参与了"师生关系"的研究,但是却很少见作为"教育关系"、"教学关系"的师生关系研究。这种研究匮乏,绝对不是一个"遗憾"能了得的。

面对具体的问题研究,学科"结盟"是一个既成的事实,而且,只要学术分工和学科分化存在,结盟的趋势会一直持续下去。但是,无论如何"密盟",每个学科都应该有自己的性质和奋斗目标,因此也应该有自己的研究纲领和范畴;学科的分化基础不仅仅是学术分工和知识领域的差异,而且还有内在功能和立场的分歧。

通过学科之间概念、理论、方法等的机械漂移而导致的学科界限不清,造成的后果可能是:特定学科的概念、标准作为机械模式套用于其他学科领域时,牺牲的是学术、理论和客观事实的真实性和多样性。因为以某一标准或纬度(如一个人、一次社会革命或技术革命、一种历史分期方法等)为基础划分的学科内容结构和历史结构,只适用于它对应的领域,但缺少让整个世界都跟着转向和转型的充要条件和可信论证。

①　钱理群:《与鲁迅相遇》,三联书店2003年版,第321页。

第四章 中国"教育学"的生成研究

一 中国教育学研究的本土立场

教育学研究的本土立场，无疑是矫治"简单移植"倾向的理论诉求。

"移植问题"确实是借鉴研究中的一种现象，如果从纯学理意义上，用别人的理论解释别人的问题，这无可厚非。但问题的关键在于，无论我们多么积极地投入这种解释，并得出多么具有创造性的结论，那也是对"别人的问题"的研究，对"别人的理论"的阐释性创造，对我们"自己的问题"，很难建立起直接的关联。

为尊重既有的理论意愿和研究基础，本文还是用"原创教育学"，来典型性地表征本土立场。

（一）原创的规范性标准——问题的原发性和素材的原始性

"问题的原发性"从问题的角度对原创作了规定。如果教育研究的问题是移植的，是虚拟的，无论怎样的投入，那也是对"别人的"问题的研究、不是对自己问题的关注，因而，这类研究虽然有"创"的性质，但没有"原"的内涵，也不能称为"原创"，充其量它是对别人的"原创研究"的再创造，它的意义更多地表现在增加了纯粹"知识"，尽管这种知识在此时与自己实践现实无直接相关或关系不大。

但反过来说，却又不能以"独一无二"机械地评价是不是原创。习惯谈"别人的问题"的局面固然要改变，但却不能因此而要求非要提出"与众不同的问题"，"中国语境下产生的教育学科的问题"可能是"与众不同"的问题，但也可能是相同的问题，与众不同、截然独立，不能作为一个孤立标准。另外，问题是"提"出来的，但却不是"凭空"提出来的，所以，本文赞同中国的原创性问题，应该是一个建立在中国"教育理论和教育实践关系"之上的问题。它既不是单纯的理论问题，也不是单纯的实践问题，而是在两个维度上的互动关联中产生的问题。衡量一种教育研究是否具有原创性，要看它是否提出了这样一个问题，这既是教育原创性的前提，也是它的基础。① 但是，本书同时也认为，中国的原创性问题还可能有更多的其他表现形态，实践中的原发性教育问题如，片面追求升学率问题、学生学业负担过重问题、学生片面发展问题、教育投入长期不足问题、农村学生辍学问题、民办教育的发展问题、教育发展不均衡条件下的教育经费转移支付问题、新课程的设计和推广问题②等，这些问题几乎都不能通过具体策略、制度、方法的简单借鉴来解决。在教育学研究上，最基础的原发性问题之一，也就是教育学研究中的"依附性"问题；在具体问题解决过程中，如果能克服掉这种机械的拿来主义、借鉴情结，才有可能真正生长出自己的"理论脊梁"。

1. 关于对外交流

原创教育学研究不拒绝对外交流，但反对简单的、机械的"移植"，提倡有条件的汲取和吸收。在当今的时代，如果把"原创"理解为"封闭"，要么是对"常识"和"常情"的一种无意回避，要么是为了树立论敌而强加给"原创"一种"莫须有"的想象，而这两者，都不是理性（理论）成熟的表现。"在教育研究的过程中，任何不注意汲取国外教育研究成功的经验、方法，无视已有科研成果的做法都是不明智的，也无益于提高理论的原创性。由于各国的教育有着共通性，这种基于本土的原创性的教育理论就必然地具有一定的世界性。"③从共性客观上，对外学习和汲取，是实现交流和深入交流的前提。

但是，在"中外"关系中理解"原创"，却还有另外一种无法回避的客观，即如何不褊狭地理解"本土的"、"本土性的"或"原始性的"，也即不把"本土"理解为纯粹的、不掺杂任何杂质的"中国性"、"本土性"。无论承认不承认、愿意不愿意，中西思想文化交杂并行，教育理论多元共在是一个事实存在，也是我们进行教育理论原创所要汲取的、依赖的原始性资源，是"原发性"问题生长的土壤，也是原创性研究生长的

① 李政涛:《教育研究的原创性探询》,《教育评论》2000年第1期。

② 傅维利:《教育研究原创性探析》,《教育研究》2003年第7期。

③ 柳海民、李伟言:《教育理论原创: 缺失归因与解决策略》,《教育研究》2003年第9期。

土壤。在混杂了一个多世纪的思想文化中，试图去寻找"原汁原味"的中国文化，或在杂交了一个多世纪的教育思想中，试图去寻找纯粹的"土生土长"的教育理论，本身就是一种不切实际，因此是一种不能实现的妄想。确实，现在的中国教育学术已经是满目西方教育学者及其教育理论，而少有本民族传统文化的痕迹，我们再也找不到一套现成的可以直接用来解释我们的教育现实的纯粹自我的学术话语体系，因此有人说，当本土的传统文化也要运用西方的学术话语进行阐释才能为学术界接受和认同时，我们已经找不到现成的真正属于"本土"的学术立足点来支持我们文化创新的雄心了。① 但这样的事实只能使我们更加清醒认识，不能设想"隔离"出一种"纯文化"才能创造出一种"原"思想或"原"理论，我们现在面临的"中国原始"，恰恰是这种不纯粹的、混杂了的文化现实和生搬硬套、斑驳陆离的教育理论和实践。我们理论研究首要的任务就是，先"整理"这个"物种"丰富但过于杂乱的"土地"，以理性的态度分析它该"保留"什么、"清除"什么、适合于再"撒播"什么、"培育"什么，即在这个基础上，发现问题，研究问题，创造理论和形成思想。

2. 关于国际认可

原创性研究不排斥对"国际认可"的追求，不过，中国的原创性教育学要解决的根本问题却又并不是中国教育学是否能够获得西方认可的问题，而是中国的教育学研究能否为中国的教育发展起到应有作用的问题。

以与西方对话为目的并的确获得了西方认可的中国教育学，并不一定就能反映和作用于中国的教育现实，如果在与西方对话中建立起来的、有时也获得了西方承认的中国学者的研究，其问题来自西方，其关切的焦点来自西方，这些研究的材料也许来自中国，但中国材料被分割了（现象与背景分割、局部与整体分割），不仅是破碎的，而且是手段性的，这种研究也许很符合"国际"社会的胃口，但对于中国教育来说，却大多无用。当然，对中国无用并不等于这种研究无用，问题是，这种所谓对"人类文明有用"、或能与"国际对话"的研究不应独占中国教育学的研究领地。"全球化"不应该成为不研究本土、不从解决本土问题出发进行

---

① 参见项贤明《教育：全球化、本土化与本土生长——从比较教育学的角度观照》，《北京师范大学学报》（人文社会科学版）2001 年第 2 期。

研究的理由。以本土为出发点和归宿的中国教育问题研究，可能显得"小气"、"土气"，得不到"国际认可"，但这类研究因其对中国有用而具有意义。

我们的发展已经不能离开交流，我们其实并不缺少交流，但关键是不能为了交流而趋同。"原创"从动机上来说，首先是为了自我的发展，首先是对自我发展有价值而不是对交流有价值，虽然在任何时候我们不会排斥交流价值。其实，一般而言，有自我发展价值的东西，才可能有交流的价值；只有以自我发展为前提，才能够实现真正的交流，因为在自己一无所有的状态下，只有单方向的接受性移植，而没有任何可供交流的条件与资本。而且，我们可以确信，真正对自我发展有价值的东西，就不可能是通过简单复制得来的，就一定会表现出自己的独特。这种基于自我而又为了自我的"独特"，首先是需要被尊重的，而不是用来被居高临下"接纳"或被同情式"认可"的。

因此，原创研究与其说是创造出最早的、与众不同的东西，不如说是确立了一个本土的立场，在这个过程中即使借鉴了西方、继承了传统，但只要出发点和归宿是本土的，也不能说不是原创——至少是创造性地解决了本土教育的发展问题。

（二）原创的价值性标准

植根于独特的文化土壤、基于现实需要，以及"问题的原发性、研究素材的原始性、结论的独特性和创新性"等，是原创的"规范性"标准。但原创除了要符合一定的"原"和"创"的规范性标准外，还要符合一定的价值标准。并且，教育理论创造和艺术的、文学的创造不同，它的"创造"价值不能只靠创造成果自身来说明，而是体现在创造活动的动机、过程和结果中，尤其体现在结果和它的影响中。如果说在文学、艺术领域，沿着"原创者"的路线进行的再现性、复制性创作，其价值或意义是逐渐递减的话（并不绝对），那么，在教育研究领域，"原创者"开启下的后继研究或实践，其价值不仅不会减弱，而且还能实现"原创者"自身的增值。更进一步来讲，检验一个理论是否是原创或创造价值的大小，归根结底要看它对后继研究者和实践者投身其中的"动员"力量的大小。教育理论创造或创新除了文化、理论、历史、社会的基础，还必须立足于同一领域的社会实践——且又回到同一领域的社会实践中去，教育理论创造不能像博物馆里的一幅画或书架上的一本文学书籍，它的创作灵感和过程有时可以主要依靠个体冥想式的体悟，它本身作为一种"作品"可以与社会生活、与绝大多数人保持或远或近的距离，甚至可以"隔绝"。社会后果是教育理论创造首先要关照的因素，也是它最终要实现的结果。如果我们同时按照"规范性"标准和"价值性"标准来衡量"教育创新"就会发现，并不是所有的以创新为名的"研究"，都是既合乎"规范"，同时又合乎"价值"的，在文学与艺术领域，创造或创新或许有绝对的意义，但，在教育领域，不要一提"创造"，就赋予它绝对的价值。

另外，从形式和内容方面看，原创一般表现为形式和内容的新异，但"标新立异"并不都是原创，甚至并不都是创造，目的是"求新猎奇"的创造，比没有创造更能迷乱人心、混淆视听。而且，创造并不都表现为形式和内容的新颖，对已有理论的独特运用也应属于创新。

试图用实体思维的方式，给中国原创教育学塑造一个固定的形象或标准，这样的"教育学"是一个"理想"，恐怕也只能作为一个理想。但是，原创教育学的发展作为一个过程，它是教育学研究者要走的一条道路，而且不见得是一条走得到尽头的道路。在这个追求过程中，符合或不符合某种外在的固定规范或标准，也许可以不是主要的，更不是唯一的衡量标尺。中国的原创的教育学，从中外的维度也好，从与相关学科的对话维度也好，都不应拘泥于既有之"型"；原创，关键还是在思想的"原"和"创"，不能让某种"型"成为约束教育学建设的教条。这是本文坚持的也许是很个人的立场。

从这个意义上来说，中国教育学研究的根本问题是学术建设的问题，是要解决教育学在中国的教育变革中的功能定位问题，解决它的质量高低的问题。原创教育学只能在本土的教育现实中寻找自己发展的坚实力量。

二 中国教育学研究的实践立场

实践立场是中国教育学本土立场的具体化；教育实践，是中国教育学赖以植根和生长的最直接的生长基。

（一）在与实践的关系中认识教育学危机

1. 教育学对实践的脱离

在中国，不管是由什么原因造成的，但教育理论与实践的"脱离"作为一个不争的事实，多少年来一直是被教育理论界和实践界公认的。解决理论与实践的关系问题，在一定意义也成了近三十年来一直不变的教育学"情结"。许多研究者从教育学发展的历史、教育现实变革、中外教育学关系、教育学研究性质等角度，反复论证和重申中国教育学的发展方向：走向丰富的教育实践，直面教育现实，在对教育问题的研究中发展教育学自身的理论，构建中国教育学的学术体系。而所有这些方向性结论，都源自一个前提性共识，即教育学发展的真正源泉来自实践。

2. 实践对教育理论的"距离感"

"教育学理论很好，但对实践来说，是遥不可及的。"这是实践领域对教育学的普遍感觉。这种"感觉"是由多种原因造成的，其中不排除实践领域"理论素养缺乏"的情况，但是，教育实践对教育学的"距离感"存在，并不说明实践领域对理论的主观和客观需求不存在。中国教育学也许不能只是面向中国的教育实践需求来发展自己，但中国的教育学却也没有任何理由不去面对中国教育实践的理论需求，尤其是当前适应社会转型的教育转型性变革对教育理论的迫切需求。

例：教育理论和教育实践脱离的"主体"原因[①]

客观上来说，由于社会的劳动分工所致，理论者和实践者两大阵营都有其相应的文化和思想行为方式，理论和实践的疏离、隔阂在这种意义上也是不可避免的；面对不断变化和发展的理论和实践，两类主体都可能产生不适应；研究者的学术品格、研究能力以及态度和其他方面的素质，如二元对立的思维方式、急功近利的实用取向、追逐时髦的浮躁心态，以及"冥思苦想"、"闭门造车"式的研究风气，学术语言的呆板教条、缺乏现实的感召力等，都是研究者"亲近"实践的阻碍因素。就实践者而言，有主观上不为的原因，如主观上拒斥理论，行为上又因循守旧、缺乏创新的意识等，但也有客观上不能

---

① 吴黛舒：《对教育理论与实践问题的本土反思》，《教育研究》2004 年 5 期。

的因素，实在和理论搭建不了对话沟通平台的情况也不是鲜见的。

3. 中国教育学理论的结构性缺失

哈贝马斯认为社会学的知识体系包含三种知识类型，即经验分析知识、历史释义学知识和批判反思性知识。[①] 布列钦卡把教育理论分为教育科学理论、实践教育理论、教育哲学理论三种形态。[②] 无论以何种标准划分，都说明理论形态的多样性、不同理论形态对不同问题的指向性和理论生成路径的差异性。中国教育学的理论构成中缺少浸入实践的研究和生成于实践的理论，这个事实应该也是不需要怀疑的。

但缺少"浸入实践的研究和生成于实践的理论"，不等于以往的教育学研究不关注实践，也不等于缺少关注实践的理论。20 世纪 80 年代以来引进了大量的国外教育学和教育理论，引进的动机和目的不可能和解决中国的教育实践问题无关。从学科的角度来说，哲学、社会学、经济学、法学、人类学等的理论和方法，也都被拿来过问过中国的教育问题，被作为中国教育变革的理论和方法后盾，行动研究、解释学和现象学甚至被认为为教育理论与实践的联系提供了"自新之路"。当然，这种关注教育实践的方式对教育实践和教育学发展带来了什么样的影响却应该另当别论。如果这些外来的（国外的和教育学领域外的）理论和以这些域外理论关注中国教育实践的方式没有局限和问题，"理论和实践"的关系应该早就不是个老生常谈的问题了，但事实上，理论和实践的"脱离"依旧是教育学发展、教育研究进行和教育实践变革的困厄。那种纸上谈兵式联系的"实践"，更多时候是虚构的和抽象的"实践"，是思辨中的"实践概念"，和活生生的、真实的实践生活也隔着需要"再联系"的遥远距离。

4. 研究问题和学科建设的关系

很长一段时间里，我们曾经孤立地谈学科建设，事实证明对缓解教育学危机没有多少实际的补益；但没有相应属于自己领域的母体学科提供支持的问题研究如何能够进行，也是一个很大的悬念。研究某个实践领域的问题时，若没有与之相匹配的内生的工具性和立场性支持，唯一的办法就

---

① ［德］哈贝马斯：《认识与兴趣》，郭官义、李黎译，学林出版社 1999 年版。

② ［德］沃尔夫冈·布列钦卡：《教育科学的基本概念：分析、批判和建议》导论，胡劲松译，华东师范大学出版社 2001 年版。

是从其他学科那里"借用"或"移植"。对教育学来说，大量借用和移植的后果，是教育学自身被相关学科分解离析，而对教育领域问题的研究也因为缺少"教育学"立场而存在这样那样的缺陷。因此说，寻求研究问题和学科建设的统一，也许是当前度过教育学危机乃至教育实践变革困境的可能不是唯一但却是不可或缺的一条道路。

（二）研究者的实践责任

1. 研究者要不要承担实践责任——对研究者参与实践变革权力的思考

（1）承担实践发展责任是研究者的分内之事

当前教育改革和教育理论的亲密接触是一个谁也无法否认的事实。在这样的一个事实面前如果反复追问研究者要不要承担实践责任或者谁赋予了研究者参与或者干预实践的权力，好像是很苍白无力的一种理论喃喃自语；而且，自语式的理论演绎，无论是从社会学还是从政治哲学或者法学等其他什么地方寻找到足够多的理论依据，也是最终无法解释我们日常的现象和事实的。确实，也很少有研究者真的会理会这种质问。实际的情况是，研究者绝不缺少参与实践的机会和条件，也不缺少参与实践的热情和冲动，当然尤其不缺少的是参与实践的胆量和勇气。但是，如果对研究者参与实践"权力"的质疑，不是其他学科领域的问题热点和知识观念在教育学领域的机械漂移，而是特别针对这样的具体问题和现象时，却又能显示和迸发出它的巨大理论冲击力：即我们参与实践的方式是不是适度的和合理的？我们对实践是否曾经有太多的想当然和颐指气使？我们是否有足够的参与实践的理性和德性的思考和储备？我们是否具备了足够的自我反思的理论勇气和能力？等等。如果结合这些具体的方面考虑对研究者参与实践权力的质疑，可能就会感到当前教育研究者的存在方式以及与实践的关系方式可能真的存在问题，研究者的职业生涯所依赖的价值基础（教育理论为了实践发展而存在）和事实依据（教育实践作为教育理论的依据）可能不是想象中的那么坚实。若干年来，理论话语日新月异，只要有了新的教育模式，马上就有相应的教育实践来呼应，如果教育实践缺少"以不变应万变"的定力来坚持和固守自己的领地，很难想象教育事业会是一种怎样的发展景象，也许教育早就不再是教育！

历史地审视教育发展的过程，至少是近几十年来，教育理论和基础教育实践还从来没有像现在如此大规模、全方位、多层次地相互接触过，彼此之间也从来没有如此多的相互理解和相互不解集中呈现出来，当然也从来没有如此强烈的相互需求，任何一方的真实发展和进步都要依赖对方的滋养①，同时也都在向对方的智慧进行着挑战。这是一种值得庆幸的现象，即使在全面接触中产生了很多的问题，但毕竟已经属于彼此交往和发展过程中产生的真实问题，也好于各自为政、互不相涉而不产生任何问题。而且，从人员的具体构成上，参与教育改革的也远远不是仅研究者和实践者那么单纯，聚焦基础教育改革的主体构成是复杂的②，不同工作背景、不同专业背景、不同层面的人都以不同的方式聚焦到教育改革，甚至课堂教学的内容和方法上来，带着自己的独特认识，提供不同的思考和见解或者建议。所有的人，是在一种事业共同体中，各自承担着一种职责并分享着某种权利，所以，现在的基础教育发展和改革，不可能是哪个群体或者哪个领域的事情，而是和教育有关联的所有人的事情，甚至是一个社会公共问题而由全社会共同关注（其实，教育发展在任何国家任何时候都不可能是局部主体的事情）。

当然，在教育发展问题上，无论是事实的需求还是理论和价值的需要，全方位多主体的共同参与或者聚焦，是必须的，也是作为一个公共事业的教育能够比较良性发展的必要保障。不同具体领域的从事教育的群体和个人，"占据"的总是教育的一域而不是全部，透视的是教育的部分而不是整体；同时，由于领域的相对区分和隔离，我们最熟悉自己的领域，但未必最清晰自己的问题。只有放在特定的关系之中，在相互的需求中才能了解别人并确定和明晰自己的发展方向，而且，也只有在相互需要和沟通中，我们也才能彼此激励和分享，彼此认识和共勉。我们不得不承认，当前，是实践的发展和发展过程中暴露出来的种种问题以及实践的进一步发展需要再度检验了我们理论研究的偏差甚至历史地存在着的严重缺陷，并使我们重新思考我们自身的发展问题和可能获得新生的方向、途径以及需要对实践担负的责任。同样，实践领域中的每个参与者可能也是由于过度习惯自己的日常工作行为方式和思维方式，对自己习以为常的现象也许

---

① 关于"理论与实践的相互滋养"观点见叶澜《思维在断裂处穿行——教育理论和教育实践关系的再寻找》，《中国教育学刊》2001 年第 4 期。

② 关于当代教育变革的主体及其相互关系的详细见解和论述可见叶澜《"新基础教育"论》，教育科学出版社 2006 年版，第 146—158 页。

不再具备问题意识和能力；外在的全新的视角和眼光，也许能给彼此内在的发展一定的启发和促进。

（2）研究者要承担的不仅仅是发展责任，而且还要承担实践发展中的问题责任

责任是共同的，谁也无法逃避；所以，教育者的实践责任不是一个要不要承担的问题，而是一个必须承担的问题；不是外在的谁对谁赋权的问题，而是我们的分内之事，是没有理由和借口推卸的。尤其需要强调的是，研究者要承担的不光是发展责任，不能耽于教育发展使命的神圣感之中而全然忘记了对现实中出现的问题负责。由于任何教育理想，很大程度上最终是要依赖教师的教育和教学行为来实现，所以我们往往会把问题责任推给教师来承担，就像现在我们会认为是教师和教师的素质影响了改革的进度和质量；这种判断好像是顺理成章，但事实上却恰恰是我们自己缺乏理性反思的外在表现。包括研究者、决策者和管理者等在内的各层次，是否思考过我们自己对教师期待的合理性？我们是否秉持着天经地义的"正确"？我们对他们提出了期待和目标要求，但是否同时也给予了足够的理解和切实的发展性支持？我们给老师营造的是发展的空间和条件，还是又给他们套上了新的枷锁和负担？成绩面前我们当仁不让，问题面前我们是否能首先从自我开始反省？既然各类教育主体都以不同的方式参与了教育改革，当然也应该以不同的方式去认领属于自己的那份责任；对教师的过度责难，是否暴露出了理论研究过程中的自大自满、决策和管理过程中的专横武断？

（3）教育研究者的"有限责任"

当前教育研究中对教育研究者和教育"无限责任"的批判似乎颇能引起共鸣，这种观点认为以往教育和教育研究者承担了过多不应该承担的责任，有些责任应该是归属经济、社会、法律或者政府甚至家庭的，教育和教育研究者应该卸下这些负担；用排除法排除了若干责任后，教育和教育研究者应该担负什么却又很难给予一个明确的范围。教育能做什么？教育研究能做什么？这类问题确实需要认真思考和辨析，因为它关系到对于教育方向的把握和对于研究者自身职能的基本定位。教育事业属于公共事业，所以教育发展问题是社会问题，作为一个社会实践领域，它的存在发展依赖各种各样的社会条件，比如经济的、政治的、法律的、文化的，等等，它在一个庞大的社会发展系统中有自己独特的存在发展方式，但是也

必须在关系中并且依赖这种关系共同发展，所以，即使是"教育的事情"，有很多也不是由"教育"自己能决定的；同样，即使不是"教育的事情"，也有很多是"教育"不得不思考和参与的。以往，我们的教育和教育研究是否招揽了过多的"非教育责任"暂且不说，教育和教育研究不能全做全为去担负不可能的"无限责任"确实毫无疑问，不过作为教育自身，却又不能在完全的责任不确定中不作为。从一定意义上讲，关涉到教育的问题，很难找到有什么问题不是公共的、大众的，也很难找到仅仅能靠"教育内部"来解决的教育问题，当前比较"高温"的教育问题如扩招、收费、基础教育改革、高等教育专业和体制改革，等等，对它们的审视、决策也无不是各种力量相互制衡的结果。在各种力量的较量和权衡中，每一参与方都在做的共同的事情是：第一，提供属己的立场；第二，贡献属己的智慧；第三，争取属己的权利。如此看来，有些看来很经济的、很法律的、很政府甚至很家庭的教育问题，会有哪一件是不需要教育立场和教育研究的呢？

2. 研究者的实践责任为何被质疑——对研究者成长问题的探析

如果说研究者的实践责任是可以被确定的，那么随之而来的问题就是对"责任能力"的质疑了。研究者实践责任的问题重心不在"要不要"，而在于"能不能"和"如何能"。对研究者责任能力的怀疑与当前研究者对实践的全面参与事实可能非常不和谐，但却又真真实实存在，也确确实实需要。

不可否认，研究者对于实践的责任能力是一直被质疑的，这种疑问可以用"理论和实践"的关系问题串联和呈现出来，也就是说，我们的理论在满足实践的理论诉求方面，是一直存在问题的。理论很好，但于实践无用，实践对理论的这种感觉并不鲜见。大概有以下几方面的原因构成了对教育者责任能力的疑问：

（1）教育学的专业性和教育研究者成长方式的先天局限

无论以什么样的标准来确认学科的专业属性和学科地位，但在教育学的专业属性还被没有被充分的理解和认可之前，或者教育学在还没有找到适合自己的专业表达方式说明自己的特殊性之前，教育学走专业化发展道路的信念和努力无疑是值得嘉许的。尤其现在，教育领域的任何问题，无论招生还是就业、教育收费、教育管理，甚至是教育内容和教育方法这些很"教育内部"的事情，也都在作为公共问题被大家谈论并"要求"和

"建议"；在教育问题人人可云、教育需求显得芜杂、教育发展出现混乱的时候，专业化的理论观点更应该保持自己的超然，不仅要对教育实践发展进行必要的疏导，而且在当前把公共看法进行理智导向也应该成为教育专业发展的一个具体任务或重要内容构成。

知识专业化过程实现了知识的高效生产和传播，而且使知识生产形成一个相对独立和封闭的过程，这对保障知识和知识生产或者理论研究的超然品性有一定作用，但另一方面，与现实问题、公共问题的隔膜和疏远也容易产生，以至于发展到一定程度，知识生产者和他生产的知识也终于因为它与实践的过度距离，成为被专业性和公共性共同关注的问题。其他学科领域公共性和专业性的讨论波及教育学，但教育学的专业发展问题和其他专业领域的问题还是有区别的，那就是它既不怎么被其他专业化的队伍认同，也不太容易被公共立场认可；在公共问题领域教育学的声音微弱，在教育实践领域虽然参与得积极踊跃，但其"发言权"在很大程度上是依赖"专家身份"而不是"专业身份"，因为"专家身份"有时不必然依据专业属性来认定，因此和"专业身份"其实并不等同。在这种意义上，如果说其他专业领域专业性与公共性的矛盾是确实存在的，但在教育学领域，货真价实的所谓"专业性"与"公共性"的对立是否存在还可存疑。教育学对非教育知识的、对权力的、对制度化"身份"的多重依附和寄生不祛除，教育学专业化的道路可能就无法通达顺畅。

研究者的成长方式和知识的专业化进程是共生的。高等学府和书斋是研究者的主要成长基地，即使这个队伍当中有相当的人曾经有过基础教育实践的经历，但在学术生涯的历练进程中也往往被搁置，而当所谓"学有所成"时，那些经历基本上已经被冷落到可以被遗忘的程度了；此时坐在书斋里思考和面对教育实践所说的"实践"问题，其实已经是一个抽象符号，一个被剥去了现实的丰富性和具体性的学术概念。所以，才会有人质疑：没有实践，哪来对实践的发言权！

现在，应该没有人会因为理论和实践脱离的问题而简单否定知识的专业生产方式和研究者的成长方式，只要我们不想放弃研究者的速成和专业发展的高效追求，我们就必须正面牺牲某些研究品质的代价，因为这也许是不得不支付的一些代价。当然，这些代价在研究者置身于真实的实践研究之中时，就成为需要弥补也可能在实践提供的机会和条件中得到弥补的一种研究素养和品质。

同时需要说明的是，如果仅仅是因为研究者没有实践经历和体验就认定没有对实践发展的发言权，也是很值得商榷的。没有实践就没有对实践的发言权，尤其认为没有教学实践就没有对教育、教学改革的发言权，其实是有褊狭的一种判断。为了强调二者的原始和根源性关联，就把两种性质的活动和过程捆绑为一体，既不能更好地诠释二者之间的真实关系，也不利于消解二者之间的脱离状态，更有可能为二者制造新的发展障碍。

（2）研究者和教育理论的"成长匮乏"

成长的话题不是青少年儿童的专利，研究者的成长问题，在教育改革的现场突现出来。在这里，之所以用"成长"而不用"发展"来描述研究者，是个人化地认为，发展是在一定基础之上的继续，包含着对以往的确定、肯定，指向的是未来，是方向性和展望性的；而成长包含着对自己生长基础和发展方式审视和反思的意图。

实践变革过程中呈现出来的问题和实践变革对教育理论的需求，充分暴露了理论研究的不充足。①对教育实践的复杂性和教育变革的艰巨性估计不足，理论一次成型的思想还是比较根深蒂固。事实证明，教育实践的复杂性和丰富性可以使任何所谓充分的理论准备都变得不充分，从而在介入实践的过程中必然显出捉襟见肘和漏洞百出的困境。②对教育变革的艰巨性和条件性估计不足，认为理论的蓝图可以自然而然转化成教育的现实，而当这个现实没有出现时就本能地推诿责任和产生过度的情绪化反应。③对教师作为实践主体的潜在力量估计不足，也就是说，当教师领悟和接受了一定的教育观念时，他会迸发出强大的实践创造力，实现一定教育理论观念的增值；反之，则会产生强大的消解力量，使对他的哪怕是最美好的教育期待也变成乌有，甚至产生消极后果。这些不足会聚在一起就表现为研究者在变革面前自我反思和应变的意识及能力严重匮乏，自我成长的意识和能力严重匮乏。有观点认为，这次"新课程"改革推进过程中理论的准备是不充分的，但是，如果要求为一场规模宏大、历程漫长、涉及方面众多的复杂变革过程做出非常细致入微、面面俱到的理论储备和进程设计，却是更不可能的事情。所以说，问题的关键还不是事先是否有了充分的理论准备，而在于理论是否和实践的变革进程共同发展。而我们现在遭遇到的最大问题也正是：在教育理念或者教育期待推向实践之后，实践领域的新问题、新情况、新动荡不断产生，而理论的跟进研究却显得滞后，研究者更愿意花费精力去批判实践而不是反思和发展理论，更热衷于对原初的教育理想、教育理念和教育改革企图做平台的、循环的辩护或者批判，却忘记了对新的变革问题和情况做必要的研究、探索从而对原初的教育变革理论和策略进行同步的改进和发展，所有这些导致的结果很可能是教育实践不得不为理论的"偏见"或者"短见"付出更大的发展代价；而教育研究本身却又不能在实践代价付出后获得发展性的补偿，更不用说对教育学学科本身有更多的建设性积累。

（3）理论伦理的增长不足

研究伦理在以往我们的教育研究中是一个不多见的话题，但在当前却值得我们重视和思考，尤其是在研究者广泛和深入介入实践过程的时候。让实践为了研究服务，或者着意去追求研究的客观性而保持对实践的"零干预"，最终都是为了理论有增长，实践变化不构成理论研究的直接目的。理论研究和实践发展的这种关系状态有其存在价值，但在特定实践变革场景中的教育研究却应该对研究所秉持的原则和追求有新的理解和发展。如果在教育变革中理论的要求让实践者更多地感受到的是负担和责任，而不是自己也在其中成长和进步并体验到自己发展的愉悦和兴奋，那他们对理论、对变革说"不"就是可以理解的。教育研究人员要遵守起码的教育研究伦理：教育研究不仅要考虑到教育对象的良好发展，"研究要有助于孩子的发展，不能以耽搁、影响孩子的发展满足科研成功"①。而且还要"成己"，使自己有发展和进步。研究历程和实践变革应该是一个同步和相互开放的过程，理论适度先行，到实践转化，再到理论提升又重新回到实践，反反复复、往往返返，从研究者的角度讲，教育研究追求的是"成事（实践发展）成人（实践中的人，即师生和管理者等）"、"成己（研究者自己和自己的研究）成人（研究对象和他们的实践）"，是所有和研究性变革有关的事和人的共同发展。这种追求带来的不仅仅是研究态度、研究目的和研究方式的改变，而且还在一种新型的理论和实践、研究者和实践者的关系（即理论和实践的相互滋养关系）中践行、阐释和发展着新的理论伦理内涵；这种研究伦理内含的品质或者品格，如对研究对象的责任意识和态度，应该是当前处于实践变革之中的教育研究

---

① 叶澜教授报告：《教育改革与教育研究——以"新基础教育"研究为例》，报告对象：山西太原市校本教研进修团；报告地点：上海市繁华大酒店报告厅；报告时间：2006 年 11 月 10 日上午。

需要遵循的，而且也是教育理论本身发展所需要的内在伦理秉持。

在与实践的相互滋养中，理论伦理表现为对实践滋养理论这一基本事实的肯定和尊重；在理论研究内部，还应该表现在对前人研究成果和对他人研究成果的尊重和理解。没有凭空产生的理论创造，没有脱离传统的思想发展，任何的理论创新都能找到它思想发展的历史萌芽和文化根基。在今天，对历史和前人的思想成果，我们完全可以用新的教育理想、教育目标来分析它，但却一定要在尊重时代、尊重历史、遵守理论基本价值准则的前提下进行理论批评；评价伦理是理论伦理的一个重要构成部分。比如对于"教学特殊认识说"的理解和批判，就不能把它从它赖以产生的社会时代背景中孤立出来：我们不能忘记，经历了长期的思想文化禁锢之后，特定的思维方式、思想知识状况对人们思维和认识的局限；那个特定时期为了恢复知识的合法地位所做的艰苦的理论探索和实践努力。具体在教育中，整饬学校荒芜和教育秩序混乱，恢复教学和知识在学校日常工作中的主体地位是当务之急；在备受冲击和摧残之后对教师的地位和基本权利重新确定，更是必需和必然。特定的社会历史时期有特定的社会历史任务，也有特殊的教育问题和教育发展需求，因此也会产生符合特定情理的教育理论和教育认识；"教学认识论"产生在那个背景下，既合理又必然，它为教育和教育理论的发展做出了自己创造性的理论贡献。

没有理论不需要随着时代和实践变革发展，当我们用新的理论要求实践的相应性变革时，除了强调和突出发展性的方面，恰恰还需要特别说明理论的继承性和实践的继承性；否则，我们的发展和变革就缺少必要的基础性依托。继承性是任何情况下都不可摒除的发展基础，因此承认事实上存在的继承并不会使自己的发展性和创造性价值受损。教育实践过程中，教师表现出对基本知识和能力的无所适从和认识混乱，是不是和我们对传统继承的必要性缺少应有的清晰交代有某种内在关联？教育学发展过程中，缺少累积性的知识增长和理论沉淀、本土教育学的成型缓慢是否也和这种理论伦理缺乏有关？

3. 研究者如何承担实践责任——对一种研究者和实践者新型关系的理解

中国的基础教育变革对教育理论的需求前所未有地强烈，教育研究者对于教育实践的责任意识也前所未有地具体和明晰，但是理论和实践的关系需要"密切"并不意味着理论和实践、研究者和实践者、研究活动和实践活动、理论发展过程和实践变革过程之间的必要界限也随之模糊和消失。要求研究者必须有实践经验或体验、或者以研究者的研究方式和成果表现方式为标准来导引实践者的研究行为，都是模糊了两种不同性质的活动的必要界限和内在规定；理论行为和实践行为同质化的倾向和分离化的倾向其实一样具有危险性。理论和实践、研究者和实践者、研究过程和实践过程，毕竟是区别联系而不是同质一体，即使它们面对同样的问题，提供的答案也会有质的差异而不是水平方面的差异。比如"理论面对变革实践时，首要的功能是对实践的批判与透析，对实践发展可能与方向的探究与判断，找出问题和发现新的发展空间，提供新的观念、思维方法和逻辑的依据"。提供直接的变革操作方案不是理论的直接任务，即使提供实践操作方案，"理论也以转化的方式渗透其中，成为有理论底蕴的操作方案，而不是可以不要理论的操作方案"①。顺便猜想一下，如果对于教育研究"无限责任"的批判，针对的是承担责任的不恰当方式而不是否定责任本身，又是具有相当的问题洞察力的。

　　教育研究的方式和教育理论的生成路径是多种多样的，可以通过直接关注和关联实践进行，也可以通过间接思辨而获得；直接面向实践、促进实践变革的研究也不可能只有唯一类型和途径。到底如何处理自己和实践的关系，并在关系中更好地行使自己的实践责任，我们无法靠一般的理论演绎来得出答案，但是，在这个教育大变革时期，如果研究者还想行使和体现自己的那份实践责任，那么他研究的问题和进行理论研究的基本动力构成中就不得不考虑进教育实践对理论的需求。使实践真正进入到自己的理论视野，改变相互脱节的状况，无论以何种方式认识和研究实践，但真实和准确的"认识"和"研究"却是必要的。比如了解教育变革进行的状况、推行的策略、教师对变革的反应和新的发展需求、实践发展的新空间和条件，等等。对这些问题研究者也许还不十分了解，即使有了解也许还没有现成的答案，这些都是正常的，因为正是这种不了解和没答案，才正体现了研究的必要和价值，也体现了研究不是拍脑袋写文章，它需要一个真实的经历过程。虽然研究者的专业化道路和中国教育学的生成场所（指生成的成果型，如论文和专著等）在当前可能还主要依靠学府和书斋，但同时也可以确信学府和书斋不是专业化道路的全部，实践变革的土

---

① 叶澜：《"新基础教育"论》，教育科学出版社 2006 年版，第 154 页。

地也可以作为专业化道路的重要补充或者自然延伸。因为专业化的标准和内容有时代的特征，有地域和文化的特征，还有学科领域的特征，这些特殊的规定性，将注定了我们的教育学的独特生成方式和独特形态，也注定了中国教育学者独特的成长和发展道路以及独特的理论责任和实践责任。

教育变革对教育学学科和专业的存在和发展带来的挑战、造成的威胁已经是事实；现存的专业结构、组织结构、培养模式等与教育实践需求的不匹配越来越严重。从一般意义上来讲，只要实践有理论需求，理论研究就不可能失去存在和发展的现实基础；教育学学科和专业及其载体师范院校的发展困境，其根源性原因不在于实践不需要，而在于需要和供给之间的错位，我们提供的实践不需要，实践需要的我们一时还无法提供。在危机面前焦灼不安地等待实践需求发生改变来适应我们是不可能的，能行得通的办法只能是通过自我改变和调整、通过研究和思考，在新的实践基础上根据教育发展的新需要重新自我定位。

研究者如何承担实践责任和承担哪些具体责任，可以根据实践变革不同的阶段、不同的环节、不同的方面、层次、角度和不同的立场来分析、理解和确定。从当前实践变革发展的态势看，在整体上研究者需要特别关注的方面应该有：

首先，为教育变革进行舆论清思和价值导向。当前的基础教育变革，牵动着社会的方方面面，所以，变革之前的实然存在和变革启动之后的进行状态，都引起广泛的关注。对变革是与非的评价，对变革方向的肯定和疑问，对变革成果的期待和忧虑，以及林林总总的各种需要和动机，一直缠绕在变革过程之中，或促进、或阻碍、或偏离、或归正着变革的步伐和方向。所有这些教育系统内部和外部的主体参与，虽然加剧着变革的复杂性和曲折性，但却又是变革的正常态；作为社会实践系统构成部分的教育实践本身就是在具体、丰富的社会关系中进行着，任何企图"净化"变革环境的要求都是不现实的。正是在这样的复杂关系中，教育研究者和他的教育理论也更有必要发挥它舆论清思和价值导向的作用和功能，通过研究各种主体需求和动机，本着发展教育和发展人的基本立场，理性导向教育变革朝着社会、教育的根本利益趋近。何况，在所有的参与主体中，教育研究者也是最有可能、最需要从教育发展的根本利益出发，在相对意义上超越狭隘的功利去思考教育变革的方向、性质和途径的，这是其职业身份本身固有的一种属性。所以说，如果连教育研究者都放弃了或者失去了这种责任能力，教育变革的进程和后果就更加难以把握和预测。

其次，在变革的策划和推进过程中，有些既有的理论研究和实践经验值得借鉴。在变革决策中，研究者为决策提供专业理论的支撑，减少、避免决策者受个人主观认识与经验局限，犯教育专业理论方面基础知识性错误；其作用是打开决策者思维视野和提升理论意识，帮助决策者在长远和深层意义上把握教育变革的实质、方向、任务、策略、步骤与方法等重要因素。① 变革的推进过程中，研究者"承担着提出理论和整体策划研究的任务。理论在整个研究过程中发挥着引领价值取向、促进新观念体系形成和对变化着的研究实践作出综合式的抽象，不断提出新问题和新任务，提出原则性的行动意见等方面的作用。这是站到理论立场上对实践的观照和领悟，同时也是理论研究者将自己的研究扎根到实践，到实践一线去感受教师和学生的生活，感受他们的智慧和创造，并和他们一起创造新实践的过程；是一个实践滋养理论研究人员的学术灵感和精神生活的过程"，在理论和实践的相互转换中，实践者的"实践研究不仅内含理论，而且具有发展理论的价值，是理论与实践在不同研究人员身上因统一和转换而产生的教育变革'生产力'的重要标志"②。

需要特别说明的是，"新基础教育"研究对研究者责任方式的理解和实现，建立在理论和实践、研究者和实践者的相互滋养共生关系基础之上："首先，理论深度介入实践；其次，实践深度滋养理论；第三，理论具有实践底蕴；第四，实践富有理论品位；最后，理论与实践共同变化，相互生成。"③

强调中国的教育学研究要面向实践，但不是要求所有的研究者或每一个研究者的所有研究都面向实践。如果说"不能直接指导实践的理论不是好理论"这一命题有一个隐在的前提，即认为只有一种理论，而且是指导实践的理论；只有一种实践，而且是需要指导的实践，有抹杀理论和实践形态丰富性的嫌疑。布雷岑卡的观点是有道理的，他认为，关于教育理论性质的讨论之所以进展不大，根本原因在于大多数人认为只有一种教育理论，而忽视了教育理论的多样性。他把教育理论分为三种，即教育科

① 叶澜：《"新基础教育"论》，教育科学出版社 2006 年版，第 153 页。
② 同上书，第 401—402 页。
③ 叶澜教授报告：《教育改革与教育研究——以"新基础教育"研究为例》。

学理论、实践教育理论、教育哲学理论。教育理论具有多样性，各种不同的教育理论分别有不同的指向，回答不同的问题。① 其实，从理论的功能上看，确实存在着分别指向观念、态度、思维方式、认识和行为的理论，虽然这些因素本身并不是可以分割的，但毕竟在具体的情景中各有侧重。

按照理论研究的对象分类，有"教育活动型存在"（即事实）、"教育观念型存在"（即理论认识）、"教育研究反思型存在"（即"元认识"）②，只有对第一种以活动性存在为研究对象的理论，才可以用"不能直接指导实践的理论就不是好理论"进行直接的评价。

就研究者的主观意愿方面，其理论研究的目的或动机可以是不同的。有以增加知识为目的的，如介绍一种新思想；有以解释和发现问题为目的的，如解释了在我们有限的知识范围和能力范围内无法解释的现象，或者发现了或预见到了新的问题，或者是事实存在的成为问题的东西但我们还不能意识到；第三种就是以解决问题为目的的，也就是以指导实践、改变实践为目的的理论。只有第三种以改变实践为目的的理论才能用能不能指导实践来直接提问。

笼统地说"教育学是一门实践学"、"教育理论是一种选择性理论"，笔者是赞同的。如果说"实践性"是教育学研究区别于其他什么学研究的"独特性"，则要反问：什么理论（如社会学的、经济学的、法学的等）不具有实践的性质？几乎所有的社会学科都在强调自己的生命源泉——密切关注社会实际存在着的一些现实重大问题。

本书无意于否认客观上理论的多层次性、理论形态的多样性，也无意于否认"随意的"实践活动的存在，更不是批评那些主观上无意于"联系实际"的纯粹个人化的理论偏好和需要，但本书研究的理论是那种以

① 关于教育理论性质的认识主要有三种。第一种观点认为，教育理论是（或应该是）科学理论（严格意义上的自然科学性理论）。应像自然科学理论一样，教育理论不以实践为价值取向，没有实践意义。这种观点以奥康纳为代表。第二种观点认为，教育理论是（或应该是）一种有着与科学理论不同目的和结构的"实践理论"。教育理论的意义就在于通过规定性的或建议性的理论陈述，为教育实践提供理性原则。这种观点以赫斯特和穆尔为代表。第三种即为布雷岑卡的观点。我国学者陈桂生教授对布雷岑卡的"三分法"进行辨析，在其基础上提出了教育理论"四分法"（教育技术理论、教育科学、教育价值理论、教育规范理论）。其基本思想与布雷岑卡无大异。他们所进行的分析，只是揭示了教育理论的四种特性或取向，而不是三种四种独立形态的教育。参见张应强《教育中介论——关于教育理论、教育实践及其关系的认识》，《教育理论与实践》1999 年第 2 期。

② 参见叶澜《教育研究方法论初探》，上海教育出版社 1999 年版，第 306—307 页。

实践和实践问题为研究对象，同时为实践变革而研究的具有建设性的理论；本书研究的实践是那种滋养理论，又需要理论滋养的实践。虽然以实践为研究对象的理论不一定就能"指导实践"，以改变实践为目的的理论不一定使变革完全"合目的"，但这已经是一个认识局限性问题，不是本书研究的问题。

那么，什么样的理论是好理论？引进研究者个人的立场和视角，即从研究者的主观追求上说，以增加知识为目的的理论，确实增加了知识；以解释和发现问题为目的的理论，确实解释和发现了问题；以解决问题为目的的理论，确实解决了或能解决问题——至少提供了解决问题的一个思路，即使还不是完全可能和可行，才是好的理论。或者反问：打着解释、发现和解决问题并引导实践变革的旗号，但又不能引导变革，或者影响了实践，但花的代价比取得的成效大，能被称作好的理论吗？

本书对中国特色的教育学的问题分析和对本土化教育学的问题定位，最终都是在"理论和实践"这对关系之中，以对中国教育实践是否有价值和意义，以及有什么样的价值和意义为标准来评判的。两种类型的研究，问题之所以成为问题，也都是因为有一个共同的"实践诉求"没有给予满足；虽然不能要求所有的研究都要转向实践，但可以说，当前的中国教育学研究缺少面向实践的研究，当前的中国教育实践变革需要面向实践的理论研究——这是理论和实践之间的相互"苛求"和"渴求"。因此，中国教育学研究实践立场的确立，不能只从"教育学的品性"中寻求理论的支援，因为它的根系完全可以扎在实践的现实需要这个更加真实和浑厚的生存土壤中。

这个判断不是本书的原创，许多的中国教育研究者从教育学发展历史的角度、从教育现实变革的角度、从中外教育学关系的角度、从教育学研究性质的角度，提出教育学研究或教育理论研究应朝如下方向发展：走向丰富的教育实践，直面教育现实、以研究问题为主，在实践中寻找自己的生长点。① 教育哲学界从定义理论本性的角度，揭示教育理论和教育实践

---

① 杜时忠：《教育学研究什么？》，《教育评论》1997 年第 3 期；丁静、周峰：《20 世纪我国教育学的演进与反思》，《学术研究》1998 年第 1 期；方建锋、何金辉、周彬：《教育理论的世纪回顾与展望——全国教育基本理论专业委员会第七届年会综述》，《教育理论与实践》2000 年第 3 期；王洪才：《教育学的三重视界》，《北京师范大学学报》（人文社会科学版）2000 年第 4 期；杨移贻等：《问题及其出路》，中央文献出版社 2000 年版。

的功能性关系：（1）教育理论是反映过去教育实践的一种科学手段；（2）教育理论是认识现时代教育实践的一种有效工具；（3）教育理论是设计未来教育实践的一种理想蓝图；（4）教育理论对教育实践有着充分的指导价值。① 解决理论与实践的关系问题，在一定意义上可以说，几乎成为当前教育学研究者最大、最棘手的问题之一，但同时也是实践者最迫切的一个愿望。

面向实践、基于实践、为了实践，不仅是一个学术问题，而且也成为当前研究者的一种学术信仰、学术责任。看来，这个中国教育学研究中的"老"问题，确实需要再一次的理论"回炉"。

当然，解读实践、把握实践的方式可以是多样的，或者直接参与式的行动研究、或者直面实践的观察研究、或者借助理论工具的透视研究；每个人可以依据自己的偏好、研究的目的或者根据自己的条件做出个人化的选择。本书在理论和实践关系上的一贯主张却是鲜明的：在经验环境和形而上学环境的交互作用中，更具有产生科学理论的可能性。

三 中国教育学研究的教育学立场

（一）教育学学科地位的历史反思

对我国教育学在人类学科系统中"自主意识"、"独立意识"、"地位意识"的觉醒和反思，发生在教育的功能和价值在现代社会被充分提升的大背景下；社会发展对教育提出了更多的要求，教育发展对教育理论的依赖性更强、要求也更高。在这种情况下，一方面教育实践对教育理论产生了严重的"缺失"感，另一方面教育学对教育实践的应答无力从而使自身产生"危机"。为了应对这个危机，教育学研究者首先通过成熟的相关学科的发展模式来透视教育学，或通过"方法"比较，或通过"范式"比较，寻找教育学发展的软弱、不足，以及教育学地位低下的根源。一般认为，与相关学科相比，或者教育学研究的方法不够"科学"，或者是理论范式不成熟，对相关学科的研究方法、框架、思想、问题，甚至措辞有着过分的依赖和顺从。相关学科给教育学发展的贡献多多：引发"问题"意识和提供对问题的解答，提供分析和解决问题的途径、对学科进行自我

---

① 《全国教育哲学专业委员 2000 年年会综述》，《教育研究》2001 年第 8 期。

反思的评价模式等，但教育学除了贡献出自己的领地被相关学科"殖民"，其他方面的贡献却了了，这就是教育学在广大学科群中一直没能获得"应有的席位"、得不到"应有的尊重"的根本原因。

例：教育学接受哲学的三种方式①

第一，哲学概念、范畴直接进入教育学，如实践、认识、对立、统一、生产力、上层建筑、经济基础、矛盾、主体、客体、归纳、演绎等，近年来西方哲学的一些范畴也进入我国教育学中，如理解、范式、研究传统等；第二，教育学把哲学作为前提性认识基础，由哲学观形成教育观，其思想方式是从逻辑学、认识论、形而上学、伦理学的基本理论中推演出教育的结论来，采取了"演绎法"，如马克思主义哲学观对教育学研究的影响，从"劳动创造了人本身"推导出"教育起源于劳动"；第三，教育学运用哲学观中所蕴涵的思维路线和方法，充分发挥哲学的方法论功能。

但前两种运用方式在教育学研究中比较常见，运用哲学观中蕴涵的思维路线和方法分析教育问题，从总体数量和水平上都还处于初级阶段。不仅对哲学的接受方式是如此，对经济学、文化学等各种相关学科的接受也有类似的情况。

因此为教育学争取在人类学科群中的地位，就成为众多教育研究者不能释怀的一种理想；为了实现这个理想，也以不同的设计方案对教育学进行了"形象重塑"。比较有代表性的按照出现先后大致有这样几类：

第一种倾向是拉近与自然科学的关系，促使教育学"科学化"，依赖实验和定量的方法，以验证或求证客观知识或发展规律。教育学"科学化"对我们来说不是一个新鲜的命题，早在 20 世纪初科学主义思潮在中国首次兴起的时候就呈现一时，如今旧话新说，社会的和文化的背景以及学科发展的状态和"科学化"的目的已经大不相同，对"科学性"的内在追求也发生了很大程度的变化。改革开放以后，提出教育学研究的科学化，意识形态覆盖一切的现象有所好转，但却滑向了另一种偏向，就是过分突出了单一的"科学"眼光，对科学的理解基本上是处于"经典时期"，即强调规律、强调普遍主义的适用性，方法上是形式逻辑的，而且要寻找一个"完善"的同时也是广泛适用的、固定的研究体系。这一时

---

① 摘编自侯怀银《教育学对哲学的接受机制及其内化》，《山西大学学报》（哲学社会科学版）2001 年第 5 期。

期的"教育学"形象被这样塑造："教育科学是研究教育规律的各门教育学科的总称……在教育科学的孕育、形成和发展的过程中，既出现了研究教育一般规律的教育学，又出现了研究教育领域某一方面规律的各门教育学科。教育科学就是所有这些学科的总称。" "在教育科学的基础学科——教育学形成过程中，从19世纪末20世纪初开始，教育学一方面逐步与其他有关学科相结合，产生了一系列新的教育学科；另一方面，它本身又逐步分化为许多相互联系的不同教育学科。经过几十年的结合与分化，所形成的一套教育科学体系，正在向完备的方向发展。"①"教育学就是研究如何培养青少年一代的科学。"② 同时，对现有教育学也多用"科学性不足"等话语进行批判，如认为凯洛夫的教育学，试图以马列主义为指导，阐释社会主义的教育问题，但科学性、逻辑性不足；或认为教育学研究对自然科学迟钝无知，不敢向自然科学越雷池一步；自然科学惊天动地发展，社会科学义不容辞要急起直追，与之并驾齐驱等。如果说在中外教育学关系中中国教育学要"追赶"西方，在教育学与自然科学关系上，教育学则也表现为强烈的"追赶意向"。

第二种倾向是仿照相关学科，试图去发现和丰富教育学的富有原创性和衍射力的"视角"和思维方式。理由是：因为人类已经学会从哲学、经济学、心理学、社会学的角度看自然和人生，所以也要学会"从教育学的角度看，人类如何，社会又如何？"学会用教育学的思考方式去思考问题。与经济学和社会学等学科的思考方式类似，教育学的思考方式也应包括：教育学科特有的研究对象；教育学科的基本问题；共同构成教育学的措辞和教育学科的概念术语系统以及与此有关的语言表述风格；教育学科的基本假设和解题模型；教育学科对世界的观察、理解和解决方式；教育学科研究者的角色和身份。③ 教育学未来的发展和地位，就取决于它为人类学科系统的贡献大小。有自己的研究对象；有行之有效的研究方法；有本门学科的学术范式；有科学共同体，④ 几乎成为公认的学科之所以成为学科的标志。

---

① 《中国大百科全书·教育卷》，中国大百科全书出版社1985年版，第162、163页。

② 刘刚：《教育学研究中的几个问题》，《教育研究》1979年2期。

③ 参见李政涛《教育学科与相关学科的"对话"》，上海教育出版社2001年版，第245—248页。

④ 杜时忠：《论教育学的存在依据和认识方式》，《教育理论与实践》1997年第1期。

第三种在传统的两大类学科（即自然学科和人文社会学科）朝着相互渗透方向发展的大背景下，结合教育学研究对象的复杂性、变化性和教育研究的目的和任务，把教育研究的性质定位于"事理"研究——即"探究人所做事情的行事依据和有效性、合理性的研究"①。事理研究不同于一般的现象研究，满足于对现象进行描述和说明；也不同于一般的精神研究，而是为了成事，为了办好事情而开展的研究；教育研究是一种"既要说明是什么，又要解释为什么，还要讲出如何做的研究，包含价值、事实和行为三大方面，且三大方面呈现出三种时态（过去、现在和未来），涉及活动主体与对象、工具与方法等多方面错综复杂的关系。如此的复杂性，是对物的研究与对精神的研究都未面临的"②。而与之相应，教育学也因其对象的复杂性、方法的综合性和因为要成事（而非一般的描述事实）而需要多视角地认识事物，而被定位于"综合学"。在另一种时间维度的意义上，由于教育学的"发展需要与条件、方向与内容、研究方法与方法论、研究价值及功能的发挥等，在很大程度上与时代发展状态相关"，所以教育学也属于"时代学"之列。③时间维度的加进，其实也从另一个角度揭示了教育学的复杂和综合特性。

除了从学科性质上规范教育学科的努力外，也有人从教育学价值上，尤其是从实用价值的角度来寻找教育学学科地位低下的原因，提出要提高教育学的应用性、操作性，以期对教育实践有直接指导的作用等。

（二）中国教育学研究的教育学立场

1. "为人学"、"事理学"与教育学学科立场的客观性

"综合学"和"时代学"描述了学科发展的基本趋势，但是还没有揭示出作为一门独立学科的教育学与其他学科相比自身的独特规定性。而"为人学"和"事理学"，一个从目的，另一个从活动方式和活动领域的角度，揭示了"教育学"作为一门学科的独特性和不可替代性。④

---

① 叶澜：《教育研究方法论初探》，上海教育出版社1999年版，第322页。

② 同上书，第324页。

③ 叶澜：《世纪初中国教育理论发展的断想》，《华东师范大学学报》（教育科学版）2001年第1期。

④ 叶澜教授于2004年2月29日下午，在北京师范大学题为《当代中国教育研究若干问题思考》的讲座中提到，教育学是一门"时代学"（更新性）、"事理学"和"为人学"。

"为人"从目的上区别了教育学与其他学科的根本差异。当然，对"人"的研究不局限于教育学这一门学科。政治学和经济学对人的"自利性"和"理性"研究是充分的，它们构成了政治学和经济学基本的人性假设；人本主义心理学发现和强调了人的非理性一面；社会学强调人是家庭、社区、教育、文化、种族等多元因素相互作用的产物，或者说揭示了人的社会性。各个学科从不同的角度提出对人的看法，丰富对人的看法，使人更趋于真实和具体；现在各个学科和社会生活的各个领域，很少再把人的属性孤立化、片面化，也就是说，对人的看法都向着真实和具体趋同。无论在经济领域、社会领域还是在艺术文化领域，每个具体的人，既是自利的，又是理性的，还是德性的、社会性的、非理性的，教育中的人也是如此。但是，以上相关学科对人的研究和对人的认识，最终不是指向的具体的人的成长和发展，而是作为一个人性假设、一个认识性的前提，去分析和规范政治活动、经济活动和人的各种社会活动的方式；研究人的目的是为了认识自己的活动领域，认识活动领域的目的又是为了政治的、经济的和社会的活动目的，而活动的目的已经远离了对人的直接关注，尤其远离了对人的"成长"的直接关注。只有教育学，是以"成"人作为自己的直接目的和最终归宿。

从学科角度来看，教育学对人性的认识必须是综合了其他学科对人性的发现，在承认人的各种属性的基础上提出自己对人的看法，即人是复杂的、具体的；但如果仅仅停留在这样的认识，还不足以说明教育活动方式的独特性即教育事理的独特性，还有必要从教育活动的独特性上来区分教育学和其他学科的差异。从活动的对象和目的上区分"教育活动"和可能产生"教育影响"的其他活动，首先教育活动不同于其他以物或以精神产品的生产为直接对象的社会生产活动，它是有意识的以人为直接对象的社会活动；其次，教育不同于其他有意识的以人为直接对象的活动，如医疗活动、社会服务活动等，教育是以对人的身心的发展产生影响为直接目标的。[①] 从教育活动面对的人的具体性和教育活动的目的性来看，教育中的人，是未完成的、是需要完成的，是有待教育有效协调组织各种社会因素来完成的；教育的一切组织和行为，都是为了"成"人。而教育学，就是在研究"成"人的教育活动中形成的"为人之学"。

---

① 参见叶澜《教育概论》，人民教育出版社 1991 年版，第 7—8 页。

教育学的独立性和教育学的独特性不是一回事，但独特性是保障学科独立性的一个重要或根本的因素。教育学的对象不是一个孤立的客体和因素，而是由教育的"活动领域"、教育"事理"和教育活动的"为人"目的决定的一个与众不同的"研究领域"，这个"研究领域"的独立性和独特性是客观存在的。因此，教育学的独立性问题，不是对象的不独立（它的独立性是一个事实），也不是研究方法的不独立、知识的不独立、措辞等的不独立（它们是可以共用的，但由于教育事理的独特和教育活动目的的独特，在方法、知识、措辞的运用中，又可能或必然表现出教育学的独特）。

在知识分化背景之下，知识的独特和认识独特知识的方法的独特以及由此形成的措辞系统的独特是学科划界的主要标准，那么，在知识、方法、问题重叠的背景下，又是什么最终决定了学科的差异性身份？知识融合并不意味着知识的差异性消失，它可能意味着两大知识系统分庭抗礼局面的不再，而让位于更加复杂的多元知识的共存和相互沟通。同样，学科界限模糊不等于说学术研究的分工不再存在；知识和问题的广阔复杂以及聚类性存在、研究个体的有限性（无论时间和空间）等有可能还继续强化学术分工和学科分歧。这种观点同样见诸于美国科学委员会1996年的研究报告："我们当然不是主张社会科学领域中废除劳动分工观念，而且这种观念继续可能以学科的形式存在。因为我们并不处在一个现成学科结构已经瓦解的阶段，而是处于受到质疑而继续存在的时刻。"[1] 此外，"学科可以起到锻炼头脑、疏导学术能量的作用"[2]，无论从知识本身的角度，还是从主体认识知识和创造知识的角度，也都为劳动分工、学术分工和学科分歧提供了现实的存在可能性和必要性。

其实，也正因为问题和知识聚类存在的客观性、劳动分工和学术内部分工的客观性，决定了所处不同"场域"的各种学术共同体之间有对"资源"、"利益"的纷争，有只能沟通但不可能完全等同的基于价值追求之上的学科立场的分歧。

我们不能通过属加种差的方式给学科立场进行定义，但可以确信的是：（1）学科立场与知识本身的客观差异和聚类性存在有关，但对知识

---

[1] 转引自孟卫青《教育研究的跨学科取向》，《教育评论》2003年第2期。

[2] 华勒斯坦等：《开放社会科学》，刘锋译，三联书店1997年版，第101页。

分类过程中采取的聚类标准是不断变化的，除了经典的"科学"和"人文"二分或"科学"、"人文"和"社会"三分知识的作法，另外还有舍勒的知识多元论：社会范围不同，某种类型的知识的重要程度也就不同，某种知识的特殊地位是由某一社会范围赋予的。知识的诸种类型——神学的、神话的、哲学的、社会心理学的、实证的、感知的、技术的、科学的，等等，可以在三大标题下聚合：技艺和功效的知识、文化的知识、解放的知识。后一种知识使人通达圣贤之境。① 但知识的差异，最根本的是由活动"事理"的差异决定的。学科立场问题还可以从布迪厄关于"场域"的理论②、托马斯·库恩关于"科学范式"的理论（详细论述见后文）中得到一些理论上的支持。（2）知识、问题、方法、措辞可以重叠甚至共有（公共的知识领域越来越大、问题越来越多，但不排斥私有的、独特的知识和问题仍然存在，如教育学中的课程、师生关系等），但立场不可以通约而只能是沟通和对话，因为"领域"的"空间"差异决定了立场的稳定性和与之相关的目的、价值等的不可游离性，如技术学领域，技术本身可能是目的，而教育学领域，技术在更多的意义上却是手段。（3）立场虽然不能机械分割公有的知识、问题、方法成私有的财产，但却决定了视角，使一个客观的"对象"产生不同的"图像"，进而分化出不同的提问方式和解题思路，并使同一种方法在使用过程中发生效用的变化和使用方式和目的的差异，如实验方法、叙事研究方法等在教育学的运用，其旨归决不停留在获得客观的结论或叙事本身。（4）最后归结为一点，学科立场和从事某一领域知识研究的人及其知识信仰有关。库恩认为，哪怕是物理学，如果没有至少是暗含的一套相互关联的理论与方法论的信念，以容许作选择、评价与批评，那么自然史就不可能获得诠释。这套信念不是"事实"自身发展或对"事实"本身探讨的结果，而是与更

---

① ［法］让·卡泽纳弗：《社会学的十大概念》，杨捷译，上海人民出版社 2003 年版，第45—46 页。

② 布迪厄看来，一个分化了的社会并不是一个由各种系统功能、一个共享的文化、纵横交错的冲突或一个至上的权威整合在一起的浑然一体的总体，而是各个相对自主的"游戏"领域的聚合，而这种聚合不会被压制在一种普遍的社会总体逻辑下。社会生活在现代是通过将自身分割为政治、经济、审美等不同的场域而存在的。每个场域都规定了自己特有的价值观，拥有各自的特有调控原则，而且各自特有的逻辑和必然性不能转化为对其他领域的控制和支配原则。场域之间的关系也不是一劳永逸的，彼此之间在一种支配和反支配的动态关系之中。详细参见 P. Bourdieu and L. Wacquant, *An Invitation to Reflexive Sociology*, Chicago：Univeisity of Chicago Press, 1992. pp. 97 – 112。

广泛的社会思潮紧密相连——或者是通过流行的形而上学、或者是通过另一门科学、或者是通过个人的和历史的偶然事件来提供。① 科学，尤其是与人文价值紧密相连的社会科学，是必须从实践着它的社会文化与政治的整体结构中加以考察的，它永远也不可能被归结为一套被割裂了的学术规范的内在思想历程，它总是要涉及在某个学术和科学的体制之内工作着的活人，而且还要坚持他们同时代大多数人所共有的关于现实的性质的假设，因此，不能把科学发展和体制、和学术工作赖以进行的社会思想环境分割开来。

2. 在"教育学立场"观照下的教育学研究问题

在学科立场的视野之下，对一些要研究的现象或问题就可以通过变换观察角度进行新的理解和解释，同时也有可能使走向困境的研究获得新生的机会：

（1）学科立场问题不是凭空臆想的东西，而是由"事理"差异决定的"研究领域"的独特性决定的。在学科制度化的过程中，立场问题不是不存在，只不过是以潜在的、隐匿的形态存在着。与学科"范式"相比，立场是先在的。立场决定了看待同一对象的不同角度，即视角。但视角不同，不等于不同学科都必须有不同的问题、知识、方法和措辞，或者说，视角不同，可以表现为问题、知识、方法和措辞的差异，但视角不等于就是问题、知识、方法和措辞。

这里需要特别强调的是，在本部分出现的"范式"术语，是特指中国教育学的研究范式或中国教育学研究中表现出的对范式的特别理解。即从客观、理性主义立场出发，对一种客观的、固定的研究"范型"的追求。它特别表现在学科体系、理论体系的建设中，如前面所谈到的"教材范式"。在库恩的"科学范式"中，范式不仅是一种客观的范型，而且包含了学术共同体的信仰、价值。

（2）我们批判"范式"思路，但不是否认范式的存在或不要范式，只要学科差异存在，学科范式就客观存在着。在没有学科立场的状态下，首要的问题是要"建立"一个范式，至于如何建、靠什么建立等并不容易做深入探究，因为到最终大概还是脱不掉与相关学科已经成熟的学科范

---

① 参见托马斯·库恩《科学革命的结构》，金吾伦、胡新和译，北京大学出版社 2003 年版，第 15 页。或 Thomas Kuhn, *The Structure of Scientific Revolutions*, 2d ed. Chicago, 1970。

式的关系。而在学科立场觉醒之后，建立范式就不再是一个首要、被作为前提的充要条件，思考的重心落在：相关学科的范式是怎样形成的，是什么决定了在共同研究对象上的学科差异？进而对教育学范式问题的探究重心就有可能由空想式的要"建立"一个独一无二的范式，转换成更加可能和可行的对现实问题的思考：即如何在问题的研究中"生成"教育学研究范式。因为脱离了对现实问题的研究去讨论建立教育学的范式或确定教育学的视角，是无法讨论清楚的，或者说，这类的问题，不是靠讨论能够清晰的。

教育学不能去直接面对不属于教育学的问题，如文化冲突问题、知识的权力建构问题、自由问题、民主问题和社会公平问题，但教育学可以通过自己的方式去回应这类问题，问题的关键在于如何把这类公共的问题转化为教育学问题，即用什么方式去提问和解释问题，用什么方式去解决问题。而在问题的转换、解释、解决过程中，已经蕴涵了自己的不可通约的立场（参见表4-1）。

表4-1　　　　　　　不同立场下对技术发展应用的认识分殊①

	技术学立场	教育学立场
直接目的	为发展技术而发展技术；或推广到降低生产成本，提高工作效率等	人的更好发展，如增加知识、更好达成教育管理、教学等目标，更方便交流信息等
评价指标	技术本身的复杂性、先进性（最尖端是最好的）	对教学目标的达成、对教学内容的组织和传输、对教学过程的推进等是否是最适当的（最适当的是最好的）
技术与人的关系	为技术本身的发展和应用，可能导致技术和人的对立	根据人的需求选择技术的种类和使用方式；寻求技术和人的有机的关系

教育学的问题、教育学的解题思路、教育学应用方法的方式和目的等，便由立场内生出来，而不用通过考究相关学科的范式特征来从外部"类推"。

同样，教育学的措辞也在教育问题的理解和解释中形成；不能因为思想界有尼采式、罗素式、韦伯式、福柯式的措辞和文体，就以此指责教育

---

① 其中，"技术学立场"的提法和内容是根据叶澜教授和"新基础教育"实验学校老师的座谈记录材料整理。

学的亏缺。在措辞上，允许有可能也必须有学科自己的"方言"（与公共的话语系统不同），但这些方言要满足至少两个条件：一是从问题中内生；二是必须能对话和交流——不仅对外能交流，在学科内部也要能够交流。

教育学作为一门独立学科的基本问题、框架、措辞、文体等，就是在研究教育"事理"的过程中形成的。

（3）如果认为教育学必须复演一遍相关学科曾经的发展道路，这一定位确实导致这样的认识：教育学科和相关学科存在着"科学化"或"范式"化水平的差异，这个中间地带是教育学必须走过的和无法超越的，无论在时间维度还是在范式成熟度上，教育学对相关学科的依附和顺从将不会结束；教育学必须加速发展才能赶上相关学科的步伐，除此之外没有捷径。在这种认识下，教育学的发展思路只能是这样的：关注相关学科的发展动态、及时纵身到相关学科的最前沿，但却又忽视了，最"前沿"对一门学科来说主要不是从相关学科那里拿来的；虽然研究"对象"（对一个具体的对象，如知识）甚至研究的"问题"（如知识建构问题）可以是共同的，但对于一门学科来说是最前沿的问题，对另外一门学科来说，并不意味着一定是首要的、最大的、最迫切的问题。

可以再回顾一下学科发展的历史常识，学科制度化从一开始就不是在所有的文明国家进行的，由于各自不同的学术传统和文化差异，即使在制度化的主要地区内部，对于制度化的标准和学科的划界也并未取得一致意见，如在科学化问题上德国和美国的分歧。当然，在现代科学技术、经济和政治制度等方面属于后发的国家存在的一个在学术上最容易出现的倾向，就是复制先发展国家的学术建制和学科分类以及研究范式，也同其他领域的模仿照搬一样，而不顾在先发者内部的发展逻辑和它们对一些既成制度的修正和调整，中国出现这样的倾向也不属于什么不可思议的现象。

不过，也还是有一些例外，如非洲和拉丁美洲甚至一些西方国家，"它们力图将社会科学和自然科学的专门知识结合在一起，对于学科界限没有什么太多的顾忌"[①]。这些尝试也许成功也许失败，但是，它至少说明了，学科建制和学科规范，有共识，但不唯一，也非固定不变。如果从社会结构和文化结构的差异性上分析，学科建制的中西差异更是难免的。

---

① ［美］华勒斯坦等：《开放社会科学》，刘锋译，三联书店1997年版，第110页。

（4）在我国，与其他学科交叉形成的新兴教育学科，对教育学自身的发展无疑起到了应起的作用：一是把教育学从一度的政治学的话语中和凯洛夫的范式中解放出来（如客观上拓宽了研究的领域、丰富了研究的层次）；二是打通了与社会其他领域交流对话的通道。当然，交叉过程中也确实出现诸如教育学贡献出了自己的领地，而自己却失去了发言的讲台或被别的学科"殖民"等现象。但这种现象出现，只能说作为教育学的研究者是从其他学科的立场出发研究了教育学的问题，或者说教育学立场还处于沉睡的状态，但却不能归谬于其他学科立场本身。

以教育社会学为例，我们不能批判教育社会学的社会学立场，而是要讨论，在处理一些教育学和社会学交叉或共有的问题时，社会学的立场给教育学对此问题的认识提供了什么帮助，又有什么局限；站在教育学的立场上，应该怎么办？至于社会学的立场和视角本身，是无须批判的，因为它们是教育学需要的，无论从事理研究的角度，还是从"综合学"的角度。

在批判交叉学科的时候，我们可能更在乎是不是顺从了、模仿了一些形式上的东西，但如果从一开始就着眼于分析相关学科立场的价值和局限性，在这个意义上，不仅决定了教育学立场本身存在的价值，而且决定了由立场决定的教育学视角的不可替代性。在这种思路中，我们研究的问题发生了方向上的转换，即从单纯批判转道进入如何可行性地进行建设。

（5）从功能和目的上区分开理论教育学和实践教育学（本书指为教师实践提供直接指导或帮助的教育学，不是作为一种哲学思潮的"实践哲学"）也许是可能的，理论教育学除了为具体的研究提供理论工具，还要从思想和方法上训练专业的教育研究者，而实践教育学旨在根据教师的专业结构需要，提升专业素养。两类专业者的专业化要求不同，相应的专业设置肯定不是一样的，试图用一门学科包囊两种专业结构、以期使两类专业者在一门学科中造就，在现实中确实存在着诸多现实的困难。因此，关注实践而非实践理性，不能算做低层次的关怀；同样，关注学科规范而不关注问题，也不能算做高层次的追求，两种关怀都是必需的，在理论上不存在忽视谁、关注谁的问题。理论教育学要去研究一门学科的基本问题，可以不涉及具体事件的解释和解决，但实践教育学恐怕就需要另辟蹊径，至于如何拓宽研究视野、如何确立新的问题，恐怕就不是他们应该直接承担（不是不承担）的责任。但无论是哪一种教育学，总是要与实践建立共生共长的相互滋养关系，这一点是确定无疑的；在这个意义上，两种教育学又是相关的。

（6）新学科不断涌现，旧学科或发展、或被淘汰，都属于历史常规。新学科能涌现，其实正说明它自身的生命力所在，至于要不要在学科范式的成熟度上与旧学科比较高下，也许不是最最重要的；在知识分等级的时期，学科等级曾经有过，将来怎样也不好预料，但我们从事教育学的研究，并不是期望在新的学科标准下对现有学科等级重新划分，教育学能跃上"皇冠"做明珠，而是要求做好能做的、做好应该做的事情，在诸多问题上，尤其是关系到教育自身的发展问题时，有教育学不可或缺的立场和声音。

也许，学科立场不是决定学科差异的最终的决定因素，也不是唯一的决定因素，比如，有人认为"研究对象是学科划分的初级标准，而学科划分的根本标准只能是学科的学术规范"，学术规范是"思考问题的思维范式与研究方法"；由于"各门学科研究对象之间出现'共有化'，此时划分学科边界不再是研究对象而代之以学术规范"①。

到底是什么决定了学科差异，用什么来衡量学科价值，这本身是一个可以见仁见智进行探究的问题，是一个需要很多后继研究的问题。

在以"科学规范"和"相关学科范式"作为教育学范型，追求教育学独立性、合法性地位的过程中，教育学和教育学研究者几乎体现出一种近乎"殉道"的精神。但是，教育学和教育学者膜拜"科学"、尊重"范式"，但科学和相关学科并不因为这种"虔诚"而给予相应的回报。

其实，当我们在强调教育学科没有或缺少自己的独特的研究问题、独特的研究方法以及独特的话语方式的时候，其实就是在以"科学"标准对教育学科建设的规范性意义上来说的，当有一天教育学从规范而且也仅仅是从规范上被科学大家族承认了，教育研究获得了在科学阵营的安身立命之所，是否意味着教育已经失去了它自身的发展的无限开放性和自由性，而不得不在科学规定的命题、方法、对象、话语方式里，进行有限的创造？而当我们不以科学的或相关学科的固定"范式"削减教育学时，我们是否会发现教育学科的发展道路会豁然开朗一些？"如果说，以传统

---

① 罗教讲：《浅谈学术规范在我国社会学发展中的作用》，《江苏社会科学》1999 年第6 期。

科学标准构建出来的科学宫殿不可能有教育学的位置，那么，在新的科学家园的建造中，我们会不会因还在追寻'昔日旧梦'而丧失作为成员的资格呢？"①

四　研究案例

（一）文化学和教育学中的"文化研究"

1. 有关文化学和教育文化学

（1）文化学

"文化"作为一个独特的领域被发现和研究，归功于人类学家。② 文化作为一个概念普及在中世纪的后期，其含义近似于"文明"，指的是"有学问"。18世纪随着大学的发展，学科的制度化进程加快，历史、政治、经济、军事、艺术和宗教等学科相继成型，但还有一些领域如风俗、礼仪等找不到归属，这一独特领域便由人类学家收入人类学的囊中并以"文化学"冠之。以 E. B·泰勒和摩尔根为代表的古典进化人类学家为文化学的概念体系形成、研究领域的确定做了奠基性的工作，此后涂尔干、克罗伯、刘易斯、怀特等人为文化学的发展做了持续的努力。

20世纪30年代，文化研究归属于人类学，一般认为人类学应该包括体质和文化的研究；而在文化人类学中又侧重研究文化的起源和原始形态。20世纪中后期，西方人类学发展成为与社会学并列的两个重要研究领域，包括了体质人类学、考古学、社会文化人类学、语言学四个分科，并结合应用于现代社会研究，如现代民族的心理、性格、文化模式、文化变迁、文化生态、社会结构等和其他与现实密切相关的社会、经济、政治、经济、教育与文化等问题。就"文化研究"而言，重心也从远古文化转到现代文明，从原始人转到现代人或文明人。

随着文化研究范围和内容的扩展，以及对文化概念理解的变化，现在的文化已经不再是当初在既有学科领域无法安身而到处流浪的文化了，虽然它仍然精灵般地四处游弋，但却是由于自身的次次蜕变，不仅从固有的

---

① 叶澜：《世纪初中国教育理论发展的断想》，《华东师范大学学报》（教育科学版）2001年第1期。

② ［美］怀特：《文化科学——人和文明的研究》序，曹锦清等译，浙江人民出版社1988年版，第1页。

原始领地解放出来变成了可以处处为家的一种生存和生活方式，而且成就了一批与文化相关的学科，文化人类学、政治文化学、经济文化学、建筑文化学、食文化，等等，从雅到俗，从古到今，无不包揽。大多数的人文社会学科把"文化"纳入自己的麾下时，同时也接受了文化的考量和洗礼。

"文化"得到了前所未有的自由解放，但是"文化学"的尴尬却并没有解除；文化学能不能成为科学，有没有必要成为一门独立的学科的问题，并不因为文化研究的繁荣而得到解决。从学科发展的角度看，文化学至今仍然是制度化不完全的；到目前为止，在文化学发端较早的欧美各大学中，还没有设立与文学、哲学、历史学等学科并立的系科。文化向外扩张着，但同时被其他领域分享着。

（2）教育文化学

教育文化学无疑是文化学和教育学联姻的直接产物，无论如何定位教育文化学的性质（交叉、边缘学科或者是文化学的应用学科），教育文化学以教育学和文化学为基础性学科是毫无疑问的。但问题是这两个基础性的学科，按某种既定学科标准衡量，都似乎离"名正言顺"还有距离。所以，教育文化学的学科存在也是个"悬案"。好在虽然是"悬案"，也并没有影响到我们建构教育文化学的热情和兴趣。

教育文化学"研究什么"，对这个问题的回答是首要的。有人认为教育文化学以"教育文化"为研究对象或重在阐发"教育的文化本质"[1]；还有一种是把教育、文化以及人的活动进行等价，认为教育的认定不能不诉诸于教育即"文化之传承"或"教育的文化传承也是文化"这一定位，而教育的文化研究或者是教育文化学研究的最终和最坚实走向是教育文化人类学的谱写，走向人类学的描述和说明。[2]

从目前的研究事实来看，对教育学和文化学关系安排有下列方式：

一是做并列结构使用。把教育学和文化学，教育和文化并列起来，多集中在对教育与文化及其相互的关系研究，这在教育文化学建设和发展的早期比较多；再一种情况是把教育和文化等同起来使用，教育的本质就是文化，或者教育是文化这种超有机体的生命机制。

---

① 刁培萼：《教育文化学》，江苏教育出版社 1992 年版，第 19—20 页。杜时忠：《我国教育文化学研究的回顾与前瞻》，《江苏教育学院学报》（社会科学版）1998 年 3 期。

② 白明亮：《文化的教育思考》，《教育理论与实践》2001 年第 10 期。

二是偏正结构使用，其中又分两种情况。其一，是从文化学或者文化的视角看教育现象或教育中的文化现象，也就是对教育和教育中的文化现象进行文化学的或者文化的解释，如对校园文化、组织文化、管理文化、课程文化、教师和学生文化、班级文化、研究文化等的研究，就是把文化学的概念、理论和方法应用在这些教育文化现象的认识和分析上。至于什么是文化学视角，一般认可是用文化学的范式、基本原理、范畴作为分析教育文化的工具①；也有人认为是将教育本身的文化特点、文化类型、文化创造、文化增生、文化碰撞等进行"文化还原"。②其二，是文化的教育思考③，或者文化的教育学思考。大体思路是把教育中的现象做"文化还原"后，再用教育学的视角来思考。如有人认为仅把课程进行文化本体还原还不够，还要把课程作为"教育学化了的文化"来澄明其文化属性。课程文化的教育学性品质主要指课程文化特有的内在性（相对于外在性、他律性而言）与超越性（相对于滞后性和适应性而言）品质。④

2. "文化学"对"教育学"的影响

二十多年来，文化学对教育学的主要影响集中在"文化是什么"、"文化是怎么样的"以及"如何研究文化"（研究方法）等方面。

（1）文化是什么

有两个文化概念对教育学中的文化研究影响比较大。

泰勒的"复合体"或"总和"概念。文化或文明，就其广泛的民族学意义来讲，是一个复合整体，包括知识、信仰、艺术、道德、法律、习俗以及作为一个社会成员的人所习得的其他一切能力和习惯。⑤还有一个是《中国大百科全书》的文化定义，即广义的文化总括人类的物质生产和精神生产的能力、物质的和精神的全部产品。⑥

这两个经典定义往往被糅合在一起，来认识和界定教育中的各种文化

---

① 胡斌武、吴杰：《试论课程的文化学基础》，《西南师范大学学报》（人文社科版）2004年第5期。

② 周浩波、王永峥：《走向文化研究的教育》，《现代教育研究》1996年第1期。

③ 白明亮：《文化的教育思考》，《教育理论与实践》2001年第10期。

④ 郝德永：《课程与文化：一个后现代的检视》，教育科学出版社2002年版，第378—392页。

⑤ 转引自夏建中《文化人类学理论学派：文化研究的历史》，中国人民大学出版社1997年版，第20页。

⑥ 《中国大百科全书》哲学卷（Ⅱ）中国大百科全书出版社1987年版，第924页。

现象，如学校文化是指一切集合于学校环境中作用于学生个体的文化要素，是一种文化复合体；是一种文化生态；是指校园物质文化、校园精神文化以及制度文化的总和。另外教学环境、课程文化、校风、特色学校、班级文化、研究文化，等等也多以物质、精神、制度的复合体和总和进行定义。

格尔茨等人的符号学的文化概念。① 格尔茨等认为文化是由人自己编织的"意义之网"，是任何社会都具有的特质，它隐藏在各自的"生活方式"中。这个文化概念和后现代的文化观一起，把文化下放到平凡世界和人生活世界的各个角落，文化就是生活本身、生存方式本身。与之相呼应的教育中的文化，如学校文化、班级文化等也就成了生活方式、行为方式、做事方式和处世态度了。

（2）文化怎么样（发展）

文化进化论、文化传播论和有关文化变迁的文化发展理论，都多少影响过教育学中的文化研究，但是多在早期"教育与文化"的关系研究中被使用。其中比较共识的是对教育与文化的相互功能性关系的表述，即教育和文化既有相互依存、相互制约，又在相互依存、相互制约过程中变化和发展。教育是文化发展的生命机制，但文化本身也是一种强大的教育力量，或作为教育发展的背景起控制作用，或通过文化价值观制约着对教育目的、地位、作用、内容以及方式方法的看法；文化成就了教育，文化变迁和文化流动制约着教育的变革。

不过，当前也有观点对"教育是文化传承工具"这一命题进行解构与批判，如从课程文化的角度，认为课程是文化传承的工具这一理念与命题演绎出来的文化锁定现象、逻辑与机制，致使课程虽然传承文化，但却不是文化，扮演的是一种"文化筐"与社会主流文化"传声筒"的角色。这是文化灌输式和文化占有式教育和学习的深层依据。②

不同文化交互作用下文化的发展观，即文化的冲突、融合和多元观等，在对中国传统文化和外来现代文化、教育中的多元文化等关系的认识上有着较大的影响。"多元文化"一度构成教育学研究中的热点。

---

① ［美］克利福德·格尔茨：《文化的解释》，韩莉译，译林出版社1999年版。

② 郝德永：《课程与文化：一个后现代的检视（自序）》，教育科学出版社2002年版，第1—3页。

（3）如何研究文化

文化学的基础性方法——差异比较法。文化学研究的早期，以文化的一致性作为前提或以寻找文化的一致性为目的的研究比较普遍，而且受社会学和心理学的影响比较大。所以怀特才说，社会学和心理学提出社会行为科学的一般原则，但这些一般原则假定为全人类所共有，因而无法说明民族、部落之间的文化差异；而且，被限定在一种文明，即西方文化的框架内。① 所以他提出文化科学研究的是文化差异和文化的多样性。其实，从文化研究的历史看，无论是为了寻找差异文化背后的一致性，还是基于尊重差异存在而进行的差异研究，都无法回避"差异"和"多样"本身。

与差异性研究直接相关联的就是比较研究方法的运用。也可以这么说，文化学研究从一开始就和比较方法缔结在一起。

比较法不是文化学特有的，而且教育学中的比较法也许不是文化学的直接贡献，但是对文化差异性的认识和尊重，与比较的方法结合在一起用以研究教育中的文化差异的现象却比比皆是。如科学文化和人文文化、传统文化和现代文化、民族文化和外来文化；乃至教师文化和学生文化、教育文化和社会文化，等等。

文化学的标志性方法——田野方法。哈登、拉德克利夫—布朗、马凌诺夫斯基的田野工作理论和方法，尤其马凌诺夫斯基的"移情"理论，一度成为"文化人类学"研究工作的最高指导原则和标志性方法。

田野研究方法和各种质的研究方式，开辟了教育研究中微观具体叙事、回归生活的一种新的研究方法领域，成为宏大叙事研究的有益补充。但值得提出的是，文化学的方法被引进教育之后，并不局限于对"文化主题"的研究，它们和其他各种质的研究方法一起，被用来作为"具体研究"、"微观叙事"的工具，渗入到教育研究中的各类主题。

文化学的发展性方法——解释学的深描。格尔茨对移情进行了新的解释，提出了自己的"深描"理论，他认为研究者对异文化的了解有"经验接近"（即用当事人的概念语言贴切描述出该当事人的文化建构）和"经验远离"（即用学术语言或研究者自己的概念语言描述所研究的异文化）的程度差异，对当事人文化的全面描述应该是经验接近与经验远离

① ［美］怀特：《文化科学——人和文明的研究》，曹锦清等译，浙江人民出版社 1988 年版，第 19 页。

的并置。①

"深描"和田野方法一样，到教育领域中并没有只用来或者主要不是用来做"文化研究"的；从目前的研究状况看，用"深描"的方法来深描教育现象的主张多些，但真正做到用"深描"的方法对教育现象进行深描的研究却并不多见，即便是有，也多用力在描述上，内在的研究品质在深度上还有些欠缺。

（4）其他文化理论对教育学的影响

本尼迪克特的文化模式理论②，在教育学的文化研究中一般被用来强调民族文化模式的差异以及民族的特定文化模式对教育的特殊制约作用，另外在说明学校文化的特殊性和特色学校时也会被涉及。③

米德的代际文化传承（前喻、后喻和互喻文化）和"代沟"研究④，一般作为认识现代社会背景下师生的认知关系（教师的知识权威身份瓦解）和人际关系的理论依据，用来为师生关系平等，为学生文化的合理和合法做理论支撑。⑤

文化的分类研究也影响到教育学中的文化分类和相应文化性质的确定，比较普遍的表述方式或研究结论如：

学校文化是与企业文化、家庭文化、社区文化等相并列的一种区域文化，属社会文化的"亚文化"范畴；是根植于民族文化和城市文化，又超越于大众文化，由相对独立的社会精英分子创造和分享的精英文化；是对校园主体进行精神性启蒙的启蒙文化；还有人认为是"潜文化"，等等。⑥

---

① 夏建中：《文化人类学理论学派：文化研究的历史》，中国人民大学出版社 1997 年版，第 330 页。

② ［美］本尼迪克特：《文化模式》，张燕、傅铿译，浙江人民出版社 1987 年版。

③ 夏云强：《特色学校建设的文化原理》，《湖南社会科学》2003 年第 3 期。

④ ［美］米德：《三个原始部落的性别与气质》，宋践等译，浙江人民出版社 1988 年版；《代沟》，曾胡译，光明日报出版社 1988 年版。

⑤ 丁敏：《师生冲突的文化因素探析》，《苏州科技学院学报》（社会科学版）2003 年第 3 期。

⑥ 李才农：《广义学校文化论》，《江苏教育科学学院学报》（社会科学版）1994 年第 1 期；侯长林：《校园文化略论》，贵州教育出版社 1991 年版；厉以贤：《校园文化是社会文化的反映》，《光明日报》1990 年 5 月 30 日；刘佛年：《在全国教育改革会议上的讲话》，《教育学》（人大复印资料）1987 年第 1 期，等。

3. 文化研究对教育学的贡献

（1）拓展了教育学的研究视野

文化学帮助教育学发现了教育和文化的关系以及教育文化和教育中的文化，这无疑是一个研究领域的拓展和丰富。文化学对"文化是什么"的回答和理解，使教育学中的文化研究在"教育与文化"的并列关系之外，又开辟了一种文化研究领域，即教育不只是文化传承的生命机制，而且教育本身就是文化，就具有文化性；教育有了文化的"本性"，而文化本身是丰富的，所以教育从而也被赋予了新的内涵和使命。尤其是当文化从物质与精神财富的总和被阐释为生存乃至生活方式时，文化与任何和人有涉的东西就更加息息相关了。在这个概念下，教育中的一切现象、一切人、一切行为方式都被用文化来解释，文化与教育的关联也更加直接和全面。文化学为教育目的、内容、形式乃至教育本身的全面性提供了一个新的学科视角的支持和论证。

课程与文化也是近年来比较集中关注的一个课题。从 20 世纪 80 年代末期引进国外课程理论始，课程的文化学分析也逐步进行。90 年代以后，对课程的文化研究涉及文化传播、社会文化结构与学校课程改革、课程的文化学内涵、文化传统与课程、多元文化与课程改革、文化变迁与课程等主题。目前这方面的研究比较具体，科学课程的文化性[①]以至语文、数学和英语等学科的文化属性和文化问题都有涉猎。[②] 英语教育中的文化问题受瞩目的是跨文化交流和交际问题。[③]

（2）改写了一些教育基本命题和理论

文化观念的输入，对教育学中一些基本的理论命题进行了不同程度的"改写"。如：

教育目的：一定文化的传承者。由于文化概念内涵的丰富性，所以作为文化传承者的受教育者比作为社会"建设者"和"接班人"的受教育

① 于海波、孟昭辉：《科学课程的文化学研究：内涵、价值与走向》，《教育理论与实践》2004 年第 3 期。

② 曹明海：《语文：文化的构成》，《语文教学通讯》（高中刊）2004 年第 4 期；李尚生：《关于"语文"的理论解读》，《福建教育学院学报》2003 年第 1 期；金志远：《课程文化研究述评》，《中小学管理》2004 年第 7 期，等。

③ 杨军红：《试论英语教学中跨文化交际能力的培养》，《全球教育展望》2001 年第 6 期。

者有了更多的发展空间和可能；至少理论上讲是这样。

教育本质：教育的本质不是传统上所讲的"政治本质"、"经济本质"，而是一种文化本质。① 用文化的观念理解学校教育，对教育的考察就从"生存手段"转变为"生存本身"，这样理解的教育就不仅具有"工具价值"，它所获得的教育价值是使学校教育的全部价值与整个人类的发展和人类生活联系起来。② 相对于教育的社会功能和人的功能，教育的文化功能是"本体"的。③

教育过程：从文化的角度看，构成教育过程的基本要素是人和文化。既然教育的目的是学生的发展，那么教育过程也就必然是学生与文化之间的双向建构活动。教育活动从本质上看是属于学生的，而且也只能是属于学生的。④

师生关系：文化发展的目的是不断发展和解放人的个性，教师应该改变知识占有式的教学方式，把文化的内涵注入教学中，培养学生反思、自主、建构性的知识观和审美文化观，使学生自由发展，让课堂焕发出生命活力。⑤ 在学校、在教室这个"文化生态圈"中教师角色应该被界定为"平等中的首席"，要从文化知识的传递者和文化权威变成知识的诠释者、组织者；从师生之间的对立者转变为对话者。⑥

教育研究取向和研究方法论：文化学中有田野文化与书斋文化的区分，从这个角度看，教育研究过于"书斋"而缺乏对"田野"的关照，避免文化隔离寻求文化沟通必须对研究的趋向进行改造，理智的改造思路是走进田野。⑦ 文化学的视野实现了一个方法论的飞跃，使我们可以从人的实存状态来理解教育，透视教育与人类的联系，把握教育在人类生存中的意义，并超越表象文化深及教育的观念文化，进而更深刻地认识教育的

① 陈伟：《多学科视域中"高等教育"范畴研究之述评与新探》，《湘潭大学社会科学学报》2001 年第 1 期。

② 韦庆华：《论学校教育中的文化思维》，《扬州大学学报》（高教研究版）2001 年第 1 期。

③ 胡德海：《论教育的功能问题》，《西北师大学报》（社科版）1999 年第 3 期。

④ 梁燕玲：《教师观的批判与发展——文化学的教师观》，《西北大学学报》（哲学社会科学版）2003 年第 1 期。

⑤ 巫肇卉、靳玉乐：《课堂的文化学思考》，《当代教育科学》2004 年第 7 期。

⑥ 丁敏：《师生冲突的文化因素探析》，《苏州科技学院学报》（社会科学）2003 年第 3 期。

⑦ 杨启亮：《走进"田野"：课程研究理论化趋向的改造》，《山东教育科研》2002 年第 11 期。

本质，实现对教育的内在批判，同时在实践上真正确立学校教育的文化性格。①

还有观点认为，应从两个角度来认识课程文化，即方法论意义的课程文化和对象化的课程文化。也就是说，课程文化既是一种用文化的眼光认识课程的思维方式和研究方法，也是一种具有实体内容的和对象化的文化结构。②

（3）为教育学中一些理论困境尝试文化（学）的出路

当教育学的一些基本问题框架对教育研究视野的局限性被意识到的时候，便有人尝试了"文化"突破。如认为教育研究只注意到教育的政治、经济问题，尚不能触及根本，文化问题才是教育理论的核心问题。③ 教育与人的发展的关系和教育与社会发展的关系，是教育基本理论建设的两条道路，并且在这两条道路上的发展已经有若干困境。教育基本理论的第三条道路是"教育的文化研究"。④ 具体如教学理论研究发展的时代性构架，有人认为在新世纪来临之际也应该是"文化—生活—哲学"。⑤

（4）强化了两个"特殊性"意识

一是从文化的民族性来认识我国教育研究的文化制约性和教育文化使命的特殊性。从强调文化差异性和问题独特性的角度出发，提出教育研究必须重新认识"教育知识"赖以产生的文化性、情境性，并从真实的文化情境中寻找教育问题的方法和答案。⑥ 也有人要求我国的比较教育学研究必须对自身所处的文化殖民的背景以及它自身的殖民化作出深刻的反思，投入到去殖民化的历史过程中去，在文化的异质性和丰富性的宽阔基础上，建立起自身的学科同一性。⑦

当代中国教育的文化使命问题也受到重视。有人指出，首先要在思维

---

① 韦庆华：《论学校教育中的文化思维》，《扬州大学学报》（高教研究版）2001 年第 1 期。
② 金志远：《课程文化研究述评》，《中小学管理》2004 年第 7 期。
③ 杜时忠：《我国教育文化学研究的回顾与前瞻》，《江苏教育学院学报》（社会科学版）1998 年第 3 期。
④ 董标：《教育的文化研究——探索教育基本理论的第三条道路》，《华东师范大学学报》（教科版）2002 年第 3 期。
⑤ 郝志军：《我国教学理论的时代重建》，《教育理论与实践》2003 年第 5 期。
⑥ 王海燕：《试论教育研究的文化意识》，《江苏大学学报》（高教研究版）2003 年第 2 期。
⑦ 项贤明：《比较教育学的学科同一性危机及其超越》，《比较教育研究》2001 年第 3 期。

上突破原来单一凝固的主流文化格局，转向对多维变化的关注；① 文化在教育中的功能应提升，它将是形成学生对周围世界和自己的一种积极而理智的、富有情感和探索、创造意识的态度和作用方式，是开发学生生命潜能的一种力量。②

二是教育的文化特殊性，也被作为问题进行研究，如学校教育的双重文化属性、校园文化与其他文化在文化主体和文化生成方式上的差异、校园文化的独特结构特征③等问题已经被论及。

4. 教育学借鉴文化学过程中的问题

教育学向文化学借鉴了许多，借着这种学科滋养，教育学也获得了应有的成长。但是在学科借鉴过程中也存在一些问题，不能不引起我们的审慎思考。下面以列举的方式呈现一些问题和现象：

（1）想当然的演绎论证方式比较普遍。有两种情况的演绎，一是因为文化学这么说，所以教育学就这么说；因为文化学这样理解文化，所以把教育看成是文化或者有文化属性，教育就可以回归"本源"了。二是由理论向实践的演绎，因为文化学或者文化理论这么说，所以实践景观就应该如此改变。一般情况下缺少进一步的追问，即文化学"如此看"的依据是什么？教育学要像文化学"那么看"的依据又是什么？这种简单的演绎研究给人的感觉是：引进其他学科知识、理论和方法的兴趣大于研究教育问题的兴趣。

（2）泛文化和泛教育的倾向比较明显。教育是文化现象和教育等于文化是有区别的，泛文化和泛教育既不利于文化研究，也不利于教育研究。文化无所不在、无所不包，什么现象都可以用文化解释时，"文化"也往往就什么也解释不出了；"泛教育"的结果也是一样。

（3）传统文化和传统教育文化是打不开的一个结。重视、活化传统好像已经是一个不言自明的价值追求，但如何使传统"活"在教育学中

---

① 叶澜：《世纪之交中国学校教育的文化使命》，《教育参考》1996 年第 5 期；叶澜：《面向 21 世纪新基础教育》，《新华文摘》1999 年第 10 期；黄书光等：《中国基础教育改革的文化使命》，教育科学出版社 2001 年版。

② 叶澜：《面向 21 世纪新基础教育探索性研究结题总报告》，《新基础教育探索性研究报告集》，上海三联书店 1999 年版。

③ 辜伟节：《学校：校长·教师·学生互动发展的文化共同体》，《江苏教育学院学报》（社会科学版）2002 年第 4 期；鲁著：《校园文化特征与结构探析》，《山东教育学院学报》1999 年第 1 期。

却还是一个没有论证的问题。西方的作为学科的文化学对中国教育文化学研究的影响大；而中国作为领域的文化研究，如对传统文化的研究，以及在西方学科范式下对中国文化的研究，尤其具体到文化内涵、文化形态和文化相互作用机制等的研究反而很薄弱。

（4）教育学中的文化问题和教育中的文化问题还不是很清晰。就世界范围而言，当前面临的文化问题是传统文化和现代文化的断裂问题；精英文化和大众文化紧张问题，以及知识分子的文化信仰危机问题。① 但教育学中的文化问题是什么，教育中的文化问题又是什么？它们与普遍的文化问题和文化危机有怎样的相关性和融通性？这些问题显然还没有引起重视。

（5）"文化研究"的实践功能较弱。文化研究多用来为新的教育观念的变革做舆论的支持，提供一种除了哲学、社会学等之外的文化学的基础或视角，但教育学中的文化研究和教育实践中的文化建设却很"隔膜"。

（6）有些领域性的缺陷，比如研究了相对新鲜的课程文化，但对中国有着悠久历史的教学文化却没有给予相应的重视。

（7）文化学的田野研究，有时候还作为所谓"理论功底"有欠缺的研究者的选择：因为做不了理论研究，所以选择田野方法。这种对于研究方法的取舍原则，其实暴露出来的是对于"田野研究"的严重"误解"。

这些"借鉴"问题可以引发我们对教育学与其他学科相互关系以及对教育学自身发展的思考。学科借鉴不等于简单的知识移植或想当然的理论演绎，借鉴过程中产生的问题有借鉴方法不恰当的原因，但有时也是其他学科在直接阐释教育现象时存在着的天然局限造成的。其他学科的视角也许独到或深刻，可它对教育的透视总是"他者"的，即使是比较成熟的学科，也不可能在教育之外给教育发展勾画出一幅完善的图景。所以，"借鉴"不能代替教育学自身的发展，教育的图景需要其他学科的润色，但更需要教育学自己的描绘。

（二）"教师专业发展"：观念和实践

1. 他者视角：西方社会学的立场

---

① ［英］戴维·钱尼：《文化转向：当代文化史概览》，戴从容译，江苏人民出版社2004年版，第12页。

　　在西方，职业伴随着社会分工出现早已有之，但"专业"分化发展并和职业相互关联彼此提升社会地位的历史却并不久远，17—18 世纪以来欧美国家资本主义进程中知识尤其科学理性知识的发展和分化以及高等教育的发展催育了"专业"的分化和成熟，也同时提升了"专业人员"和"专业实践"的社会地位；同时也可以反过来说，社会现代化进程中相应的社会实践活动领域的分化和地位提升，也滋养了高等教育领域中相关"专业"学科的发展和社会实践领域"专业"人员的权威形象的树立。这种状态一直持续到现在。

　　专业化时代，专业品位和职业地位建立起牢固的共生共荣关系，通过认定教师是专业和参照专业标准促进教师"专业化"发展的方式来提升教师的职业素养和社会地位就是最合乎情理的现实思路。1966 年，联合国教科文组织与国际劳工组织在《关于教师地位的建议》中提出：应当把教师职业作为专门职业来看待；1996 年第 45 届国际教育大会，就"加强变化世界中教师的作用"主题再次强调通过给予更多的自主权和责任、在职培养、参与变革、运用新信息和通信技术等提高教师的专业性和专业地位。[①] 20 世纪 60—80 年代的欧美国家，工会主义（通过谈判、罢工提高社会职业地位）和专业主义（通过提高入职标准提高社会职业地位）外和里应，在教师数量和学历提升到一定限度的时候转向教师本身的"专业发展"，并以社会学、心理学等所谓科学的学科视角和方式厘定专业的知识和能力结构以及发展阶段（如教师职业发展周期研究、教师效果研究、教师认知加工研究、教师实践知识研究、教师生态文化研究等[②]），并逐步使教师专业发展最终变成教师专业群体和教师专业实践内部的、本身的事情，对"工会主义"、专业组织和严格入职标准的倚重也变得相对不那么强烈。

　　把教师当作"专业"看待，在对教师职业性质或者属性的认识上实现了一次超越。工业化以来，古代社会教师与生俱来的某种非世俗性（担当社会道义伦理教化和传播神圣旨意）逐步淡化，"教师"重新参与了世俗的社会分工，教师职业变成了社会的一个寻常"工种"，教师也被

---

　　① 参见教育部师范教育司编写《教师专业化的理论与实践》，人民教育出版社 2003 年版，第 23 页。

　　② 详见岳欣云《教师研究的反思与再探究》，博士学位论文，华东师范大学，2005 年。

作为一个"技术员"、"操作员"或"教书匠"来看待和培训，这种状况一直持续到"教师专业发展"的理念提出才有一定程度改观，即认识到教师职业不纯粹是一种"操作"性实践活动，而是内含着创造和智慧，伴随着知识的增长和创生。说是"一定程度"，说明对教师职业的认识还是在原有社会学职业观的思维框架、思维模式和价值引导下进行，主要表现如下：第一，科学标准。把教师认定为"专业"，参照的是传统科学理性的知识分类、学科分科和研究范式约定俗成的标准。第二，外在标准，或者以其他职业的专业特征做标准，如按照律师、医生、建筑师等的专业性特征来规范教师专业发展，或者以专业发展的保障条件作为标准，如专业制度、权威组织、资格认证和评价制度等。第三，以现实中出现的实践问题作为判断标准，如教师素质状况的低下、教育质量的降低等作为教师"准专业"或"非专业"的判断依据。从教师实践活动本身的复杂和独特为依据做出判断和提出专业要求，还主要是用来迎合外在标准而不是把它作为教师专业的内在根本依据。

在"全球化"的语境下，中国的"教师专业"概念和"教师专业发展"实践其实和早期的"专业"等很多概念和实践一样，都是国际交流和向外借鉴的产物。欧美对于教师职业和专业的认识源自其悠久的充分发展分化的知识传统和专业传统，而且和社会现实秩序等相互辅成，如民主政治和法律制度、工会制度、宗教信仰、慈善组织、心理关注、诚信文化、社会保障，等等，更有相应的文化观念系统为底色进行调和和泽润，如生活价值观等。在一定意义上，把教师作为"职业人"强化教师的职业属性或者专业属性，同时也有庞大的社会辅佐系统来减少、抑制和驱除职业的"异己"现象。西方专业发展的观念追求和实现方式是在其文化一体化中进行的，当把"教师专业化"的观念和实践向我们的文化现实中挪移时，必然伴随着一个和历史文化习俗、社会心理习惯以及客观现实条件相互适应的"本土化"过程，也会有"教师专业发展"的新问题、新情况出现，进而要求一个立足本土的有关"教师发展"的自主目标确立和自主实践规划。而专业或专业人员要经过长期的专业教育；具有专业自主权；严格的专业规范和伦理要求；不可替代性；较多的自由时间等这些所谓被国际或普遍认可的专业标准①，既可以成为中国教师发展被重视

---

① 参见陈永明等《教师教育研究》，华东师范大学出版社 2003 年版，第 98 页。

的表现，也可能成为促进教师发展的有效力量和手段，但是，如果推行实施中不从现实文化差异和现实发展问题出发，"教师专业发展"标准及其谋划，也可能演变成狭隘教师发展的新束缚和新阻碍。

2. 中国现象："教师专业发展"的问题

在借鉴和使用"教师专业"、"专业发展"等概念以及促进策略的进程中，确实滋生了一些新的问题和现象，不论这些问题和现象是共性的还是个性的，但都是需要认真思考和对待的"在中国的问题"，而对这些本土问题的谋划和思考，才真正构成中国教育学的"学科基质"。

第一，文化层面，一定程度上强化了教师的"器用"属性。中国传统文化中的"君子不器"（《论语·为政第二》），以现代的眼光看，也许可以从以下两个角度来演绎它的内涵：一是在社会价值和功能意义上要求人有超越职业（社会角色）给定的社会担当，类似"天下兴亡，匹夫有责"，这也是中国社会的传统价值取向；二是从生命个体意义上期望着人拥有从社会角色的原宥中把自我、真我和完整的我抽离出来回归"天然之我"、享受"本然之我"的基本能力和超然态度。人生存于世上，要通过完成社会角色规定的基本职责和义务来创造和改善自己的生存基础，但纯粹生存意义上的存在却又一直是中国传统文化尝试超越的对象，无论在社会道义，还是在自我价值。虽然"社会人"较之"个性人"、"群体"较之"个体"更受传统文化青睐，但不拘泥于特定社会角色尤其是职业角色的限定，让人在更广阔的社会和精神空间"超然物外"地畅游却也体现了传统价值观境界的豁达和明朗，而这种境界，却又是关乎日常人生色彩和质量的。

提倡对"器用"的超越，其实也从另一个角度证明了"器用"的社会功利文化在现实中的存在，而近代以来随着西方教育制度引进，教师职业在中国的发展和演变，其实契合的也正是中国传统的"器用"文化。传统社会中"天地君亲师"的理想形象和"传道、授业、解惑"的社会使命，在传统社会成就了教师的社会认可程度，但附着在教师身上的这种社会道义光环却是现代社会职业观不愿意容纳的，以至于一度演变为理论讨伐的对象。"专业"发展思路是西方社会文化和知识专业发展的惠赐，在我们接受它的观念和实践思路的同时，其实也已经发生了对自己文化传统中教师角色意蕴和价值的针对性取舍，其中的"器用性"成分无疑被以现代职业和专业的方式进行了充分强化。

第二，事实层面，教师职业生活世界和个人生活世界的彼此分离和相互纠缠。职业生活和个人生活（指相对于职业生活来说，外在于职业生活的社会生活、家庭生活等）的分离是现代职业对人的要求，也是现代人的生存"常态"，现代教师作为一个"职业人"也不能例外。现代职业观念把职业生活和个人生活区分开来，可能有助于教师摆脱附着在自己身上的"神圣性"或"超世俗性"，从而正视和追求自己作为日常人的正当物质及精神利益，享受作为一个社会个体应该拥有的世俗人道关怀，不一定必须以圣喻代言人或卫道士的超世俗形象规范自己的全部人生（如安贫乐道、为道献身以及"春蚕"、"蜡炬"的隐喻）。在理想层面或者理论逻辑上，"专业"及其"发展"似乎可以孤军挺进而不"打扰"教师的个人生活世界，但事实上在社会实践领域，这种相互无涉的状态很难实现。首先是现代社会分工以来，虽然不再以神圣性来充盈教师社会形象而要求把个体的全部生活内容和生命内涵也裹挟进去，但却开启了另外一种主导性的职业发展观念，即以职业需求规范人生而不是以人的存在考量职业的价值取向。就我国对教师的职业要求或专业发展要求，以及促进教师专业发展的现实策略来看，也同样没有放弃对教师个人生活质量和整个生命状态的强影响和强干预。

"幸福指数"是最近在学术领域和公共话语领域都比较活跃的一个术语，它成为描述人们对自己的生存状态、生活方式和生活质量满意程度的一个重要指标。随着社会的发展，人们普遍感受到了生活幸福感降低，幸福指数下降也似乎很能成为一致认同的事实。虽然造成这种结果的因素会比较复杂，但职业本身的固有性质和幸福感高低变化的关系，可能远不如现代化的工作节奏感和紧张度、现代化的职业要求和评价方式，以及现代的规范科学管理模式等来得密切。职业倦怠增加，幸福感降低，身心健康状态受损似乎变得司空见惯。而当前在教师"专业发展"旗帜下对教师的发展要求，可能也成为加剧幸福指数下滑的因素，因为各种名目的专业要求多是以加法的方式横向扩张地附加在教师的日常工作之外，从而导致了职业生活的扩张并形成了对教师个人生活的侵越；反过来，教师的个人生活时空被缠裹涡旋进职业生活，即使在最私人的生活领域可能也不得不接纳职业生活紧张压力的弥散和渗透。人的生理和心理发展周期，社会化状态和水平等也许在所有参与现代化进程的国家地区中都能找到共性，但是中国教师的职业生活和个人生活，以及职业生活和整个生命状态之间可能有着更复杂和特殊的粘连。从精神境界和社会道义上"春蚕"和"蜡烛"的显在规范和隐喻寄托也许都不存在，但为适应"专业发展"要求，确确实实又迫使教师殚精竭虑支付大部分或者整个的生命能量在"职场迎战"中获得所谓"人生成功"。

第三，教育层面，人的立场缺失。把教师作为职业人，从职业发展的角度思考专业属性和专业构成以及专业发展，是社会学的研究视角。它选择的焦点是职业，而被作为背景的恰恰是教育学要关注的完整的人、完整的生命状态。

教育学视野里的人，是需要从完整意义上去把握和观照的。但是，教师职业世俗化过程初期，在工业操作模式下形成的教师职业"训练所"的形式和实质依旧延续，所以往往无法守护"教育"之所以为教育的完整性。当我们从普遍意义上惊呼大学因为社会功利驱动蜕变为"职业训练所"、忧心"大学精神"的沦丧时，其实也都没有来得及具体检讨作为高等教育一部分的"教师教育"在"教师发展"意义上"教育内涵"的缺漏，自然也没有考虑到继续教育阶段"教师专业发展"意义上教育属性的应有完整性。

缺少教育学视角的全面的、人道的观照，不考虑教师的社会生境和职业生境、社会生存方式和职业生存方式而孤立强调专业化发展，可以预料的结果就是以"专业主义"的方式实现新型教书匠的速成，而"新"与"旧"的差异不过在具体的匠心和匠技，而其本质意义不会有变化。"专业主义"实践可能成就作为职业人的教师，但未必能从成"人"的角度实现教师作为完人的发展；任何"专业主义"都可能成就专业成功的教师，但在改变教师整体的生境和生存方式方面的作用可能就有太多局限；专业发展无疑会促进教师素养内部结构的变化和调整，但却未必一定增加教师的职业幸福感和人生完满。

不过需要说明的是，虽然专业发展过程中出现许多新的问题，但"专业发展"仍然是一条继续要行走的道路，在专业时代，以专业的方式成就职业地位是一个无法舍弃的有效的途径，更何况良好的专业结构和规范不仅有助于促进知识、理论的生长，也有益于成就教育事业和教育中的人，其中包括教育者自身。即使专业标准有局限，也可以通过重新审视和发展专业标准的方式使之趋于合理和有效而不是加以简单否定，而且，在对教育的专业性和复杂性还没有获得完整体验和认同的情况下，尝试以专门知识、专门理论的方式呈现给公共学术领域以获得一定理解从而构建对话基础，并进而获得对教育事业和教师发展等问题的社会理性关注而不是随意批判和干涉，对于教育研究者来说也是不容推卸的责任。

3. 自主重塑：中国教育学的综合创新①

重塑，意味着对教师专业发展相关的一系列观念的重新认识，其中包括教师和其职业的关系、教师职业价值观以及教师发展观等；自主则意味着这种认识主体是中国教育研究者自己而不是"西方"或者其他某某学科关于教师问题的怎么想和怎么做，是基于我国教师发展的现状和问题，在本土性和教育性的契合上思考适宜的"中国教师"发展之"应然"（包含专业发展的应然）；对"中国教师发展"问题的思考和措施，既无法依据原汁原味的"西餐"模式料理出来，也无法在其他学科领域直接进行"处方"复制；广泛借鉴之后的"本土"重建、充分开放之后的"教育"综合，便是中国教育学关于教育问题自主重塑的应有意蕴。

第一，职业和人的关系。从人的尺度去衡量职业，而不是从职业的尺度去规范整个全程的、全面的人生，关注教师发展，不是关注他如何教和作为职业者的存在，而是关注他作为一个完整的人，如何生活得更好和生活得更有质量，这种思考符合当今需要的时代精神，也是人道思维的一个结果，更是中国传统文化的一个内核，最重要的还是改善中国教师生存状态和生命质量的一个现实需要。职业人生和人生相关，但不是人生的全部；而作为完整人生的渴望和职业质量又有着密切的关联，职业生涯因为人生的丰实厚重衬托和滋养而更加美丽和璀璨。打通生活世界和职业世界的关联，但又不以牺牲个人生活为代价，通过两个世界的合力汇聚为内在精神生命质量的提升。在提升教师职业的专业品性或者促进教师专业化时，教师成为全面的受益者而不仅仅是"奉献者"、"牺牲者"和得到局部知识和能力的增长，这是中国教育学视野中的教师发展期待。

第二，教师职业价值观。教师职业不仅有利他性（社会功能，育人作用）和谋生方面的利己性，教师还是其职业本身内在尊严和欢乐的直接开发者、享用者；教师职业实践不仅要发展人，而且还是教师自我发展

---

① 以"新基础教育"研究的"教师发展"观为例。主要参见叶澜《"新基础教育"论》，教育科学出版社 2006 年版；叶澜、白益民等《教师角色与教师发展新探》，教育科学出版社 2001 年版。

的重要场所和途径,是教师实现自己丰富的生命价值的主要方式;教师职业实践的外在价值和内在生命价值统一于实践中的创造,而创造则成为教师职业尊严与欢乐的源泉。① 对于职业价值的认识更新,也促成了要突破教师专业发展的范围去认识教师发展的广阔性和丰富性。专业发展突出的是专业人员所应该具备的专业理论、专业技术等,而中国教育学中的"教师发展","关注的是作为具体而丰富的人(而非工具)的整体发展问题。专业发展是人的整体发展的重要,且与其他方面的发展相关的构成,但不是全部。"②

第三,教师职业属性观。首先,教师的职业是种精神事业,所以更需要以精神的自由态度参悟职业生活中的挫折和成就,保证教师的实践体验有某种内在的精神利益的满足和获得,应该也存在于、符合于日常的情理。事实陈述的、科学思维取向的、以工具理性为重的、不能顾及教师作为人的尊严与需要的"教师是什么?"的追问方式,应该以"教师是谁"的提问方式来置换,因为"教师是谁"的追思不仅包含了对教师应该做什么的内涵,而且还包含了"教师应该如何度过其教育教学生涯才有意义"的意蕴。③ 其次,从教师实践本身的特性,尤其是教师实践对象的独特性来思考教师职业的属性,可以发现,对于育人来说,仅仅局限于教学知识和技能的"专业结构"和"专业素养"的范围,似乎有种不可避免的欠缺;也就是说,实现"育新人"目标,教师需要的发展远远不只是目前专注的专业发展范畴。对教师实践的特殊性尤其是教师实践对象特殊性的认识逐步深化,从另外一个角度对新型教师做出了新质的规定,即当我们逐步正视学生的多元需求和发展时,也应该顺理成章地正视教师的多元需求和发展。单一的专业评价造成对职业的过度沉陷,而谋求改变是正视和尊重多元发展需求,并把它作为扩展教师职业内在属性的基本依据。

第四,教师发展条件和途径观。在教师发展问题上,发展条件被认为是困扰和阻碍教师发展的一个重要问题,从大的社会文化传统和现实生存环境,到具体的职业生存条件,如"没有时间"、"缺少机会"、"能力匮乏"等总是作为教师不发展或者发展缓慢的正常而似乎又无法质疑和改

---

① 参见叶澜等《教师角色与教师发展新探》,教育科学出版社2001年版,第3—17页。

② 叶澜:《"新基础教育"论》,教育科学出版社2006年版,第358页。

③ 叶澜等:《教师角色与教师发展新探》,教育科学出版社2001年版,第31—32、38页。

变的堂皇托词。如果我们坚信教师职业实践应该成为教师实现自我价值和人生完满的一个平台，那么也同时应该坚信教师的发展同样不能脱离开其日常实践活动另寻他途；立足日常实践、改变教师日常时空结构和功能来追求和实现教师的累进式的、真实的观念和行为改变，才可迈出持久和稳固的前进步伐。

立足日常，即不脱离具体的日常实践，不通过"换工作"（调离职业岗位）或者"换工作环境"（脱产进修或者其他离开日常工作岗位的方式）寻求发展，也不能寄希望于通过各种名目的脱离日常状态的公开课、示范课来实现发展。在习惯思维中，"日常"的东西往往由于过于熟悉而变得不被关注，因此它不构成我们研究的对象，更不认为它就是我们通往生命自觉的开端和走向新境界的基础。但理论研究和实践经验证明，当前中国教师发展恰恰需要通过教师每天都要进行的学校活动，即课堂教学和班级建设来进行；通过改变学校日常活动方式来改变师生在学校的生存方式，改变教师作为大纲执行者和已有知识传递者的被动生存方式和职业角色定位，即通过"研究性变革实践"来促进教师发展。① 没有观念可以脱离具体的实践或行为过程而进行改变，这种行为可以不是直接的，但却是关乎自己经验的。真实的发展其实就是在事务中求境界，事功中求超越，把日常工作视作一个历练过程，并在过程中通过体验反思，成其所是，又非其所是，在"成"与"非"的辩证中实现发展和超越；这种超越很日常但又不是纯粹的日常经验积累所能及。

对教师发展的新要求和新期待既然不能通过增加教师的额外负担来进行，那么最直接的可行方式就是在改变教师的日常时空结构和组合形态中开拓发展新空间。教师的时空在量上是恒定的、有限的、不容改变的，但教师固定时空结构的内部重组却是现实可能的，而结构的改变，意味着功能的改变，也意味着特定时空中生命形态和生命质量的变化。"研究性实践"就是在理论研究和实践变革的复杂综合中而不是"研究＋实践"的加法结合中，去松动特定时空系统网络中牵制和束缚教师发展的"死结"，实现理论研究和实践变革的相互促进和有机关联，从而在有限时空

---

① "研究性变革实践"是内含变革理论的实践，是教师超越自己经验具有更新指向的实践，是创生性实践，是将研究的态度、意向和内容，贯穿到实践全过程和多方面的实践。参见叶澜《"新基础教育"论》，教育科学出版社 2006 年版，第 366—370 页。

之中，通过改变时空利用方式和效果拓展出新的发展可能和空间。①

总之，经过重新塑造而生成的"教师发展"观念，是中国教育学在教师发展问题上"研究成果"的外在表达，但这个"研究结论"却根基于对于中国教师发展现实问题的关注（包括问题表现、成因和未来预见）、对传统价值追求的呼应、对现代"职业观"和"专业发展观"的吸纳和转换，所以它体现出来的应该是教育学的"理论综合"过程，这个过程揭示出来的是理论发展的内生性特征，而要实现中国教育理论的内生，同时又要以教育学研究方法论的更新与重塑为前提条件。

"原创"或"原创性"在学术界、艺术界和娱乐界几乎又成为一个遍地开花的新术语；追求"个性表达"是各个领域共同的愿望。原创概念确实不是教育学研究中的"原创"，从概念使用的时间早晚看，它又是步了其他领域的后尘（据本人掌握的情况，"原创"最早火爆于20世纪90年代的流行音乐界），这一点是没有必要避讳的。我们反对教育学研究对"他者"的亦步亦趋，但也不能讳莫如深到连共同的"话"都不敢说的地步。

"中国特色的教育学"和"原创教育学"确实是一对区分难度比较大的概念，因为它们在追求"独立性"上是一致的。但是，考虑到"中国特色的教育学"是特定时代的特定产物，因此也就有了它特定的规定性（如一定意义上是意识形态的副产品，而且主要是在"中外"关系中探索独立的问题），本文在研究过程中就把"特色"思想做了"定型化"的处理。

就像全球化撩拨起民族自觉和民族情绪，原创思想表达的是"学术全球化"中自觉自强自立的意愿。就原创教育学研究而言，它要清算的是中国教育学研究对外（外来教育学）和对内（相关学科等）的多重依附性，承担的是中国教育学从多重依附到全面独立转型的历史使命。这种丰富性和全面性是"中国特色的教育学"包容不下的。在这种情况下，与其撑破原有的"特色"概念，不如借鉴一个新的"原创"术语。

中国教育学从依附向独立转型，所依赖的四个研究立场——本土立场、实践立场、教育学立场和研究者的个人立场层层内聚，最终成为

①　对于教育中时间和空间问题的系统探讨可参见何敏《教育时空问题初探》，博士学位论文，华东师范大学，2003年。

"研究者"的个人担当。克服对外来教育学的依附，要面向本土、研究本土，研究本土最直接的"抓手"就是本土的教育实践，教育学的实践立场凸现出来；研究教育实践、教育事理，要克服的是对相关学科立场的依赖，教育学的学科立场则成为不得不考虑的一个问题。教育学的立场通过学术共同体或研究者个体的原创性研究实现并表达。所以，中国教育学研究的转型，就成了每个研究者个人的可以做而且可能做的事情。

本部分的研究案例也旨在证实教育学的立场、本土的立场和实践的立场，可以在研究者个体（或群体）那里，由"应然"转化成为"实然"。

如果把标志着中国教育学研究转型的四个立场分解开来孤立地看待，都可能不是中国特有的教育学研究的转型标志，但把它们综合在一起，对准中国教育学研究的多重依附性这个现实的靶子，它又是"很中国的"；不仅如此，相比经济学、政治学、社会学等相关学科的发展来看，这四个立场又是"很教育学的"（经济学、政治学等对相关学科的依附性现象不像教育学那么突出和严重）。

第五章 中国教育学的基本形态

　　教育学的"研究"转型和作为一门学科的"学科"转型是两个概念和范畴。本土的立场、实践的立场、个人的立场和教育学的立场，是作为"时代学"、"事理学"、"为人学"的中国教育学"研究"转型的标志，还没有涉及教育学的"学科转型"。但是，除了表现在具体的问题研究中，教育学研究的转型还有一个更基本的表达方式，即表现在学科建设中（这里的学科不是指针对教师培训使用的教科书，而是针对研究者训练而言的"学科"；它可以不以"书"的形式表现）。

　　在教育学研究的"问题"与"体系"之争中，有种倾向性的观点，认为中国教育学与其枉谈"体系"建设，不如去研究一些现实的、急需解决的热点和难点问题。"枉谈体系"或"体系先行"确实存在着问题，现实热点和难点问题也亟待解决，而且通过研究问题而进行学科建设毫无疑问也是一条可行和有效的途径。但是，解决热点和难点问题，却又不能代替学科建设。学科制度化过程中的两个基本功能，即为研究问题提供思想理论和方法工具，以及为研究共同体训练后继研究者，仍然需要保留和加强。没有学科提供的思想方法以及后继研究者的不断加盟，问题的研究和解决也失去条件和保障。研究问题和学科建设彼此相互构成和促进，二者之间的关系不是线性因果式的思维方式所能准确把握的。

　　适应新世纪的教育转型，中国教育学研究从依附型转向独立型，或者是从"藤本型"转向"木本型"。但教育学研究的转型，在"学科"上的表现形式又应该是怎样的呢？

一　学科范式和教育学转型

（一）"范式"作为学科标准的条件性

　　在把握教育学的学科之"型"时，拿"范式"、"共同体"作为框架进行分析并把它们作为学科分界的标准似乎已经成为"惯例"。这两个术语都是源于托马斯·库恩。他认为,科学之所以称为科学,就在于它是一项社会活动和事业,而不像以往所理解的,仅仅是一堆关于某物的知识,它有两个最基本的因素,范式和共同体。共同体简单地讲就是本专业的科学家所组成的集团,它具备以下条件:在一种绝大多数其他领域无法比拟的程度上,他们都经受过近似的教育和专业训练;在这个过程中,他们都钻研过同样的技术文献,并从中获取许多同样的教益(通常这种标准文献的范围标出了一个科学学科的界限,每个科学共同体一般有一个它自己的主题)。① 所谓范式,有两种不同的使用方式。"一方面,它代表着一个特定共同体成员所共有的信念、价值、技术等构成的整体。另一方面,它指谓着那个整体的一种元素,即具体的谜题解答;把它们当作模型和范例,可以取代明确的规则以作为常规科学中其他谜题解答的基础。"②

同时库恩也指出,在一定的情况下,有时正是接受了一种范式,使先前只是对自然界感兴趣的团体转变成了一门专业或至少是一门学科。在科学中(尽管不像医学、技术和法律那样的领域,它们主要的存在理由是外部的社会需要),发行专门刊物,建立专家学会,争取列入学校课程中,所有这些活动都与一个团体第一次接受一个单一范式密切相关。③ 但是,范式作为学科标准是有一定条件限制的,即并不是必然的、普遍的划界标准。因为,范式是科学共同体的范式,而在学科中,可以有不同的科学共同体;同一个共同体中,也可以有不同的"学派",即以不相容的观点来探讨同一主题。大多数科学的早期发展阶段,也是以许多不同的自然观不断竞争为特征的,每一种自然观都部分地来自于科学观察和科学方法的要求。不同学派之间的差别,不在于方法的这个或那个的失效——这些学派全都是"科学的"——差别在于被称为看待世界和在其中实践科学的不可通约的方式。任何科学团体实践科学事业,都需要一套共同接受、承诺的信念。④

---

① [美]托马斯·库恩:《科学革命的结构》,金吾伦、胡新和译,北京大学出版社2003年版,第159页。

② 同上书,第157页。

③ 同上书,第18页。

④ 同上书,第4页。

"但比起其他领域，科学中的学派少得多。"① 这和科学本身的性质有关。库恩的科学范式、科学革命、科学共同体所指的都是"科学"，而科学这个名词，"在很大程度上是留给那些确实以明显的方式进步的领域"②的。那种"比对手更能成功地解决一些问题"，而"这些问题又为实践者团体认识到是最为重要的"③ 公认的范式或模型，在竞争中才能获胜；反之，则被淘汰。

因为科学的"进步性"以及在科学范式竞争中有"优胜劣汰"的现象，范式最终不仅演变成划分"科学"与"非科学"的标准，某个科学领域内科学工作合理和不合理的标准，而且也有可能成为学科的标准（即在竞争中获胜的范式）。库恩还认为，科学革命实质上就是指范式的转化、过渡和更替，科学革命是旧范式向新范式的过渡，从这个意义上来看，范式是科学革命的标志，也就是说，它又可以是新科学与旧科学的标志。

（二）"科学革命"和"学科基质"的变化

了解科学革命，首先要认识"常规科学"。"常规科学"是指坚实地建立在一种或多种过去科学成就基础上的研究，这些科学成就为某个科学共同体在一段时间内公认为是进一步实践的基础。大多数科学家不可避免地要在其中花费一生的常规科学活动，是基于科学共同体知道世界是什么样的假定之上，多数事业的成功得自自然科学共同体愿意捍卫这个假定，如果有必要，会不惜代价为之奋斗。科学共同体往往压制反常规的新思想，因为新思想必定会破坏常规研究的基本承诺；但到了科学共同体不再能回避破坏科学实践现有传统的"反常时期"，就开始了非常规的对于"反常现象"的研究，最终导致科学共同体做出一系列新的承诺，建立一个科学实践的新基础。非常规时期，科学共同体的承诺发生转移，科学革命发生。科学革命往往和承诺信念、基本概念理论框架以及在理论支配下的实践原则、科学的思维方式以及在其中进行科学研究的世界等的改变联系在一起。而且，科学革命不是一个人一夜之间能完成的事业，它需要重建先前的理论，重新评价先前的事实，它是一个内在的革命过程，不是一

---

① ［美］托马斯·库恩：《科学革命的结构》，金吾伦、胡新知译，北京大学出版社2003年版，第159页。
② 同上书，第144页。
③ 同上书，第21页。

个孤立的事件，无法标明革命发生的精确日期。① 一种范式通过革命向另一种范式的过渡，是成熟科学通常的发展模式。科学革命的过程基本上要经过这样的环节：意识到反常——确认事实的新颖性——形成理论的新颖性——范式的改变。②

在科学革命中，构成范式的几个基本因素都发生变化。一个专家组成的特殊共同体究竟共有哪些东西，库恩建议用学科基质表示。用"学科"是因为它指称一个专门学科的工作者所共有的财产。用"基质"是因为它由各种各样的有序元素组成；范式、范式的一部分或具有范式性的团体的承诺对象，都是学科基质的组成部分，并因而形成一个整体而共同起作用。③

其中，学科基质的重要成分包括④："符号概括"，即那些团体成员能无异议也不加怀疑地使用的公式，通常用（x）（y）（z）φ（x、y、z）之类的逻辑形式来表达。

第二种基质为"形而上学范式"或"范式的形而上学部分"，即共同体成员共同承诺的信念，如"热是物体构成部分的动能"、"电路可以看作一个稳态流体动力学系统"等。

第三种成分为价值，通常它们比符号概括和模型更能为不同的共同体所广泛共有，而且它们在使全体自然科学家觉得他们同属一个特定共同体上起了很大的作用，而且当一个特定的共同体的成员必须查明危机之所在时，或后来必须在不相容的从事研究的方式之间做选择时，则愈发显得重要。⑤

---

① ［美］托马斯·库恩：《科学革命的结构》，金吾伦、胡新知译，北京大学出版社2003年版，第5—6页。

② 同上书，第48—49页。

③ 同上书，第163—164页。

④ 同上书，第164—168页。

⑤ 库恩认为，最牢固的价值或许与预言有关：预言应当是精确的；定量预言比定性的更受欢迎；无论能允许的预言误差的限度如何，它应当始终能满足一个特定领域的要求等。不过，也有一些价值是用以评价整个理论的：首先也是最重要的，它们必须允许谜题表达和谜题的解；只要可能，理论应当是简单的、自洽的、似然的、与当时采用的其他理论相容的。还有其他种类的价值，例如科学应当（或不必）具有社会效益等。价值判断在任何领域显示出两个基本特征，第一，即使团体成员并不都以相同的方式应用共有价值，它们仍然是团体行为的重要决定因素。在表现作为首要价值的年代里，人们画的画并不都一样，但当这个价值被丢弃后，造型艺术的发展模式则发生了极大的变化。第二，个人的差异性在应用共有价值时，可能对科学起着必不可少的作用。参见《科学革命的结构》，第166—167页。

第四种要素是范例。所谓范例，首先是学生们在它们的科学教育开始就遇到的具体问题解答，包括在实验室里，在考试中或在科学教科书每章结束时遇到的。此外，还有某些在期刊文献中常见的技术性问题解答，这些文献为科学家在毕业后的研究生涯中所必读，并通过实验示范他们的研究应该怎么做。比起其他基质，各组范例之间的不同更能够给共同体以科学的精细结构。例如所有物理学家都从学习同样的范例开始：斜面、圆锥摆、开普勒轨道等。

科学范式提供出某些实际科学实践的公认范例——它们包括定律、理论、应用和仪器在一起——为特定的连贯的科学研究的传统提供模型。这些传统就是在"托密勒天文学"（或哥白尼天文学）、"亚里士多德动力学"（或牛顿动力学）、"微粒光学"（或波动光学）等标题下所描述的传统。研究范式，主要是为以后将参与实践而成为特定共同体成员的学生准备的。他要加入共同体，其成员都是从相同的模型中学到这一学科领域的基础，他之后的实践将很少会在基本前提上发生争议。以共同范式为基础进行研究的人，都承诺同样的规则和标准从事科学实践。科学实践所产生的这种承诺和明显的一致是常规科学的先决条件，亦即一个特定的研究传统的发生与延续的先决条件。[①] 在常规研究阶段，范式保证了在既有基础上研究的深入和拓展，以及理论的精致化。

库恩认为，"在社会科学各部分中要完全取得这些范式，至今还是一个悬而未决的问题。历史向我们提示出，通向一种坚实的研究共识的路程是极其艰难的"[②]。确实，社会科学中的共识是难以达成的，其实，即使是能够达成，"共识"也是相对和暂时的，因为社会系统的变化比起客观自然世界的变化，更加充满无序、不确定和非逻辑。

但库恩揭示了科学研究的两个最基本的特征：第一，任何科学研究都不是价值中立的；第二，科学发展变化有两种基本方式，即"常规发展时期"和"科学革命时期"。

（三）中国教育学的学科转型问题

与自然科学的发展类似，历史上教育学的发展也有两种基本形态，一

---

① ［美］托马思·库恩：《科学革命的结构》，金吾伦、胡新知译，北京大学出版社2003年版，第10页。

② 同上书，第14页。

种是累积性的发展，一种是转型性的发展（相当于库恩所说的"常规科学"时期和"科学革命"时期）。世界范围内，夸美纽斯、赫尔巴特和杜威的教育学，都具有转型性的发展特征，而且一般都是伴随着整体的社会转型、教育转型发生的。夸美纽斯的教育学诞生在传统社会向近代社会、传统教育向近代教育过渡的过程中；赫尔巴特的教育学除了社会现代转型的大背景，还和知识转型、学科制度发展关系直接；杜威的教育学直接是美国社会全面转型期的产物。①

中国的教育学转型也不是孤立于社会和教育之外的独自发生的一个过程。但严格说来，中国教育学面临转型性的发展还是第一次。在 20 世纪初期，因为中国缺少西方"学科"意义上的原有之型，所以中国教育学是从"无型"到"有型"；为适应传统教育向近代教育的转型，我们借鉴了赫尔巴特、杜威等的教育学。在由近代型教育向现代教育转型的过程中，与赫尔巴特教育学精神气质一致的凯洛夫教育学成为中国教育学的发展样本。

赫尔巴特的教育学 20 世纪初就传入中国，它对于我国教育理论的形成和发展，尤其对于中小学教学实践产生过很大的影响，几达半个世纪之久，即使是 20 世纪 20 年代左右盛行的实用主义教育学也未能完全取代它。"从总体上，当时杜威的影响是在思想领域，而且局限于职业教育家的圈子，对于整个中国来说却是非现实性的。"② 如果寻找凯洛夫《教育学》的渊源，也可以回溯到赫尔巴特那里。早在凯洛夫教育学产生的一百多年前，赫尔巴特教育学已经诞生，并传到过俄罗斯。以培养"五种道德"观念为目的而推演出"目的——方法"式的教育学体系结构以及教学方法、目的、教学过程的程序

---

① 1860—1920 年是美国的社会全面转型期，在美国国土上形成了区别于欧洲大陆的政治经济文化体系，进步主义运动在这种背景下发展起来。重大事件和转型表现有：大革命。新美国形成：从旧的农业平均主义、启蒙运动、杰克逊的边疆运动兴起的资本主义工业。贵族的灭亡：民主原则被接受，但却走向了财阀统治。中产阶级、城市文明。边疆的扩展，城市的扩建。城市心理迅速发展。移民。思想发生变化：从边疆产生占地，剥削和进步等思想；科学的影响导致启蒙思想的淡薄，产生现实主义精神；从欧洲无产阶级哲学产生一种新社会理论。三大潮流：统一潮流、现实主义潮流和批评潮流。参见［美］沃浓·路易·帕灵顿《美国思想史》卷三，陈永国等译，吉林人民出版社 2002 年版。

② 丁钢：《中国教育的国际研究》，上海教育出版社 1996 年版，第 14 页。

和环节，以及教学形式阶段理论等无疑沉淀成本土的东西。凯洛夫《教育学》是以反对杜威实用主义教育思想在苏联造成负面影响的面目出现的。历史发展的否定之否定规律揭示，杜威以进步主义教育的姿态否定了赫尔巴特传统教育学，而凯洛夫《教育学》又否定了杜威的实用主义教育学，重新确立了制度化、常规化和集权化教育在苏联的地位。长时间以来国人把它等同于科学教育学，这一印象不仅左右着时人对教育学的最初看法，而且持续地影响着时人及后人对教育学这门学科的理解。①

在这个过程中，虽然也尝试着建设"中国特色的教育学"，但总体上却缺少从根本上适应中国社会转型的中国的教育学。其中原因，有学术方面的，也有实践形态方面的，因为中国教育本身仍处于"近代型"，还没有完成"现代型"的转换。②

适应新时期社会转型和教育转型过程中出现的各种新现象与新问题，教育学学科转型问题也被提出。有学者认为，当前教育学概念和理论体系的发展已经不能仅仅是在过去的平台上的延续，而必须有所创新和转型，并且在一定意义上进行重构。从对于教育实践的意义和价值看，它关系到我们的教育理论和概念体系能不能真正地有效地指导现实的教育实践，并成为教育实践和创新的基础与合法性依据。教育学概念和理论体系的创新与转型并不是对过去的简单否定，而是对已有的教育学概念和理论体系的发展。只不过这种发展具有转型的特征。③

对学科转型问题的思考建立在对既有"范型"的反思之上：20 世纪80—90 年代，我们要追求的是一个适用于所有教育学学科和所有研究者的"通用的"范型并基本上形成了一个统一固定的研究范型；而现在，因为这个范型发生危机，也就是出现了"反常"。库恩认为，危机可能不是作为革命的一个绝对必要条件，但却通常是革命的前奏，即提供一种自

① 主要参见周谷平《凯洛夫〈教育学〉在中国》，《河北师范大学学报》（教育科学版）2003 年第 1 期，等。
② 参见叶澜《实现转型：新世纪初中国学校变革的走向》，《探索与争鸣》2002 年第 7 期。
③ 谢维和：《论教育理论发展的时代特点——教育学概念体系的创新与转型》，《教育评论》2003 年第 2 期。

我矫正的机制，以保证常规科学的严密性不会永远不受挑战。① 反思主要在两个方面：一是反思"范型"本身的缺陷；二是反思"通用"的缺陷。但就目前来看，研究者们共同反对旧型，但却没有走向一个统一的研究新型，而是各自按照自己的方式实现着对旧型的改造和改写；或者说，教育学的时代"新型"，是从一个"通用"型，转向一种"多元型"，而这个"多元型"又是由不同的研究者或不同的共同体共同构建的。因此，他们之间又会有共性，如对具体的教育实践表现出浓厚的研究兴趣，也就是说，通过研究实践构建新型教育学、构建教育学为了实践变革的倾向性表现非常明显；在反思以"塑造"、"划一"、"整体"、"客观"、"传授"、"社会"等为核心构成的概念符号系统的基础上，形成了一套以"主体"、"主动"、"生命"、"反思"、"情感"、"超越"、"个性"、"创造"等为重要构成的新的符号系统，表征了一种"人"的活跃景象。

但是，学科新型毕竟还在"转型"的过程之中，我们无法描绘它的详细面貌，尤其对学科"新型"的认识更加模糊。上述试探性地在库恩的"范式"框架中建构的教育学的学科基质需要进一步推敲：如这些是不是构成教育学学科基质的最基本要素？是不是会在各种个性化的探索中以"优胜劣汰"的方式形成一个相对"优越"的新型等。既然"工具"本身还是"问题"有待批驳，因此，更不适合直接拿它来分析旧型、构设新型。

二 中国教育学新范型之一："生命·实践"教育学的探索

以"生命·实践"教育学的范型为例，来说明中国教育学范型的形成和发展，并希望借此呈现中国教育学对新时期"学术转型"任务的独特应答：

第一，对教育学学科信仰和立场的思考与坚持。库恩说的共同体成员"共同承诺的信念"，其中包括学科立场，即对一门学科的功能、价值、性质等的基本认识。比如经济学家比起其他社会学家，较少辩论他们的领

① ［美］托马斯·库恩：《科学革命的结构》，金吾伦、胡新和译，北京大学出版社2003年版，第162页。

域是否是科学这个问题，"这是因为经济学家知道什么是科学吗？或者不如说是因为他们都同意什么是经济学。"① 与自然科学领域相比，包括教育学在内的整个人文社会科学领域，信仰、立场更多元和复杂，因此，"学派"可能会更多，"优胜劣汰"的现象比自然科学出现的也会更少。在教育学内部，即使对教育学的学科类型、学科性质和学科功能的认识，其实也存在着基本信仰和立场的差异。同时，也正是因为这些差异，才使各个学术共同体对共同的研究基础的理论投射，折射出不同的个性的光束，形成了学术研究的缤纷繁荣。在学科"信仰与立场"方面，"生命·实践教育学"的个性表现在：首先，是"自觉"把学科立场的作为教育学研究的前提性、基础性的理论问题加以直面，如对学科立场本身的探究，对教育学的学科性质的认定等（教育学研究对象的复杂性和研究方法的综合性决定了教育学是哲学、科学与艺术方法的具体综合的"综合学"②；而从目的和活动方式、活动领域的角度，则又规定了教育学的"为人学"和"事理学"属性③）。

其次，是把自己明确提出的学科立场作为自己的"信仰"，贯穿和渗透在教育学的理论研究和行动研究之中，如作为"为人学"的教育学禀性，在"新基础教育"实验中得到充分的表达，"成事成人"不仅是理论倡导，而且更成为"新基础教育"实验研究者所奉行的行为准则。④

第二，研究的基本问题。一个领域的问题是多种多样的，但每一个学术共同体总是根据自己的信仰和立场去选择"属己"的问题去研究。库恩也认为，科学共同体取得一个范式就是有了一个选择问题的标准，当范

① ［美］托马斯·库恩：《科学革命的结构》，金吾伦、胡新和译，北京大学出版社2003年版，第145页。

② 参见叶澜《教育研究方法论初探》，上海教育出版社1999年版，第325—332页。

③ 叶澜教授于2004年2月29日下午，在北京师范大学题为《当代中国教育研究若干问题思考》的讲座中提到，教育学是一门"时代学"（更新性）、"事理学"和"为人学"。此外对于教育学的主要观点还参见《世纪初中国教育理论发展的断想》，《华东师范大学学报》（教科版）2001年第1期；《思维在断裂处穿行——教育理论与实践关系的再寻找》，《中国教育学刊》2001年第4期；《为"生命·实践教育学派"的创建而努力——叶澜教授访谈录》，《教育研究》2004年第2期；《"新基础"教育概论》，教育科学出版社2006年版，等。

④ 文献参考主要见叶澜《在学校改革实践中造就新型教师——〈面向21世纪新基础教育探索性研究〉提供的启示与经验》，《中国教育学刊》2000年第4期；《重建课堂教学价值观》，《教育研究》2002年第5期；《改革课堂教学与课堂教学评价改革——"新基础教育"课堂教学改革的理论与实践探索之三》，《教育研究》2003年第8期；《重建课堂教学过程观——"新基础教育"课堂教学改革的理论与实践探究之二》，《教育研究》2002年第10期等。

式被视为理所当然时，这些选择的问题可以被认为是有解的问题。范式有两个基本特征，一是其成就空前地吸引一批坚定的拥护者，使他们脱离科学活动的其他竞争模式，同时，这些成就又足以无限制地重新组成的一批实践者留下有待解决的种种问题，因为在其中暗暗规定了一个研究领域的合理问题和方法。① 在教育学研究中也存在这样的情况。教育的问题是多种多样的，在不同的时期总是有些显得比较重要和比较突出的需要思考和解决的"基础性"问题，对这些问题的确认以及思考的方式和形成的基本观点，会逐步组成学科范型的基本构架。"生命·实践"教育学在教育学构成的基本"版块"中，已凝练出共同体内部共识性的看法。如：

（1）在人的发展问题上，提出"具体人"的人性假设。教育研究中，对抽象人性的审思、对"片面人性假设"的批判反映出教育学在哲学、理性层面的追求和超越，在"生命·实践"教育学中，这一追求和超越的结果被特化为对"具体人"的思考中：教育的真正对象是"具体的人"，即是处在各种环境中的人，是具有物质的、理智的、有感性的、有性别的、社会的、精神的存在的各个方面和各种范围并相互依靠的人。"具体的人"作为教育学的基础性概念，意味着承认了人的生命是在具体个人中存活、生长和发展的；每一个具体个人都是不可分割的有机整体；个体生命是以整体的方式存活在环境中并在与环境的相互作用和构成中生存和发展；具体个人的生命只有在具体个人生命经历中提升和发展……② 此外，在更具体的层面，综合国际的和国内的时代特征，还确立了"主动发展"人观，并重新阐释了"人与社会"关系的教育内涵。③

（2）在教育改革和教育实践发展问题上，提出了"基础教育转型"的系统理论。认为：中国近代型的学校始于清末民初，是出于富国强兵抵御外国侵略的直接目的，由洋务运动开始发展起来，最后集中到教育制度的变革——废科举，兴学校。近代型学校的基本特征是按照工业化、批量性生产的模式来"塑造"学生；统一的目标，基本划一的课程与教科书，

---

① ［美］托马斯·库恩：《科学革命的结构》，金吾伦、胡新和译，北京大学出版社2003年版，第9页。

② 叶澜：《教育创新呼唤"具体个人"意识》，《中国社会科学》2003年第1期。

③ 主要参见叶澜《让课堂焕发出生命活力——论中小学教学改革的深化》，《教育研究》1997年第9期；《更新教育观念，创建面向21世纪的新基础教育》，《中国教育学刊》1998年第2期；《教育概论》，人民教育出版社1991年版，等。

整齐排列的通用教室，严格规定的课时与教学周期，按规定执行的教育教学过程；学校的基本任务是知识的传递和培养社会不同领域需要的规范化人才。新中国成立后，尽管对"近代型"的学校进行了多方面的改造，但是由于半个世纪中，经济上仍然基本处于农业经济为主的阶段，工业化进程与解放前比虽然有较大的进展，但并没有完成国民经济工业化的转换，在教育方面的投入和开放程度也都不足，故学校既无内在转型的需要，也无外在的冲击与压力，整体形态、内政基质和日常教育实践并没有发生转型性的变革，没有走出近代型学校的基本框架。"与上世纪末20年的变革以冲破旧体制、扫清新体制建立的障碍、解决产业结构调整中一系列社会问题为主的总特征相比，新阶段更加着力于在新形势下和已有改革开放基础上的新体制、新经济结构的建构与完善，更加关注社会发展的整体性和协调性，更加强调社会发展与人的终身、全面发展的内在一致性。"① 在此基础上，又对当代中国教育变革的社会基础、变革的性质与任务、主体与策略以及中国基础教育学校的重建问题做了进一步系统理论的阐述和发展。②

（3）在学校教育的文化使命问题上：第一，在一般意义上提出学校的文化使命：①文化在教育中的功能应提升，它将是形成学生对周围世界和自己的一种积极而理智的、富有情感和探索、创造意识的态度和作用方式，是开发学生生命潜能的一种力量。②中国的现代化过程是培养新的一代和改造成年一代的双重意义上的人的现代化过程，是学校教育与社会教育的双重改造，包括观念、内容、组织、活动及教育的行为方式的全面改造。③学校要完成适应新时期发展所提出的新文化任务，唯一的出路是参与到新文化的创造中去，按社会发展的要求和时代精神建构超越现实指向未来的新学校文化。④学校新文化的建设并非要求对历史和现实取虚无主义的态度，而是应在现有文化的基础上，按培养新人的要求，进行取舍、整合与转化，使文化活化、动态化和面向未来，这本身是一个充满创造的过程。③

第二，更对社会文化生态复杂化前提下的学校文化建设的任务给予了

---

① 参见叶澜《实现转型：新世纪初中国学校变革的走向》，《探索与争鸣》2002 年第 7 期。

② 主要代表著作见叶澜《"新基础教育"论——关于当代中国学校变革的探究与认识》，教育科学出版社 2006 年版。

③ 参见叶澜《世纪之交中国学校教育的文化使命》，《教育参考》1996 年第 5 期。

明确的回答：市场竞争和消费社会生境中的人生导引；西化对本土浸漫背景下的文化培根导引；现代与传统纠缠状态中的未来导引。①

第三，研究方法论——在研究中实现教育变革理论与实践创新的交互生成。② 研究方法论训练的意义在于，使学术研究和一般的非专业意见或公众谈论区别开来；保障新成员以尽快的速度掌握研究方法、接近研究前沿，避免盲目摸索带来的低水平徘徊。

"生命·实践"教育学的研究方法论回答了当前中国教育学研究中"理论和实践"的关系问题，从研究者的角度，也就是如何认识和处理与教育实践变革的关系问题。当一个共同体确立了自己的研究信仰和立场，选择了自己的研究问题时，立场和问题本身也潜在地规定或"要求"了所接触、了解问题的方式。当前的学术研究对方法的热衷程度增加，或者是演绎式的，或者是观察式参与，或者是体悟的，或者是科学调查和实验，或者是分享式的，在有些时候，甚至可以以研究方式来作为区分学术共同体的一个独立指标。

第四，基本概念、范畴和理论。每个共同体依据自己的方式研究所选择的问题，在此基础上会形成自己相对个性化的符号系统、理论体系。"生命·实践教育学"，基本上拥有了自己的一套相对独立和系统的概念体系。核心、基础性概念如"生命"和"实践"。特色概念、或被改造和赋予了新意的常用概念如"动态生成"、"滋养关系"、"生命活力"、"新基础"、"班级建设"、"主动发展"、"思维方式转型"、"教育转型"、"学术转型"、"理论和实践的关系"、"具体的人"、"教育学立场"、"教育学的独立性"、"中国的教育学"、"为人学"、"事理研究"、"综合学和时代学"等。这也即库恩所说的"概念的箱子"。尽管在概念箱子的历史起源中以及偶然地在它们尔后的发展中都存在着随意性的因素，但如果没有这个概念的箱子，研究却很难进行。③ 后继的研究者不再需要力图重新建立自己的研究领域，不再需要从"第一原理"出发并为引进的每一个概念

---

① 叶澜：《"新基础教育"论——关于当代中国学校变革的探究与认识》，教育科学出版社2006年版，第376—386页。

② 叶澜：《思维在断裂处穿行——教育理论与实践关系的再寻找》，《中国教育学刊》2001年第4期。《"新基础教育"论——关于当代中国学校变革的探究与认识》，教育科学出版社2006年版，第399—402页。

③ ［美］托马斯·库恩：《科学革命的结构》，金吾伦、胡新和译，北京大学出版社2003年版，第4页。

进行辩护。① 而学术共同体之外的共同体，则可以通过了解这些基本概念入手来进行相互的理解和交流，虽然相互之间"理解"的程度会受到很多条件的限制（这就是库恩所说的"范式不可通约"），但它毕竟是相互理解不可或缺的平台。了解"生命·实践"教育学，不能不首先遭遇这些基本概念；而要进入"生命·实践"教育学，也不能不从理解、体悟这些基本概念入手。

第五，代表性著作。范式既然是为以后要加入共同体的成员准备的，那么他就必须依靠一定的途径如阅读文献等，来掌握这种范式，即接受"概念的箱子"，并通过一定的研究方法论训练。一个共同体的研究范式，一般都体现在被指定的"标准文献"里。新成员通过学习、研究这些文献，获得被该共同体认可的基本信仰、理论工具以及研究方法。这些"标准文献"不是固定不变的，但在一个时期内总有些基本的、主要的文献是必须要阅读的。

"生命·实践"教育学的一些代表性著作、论文在注释或文中已部分提及，在此不列举。

三 研究案例

此处两个案例，是本人在"新基础教育研究"和"生命·实践教育学"研究过程中的个人体会和感受，在此用来说明，在共同"经历"中，形成的学术共同体和研究范式，不仅为个体研究问题提供思想理论和方法工具，而且为后继研究者的"加盟"提供基础的、必要的方法论训练。两篇文章已收入由叶澜教授主编的"新基础教育"研究的相关丛书中。

---

① 库恩的原话是："今天在科学界，所发行的书本通常要么是教科书，要么是对科学生活的这一方面或那一方面的回顾性反思。写书的科学家很可能会发现，写书不但不能提高他的专业声望，反而会受到损害。只有在各门科学发展的早期阶段，即前范式阶段，这样的书才一般保持着与专业成就同样的关系，这种关系今天只有在其他创造性的领域还仍然保持着。只有这些仍然保留着以书的形式作为研究交流工具的领域，无论是有论文或没有论文，专业化的界限仍未划得很明确，外行人总希望通过阅读研究实践者们的原始报告就能跟上研究的步伐。"参见《科学革命的结构》，北京大学出版社 2003 年版，第 18—19 页。

（一）研究者个体对"生命·实践"教育学的解读

1. "生命·实践"教育学的美丽和魅力

"喜欢'教育学'吗？"这些年，给各种年龄和类型的学生（全日制各专业的本科生、中小学教师等）上课之始，习惯于主动把诸如此类的问题抛出去，也习惯于得到整齐的诸如"不喜欢、没有吸引力"的回答。若干年前，没有这样的勇气提问；因为那时，没有勇气承受这样的回答，也没有回应这种回答的力量。

在"教育学"教学中，太经常遭遇学生这样的提问和质疑："教育学"到底有什么用？"教育学"不像科学、技术那样有公认的用途；好像在教育实习和教学实践中也感觉不到它有切实的作用；"教育学"到底是什么样的学问？它值不值得花那么多时间、力气去学习？这种疑问，不仅存在于初次接触教育学的学生中，即使以教育学的教学为业的人，也存在这样的疑惑，尤其面对来自学生和中小学校以及教育行政的质疑时，只能让"自惭形秽"的心态，继续吞噬掉本来就不多的学科自信。

就我个人来说，如果没有对于"生命·实践"教育学的经验和体悟，面对诸如此类的疑惑，可以想象会有怎样的尴尬和沮丧，当年如果不是有足够的"无知无畏"和"盲目乐观"垫底，估计只有两种选择：要么从课堂上落荒而逃，要么硬着头皮回避这些问题，不予以正面回应。当然，作为一个"教育学教师"，能够做的选择只能是后者。但现在，可以尝试着把这样一些普遍的疑问转化为自己的思考，并用个人的经历和体验，给出一个个人化的答案；希望在我的课堂中，把我作为教育学学习者或研究者的成长和所得拿出来和学生分享，并由此一起亲近或走进"教育学"的世界，领会它别样的美丽和魅力——哪怕是很初步的。

所有知识、学科都是美丽的。但各有其美——我这样开始我的课程。

作为单纯享受科学成果的人，最容易感受到的是科学改造物质世界的强大功能，它的魅力来自于超强的实用价值。但真正从事科学研究的人，往往更着迷于科学理性本身的逻辑美和逻辑表达的形式美，复杂的现象最终用一个简洁明了的表达式表达出来，这一高度抽象化的符号，却蕴涵着无法估量的震慑力，比如斐波那契的兔子序列①。

科学或知识发展的内动力来自"需要"，其中包括最原初的和最终极的动力。"需要"不仅仅是单一的外在现实性诉求，同时也包含着学科自身存在和知识发展的内在逻辑性诉求。斐波那契兔子序列解决了诸如蜜蜂的繁殖、雏菊的花盘和艺术美感等方面很现实的生活问题；微积分的出现，也帮助解决了 17 世纪几个主要的科学问题，包括物理学、天文学、光学和军事科学。同时，它们的产生也是数学内部发展的需要，例如求解曲线的切线问题（随着解析几何的出现，变量进入数学，使得运动和变化的定量描述成为可能，也为微积分的创立奠定了自身的基础）。② 这种现象说明，当知识或者学科诞生之后，也同时营造了自身内在的逻辑和规定，作为一种自成一体的知识体系，其发展是要依靠内在逻辑的。代数学和非欧几何学的诞生，证明了学科发展内在逻辑的力量。

此外，科学变得温馨可人，还因为它不那么"符合客观规律"的科学发展史以及各种各样的科学家的个性魅力。有时候特别让人感到奇妙和有意思的是，这种显得"神圣"和"伟大"的客观存在的学科发展的内部需要和外部需求，有时候是通过某个人毫无外在动机和意图的"纯粹个人爱好"驱动获得的。

数学对费尔马来说是业余爱好，但他奉献给数学的不仅仅是每个夜晚的时间，还有远离社会生活的、"一意孤行"的独立精神和理性。这样的"状况"不影响他提出一堆"使得数学家们忙碌了好几个世纪"的命题或猜想，其中，"费尔马大定理"（1637 年）的猜想吸引了无数极具智慧的头脑，纠结他们三百多年的时间，"并至少产生了一门新的数学分支——代数数论。"③

耀眼的成功，并不都像人们想象的那样，符合人们世俗化的伦理和期待。科学的发展被各种"种瓜得豆"、"无意插柳"的幻象充斥着，当然

---

① 13 世纪的意大利数学家斐波那契（Fibonacci）在 1202 年出版《计算之书》，在这本书里，他提出了一个有趣的问题：假定一对兔子在它们出生整整两个月以后可以生一对小兔子，其后每隔一个月又可以再生一对小兔子。假定现在在一个笼子里有一对刚生下来的小兔子，请问一年以后笼子里应该有几对兔子？对这个问题的解，就得到了所谓的斐波那契序列，即每个月的兔子对数应该是 1、1、2、3、5、8、13、21、34、55、89、144、233……，每一项都是前两项之和。用 Fn 表示第 n 代兔子的数目，公式表达：$F1 = F2 = 1$ 而当 $n \geqslant 3$ 时，$Fn = Fn - 1 + Fn - 2$。斐波那契数列有广泛的应用价值，如叶子在植物梗予上的排列、花朵的花瓣数、蜜蜂的繁殖、人口年龄结构的预测、优选法等。它又被誉为"黄金数列"。

② 蔡天新：《数学与人类文明》，浙江大学出版社 2008 年版，第 141 页。

③ 同上书，第 146—147 页。

其骄人的成果也一样令人瞠目。科学的世界里，正是因为这些意料之外，这些不太经得起"科学定律"衡量和推敲的"发展之道"，使得理性得让人敬畏的科学力量（培根所谓"知识就是力量"），有了人的体温，也因此有了人性的美好光晕。

科学的功用、形式和发展过程，锻造了科学的独特个性和魅力。

教育学是美丽的，它的美丽显然不同于科学。成就教育学美丽的，不像科学那样建立在它对物质世界的改造上，而在于它本身就是关于人生和智慧的学问，是"成就人"的学问。正因为"人"本身的复杂和玄妙，所以教育学的魅力之源，更多地在于它的"说不清"、"说不透"、"说不够"，而不是固定于或者局限于"说得清"的地方。长久以来，把教育学进行"科学化"尝试的努力，以及借用其他文化或知识样式对教育学的重组和建构，也都是在试图说清楚"教育是什么"、"教育学怎么样"，试图把不确定的东西确定下来、揭示出来。但是，我们已知的和说得出的，可能远比那些无法确定的领域显得单薄和渺小。在教育学"科学或学科"建设的道路上，不管走出了多远，收获了多少，都已然不能简单评估和定论，但教育学的美丽和魅力，却远远没有被参悟和领略；既有的教育学知识的积累，也并没有消隐中国教育学者继续寻根的"乡愁"，反而启发和强化着教育学的本土情结，激励着本土的培育和成长。

其次，教育学的美丽，还在于不同的人，可以成就不同个性的教育学，而不像科学那样，再个性迥异的人，都可以在科学定理上实现见解的统一（即使不是绝对，但也是绝大多数）。

"生命·实践教育学"生成和发展的过程，证实和实践着：教育学关乎人生和人性，思考成长和信念，追求价值和理想，所以怎样理解教育和教育学，就过怎样的教育生活，并成就怎样的教育人生。叶澜教授在《我与"新基础教育"——思想笔记式的十年研究回望》一文中，书写的既是一段个人的成长史，也是一段教育思想的发生和发展史，更准确地说，是一段充盈了人的个性和追求的教育思想发展史，是"社会价值"、"理论兴趣"和"自我生命意义"的统一。① 所以，她用自己的体悟阐释

---

① 原文见叶澜《我与"新基础教育"——思想笔记式的十年研究回望》，载丁钢主编《中国教育研究与评论》，教育科学出版社 2004 年版。后又经五年"新基础教育"成形性研究，补充了个人的思考和体验，全文的题目改为《个人思想笔记式的 15 年研究回望》，载叶澜、李政涛等《"新基础教育"研究史》，教育科学出版社 2010 年版。

"生命"和"实践"，书写出的是"这样"而非"那样"的一种教育学。教育思想是属人的，也是成就人的；是打下特定人格烙印的，也是面向整个公共知识和精神领域共享的；是学术的，也是人生的……在这种理解里，教育学俨然超越了科学和学科意义上的涵盖与承担，演绎成了别样一种饱含着个人的情感和志趣、充盈着体悟和诗意的博大精深的美丽学问。

2. "生命·实践"教育学（派）的"舍"和"取"

了解"生命·实践"教育学，首先需要去了解它的"取"和"舍"，它的"已解"和"未解"；了解它已经做过了什么，如今还在什么问题上思考着；在什么方面它是变化的，而什么东西，又是它一贯坚持，从未动摇过的。

在下述领域中，"生命·实践"教育学做了应有的奠基和开拓，比如教育研究的方法论问题[1]；教育学中人的问题[2]；教育理论和教育实践的关系以及教育学者（或研究者）的存在方式问题[3]；中国教育学的"立场"或"存在样式或个性"问题[4]，等等[5]，在相关的著述中，都可以寻见对这些问题从朦胧感受，到有意识思考；从懵懂认知，到清晰阐述，并

---

[1]　关于方法论的观点和阐述见叶澜《教育概论》，人民教育出版社 1991 年版；《教育研究方法论初探》，上海教育出版社 1999 年版；《思维在断裂处穿行——教育理论与实践关系的再寻找》，《中国教育学刊》2001 年第 4 期，等。"生命·实践教育学"的方法论经历了"系统论思维"、"过程、关系和综合思维"乃至"复杂思维"的演变过程。

[2]　叶澜：《论影响人发展的诸因素及其与发展主体的动态关系》，《中国社会科学》1986 年第 3 期；《让课堂焕发出生命活力》，《教育研究》1997 年第 9 期；《教育创新呼唤"具体个人"意识》，《中国社会科学》2003 年第 1 期；《世纪初中国基础教育学校"转型性变革"的理论与实践——"新基础教育"理论及推广性、发展性研究结题报告》，载叶澜主编《"新基础教育"发展性研究报告集》，中国轻工业出版社 2004 年版。系列文章反映了"生命·实践教育学"人学立场的由"具体的人"到"生命成长"、"主动、健康发展"的人的内涵的丰富演变。

[3]　关于理论与实践的关系问题的阐述，除了参见叶澜教授《思维在断裂处穿行——教育理论与实践关系的再寻找》一文之外，同时还见孙元涛《教育研究中理论与实践的关系再探》；叶澜等《基础教育改革与中国教育学理论重建研究》，经济科学出版社 2009 年版；杨小微《教育理论工作者的实践关注》，载叶澜主编"生命·实践"教育学论丛（第一辑）：《回望》，广西师范大学出版社 2007 年版，等。

[4]　叶澜：《当代中国教育学研究"学科立场"的寻问与探究》，载叶澜主编"生命·实践"教育学论丛（第二辑）：《立场》，广西师范大学出版社 2008 年版。《在裂变与重聚中创生：2001—2005 年中国教育学科发展评析》，载叶澜等《基础教育改革与中国教育学理论重建研究》，经济科学出版社 2009 年版。

[5]　简洁和间接地了解"生命·实践"教育学的发展和既有成果，还可参见卜玉华《"生命·实践"教育学建设阶段性进展报告》；吴黛舒《中国学术转型与教育学的转型研究》等论文，载叶澜等《基础教育改革与中国教育学理论重建研究》，经济科学出版社 2009 年版。

随着认识的逐步深化通过扬弃从而实现理论的不断丰富和再创生的发展过程。

在《教育学》涉及的问题领域中，"生命·实践"教育学做着自己的选择和舍弃，因为不是所有问题都有解，不是所有可解的问题都能解，也不是所有有解、能解的问题都需要在第一时间解。理论上可以解的问题，如果不具备现实的可行条件——如时机的和能力的，等等，它只能"待解"。在学科发展史上，曾经"舍弃什么"，或者"选择失当"，不能解释为教育学的怯懦和无力，更不能由此作为非议或否定教育学存在和发展的依据。因为这不是"教育学"独有的无奈之选，而是人类认识的局限使然。数学发展史上，圆周率精密计算方面的竞争，持续了相当漫长的时期，终结于莱布尼兹给出的圆周率无穷级数表达式。五次和五次以上代数方程的不可解性直到19世纪才由挪威数学家阿贝尔给出证明。运动和变化的问题自古就有，但直到近代，机械的普遍使用促进对机械运动的研究、航海业的发展带动对天体运动规律的认识、武器的改进刺激对弹道问题的认识，才使得"变量"变成一个不得不解决和可以解决的问题。近代数学超越古代数学，变量代替常量成为研究的新重心，变量数学树立起第一个里程碑——解析几何；代数问题也有了几何意义的解释。这些现象都在述说一个道理：各种待解的问题，不仅仅需要创造条件，有时更需要等待的耐心。这种情况，存在于数学、存在于其他自然科学，更普遍存在于人文社会诸学科。

科学可以是纯粹的、中性的、无价值的，但科学探索、发现和科学应用却无法排斥各种各样的、有各种立场和价值的、深陷"意义之网"和"社会关系"的人。在一定意义上可以说，社会关系运行与社会问题解决，要比科学问题更加复杂和难以捉摸。天体运行问题上，达·芬奇、开普勒有着和伽利略、哥白尼一样的洞见，但达·芬奇、开普勒的"幸运"不是人人都能有的，伽利略和哥白尼的灾难现象说明了"科学见识"和科学家在人类社会领域的"不科学"和"非人"待遇。在科学领域，直面科学真相或者真理本身，仍然需要大无畏的勇气和牺牲精神；一旦进入社会生活，真相往往和"善"成为不可调和的矛盾。进入"人的世界"，仅仅拥有个人的勇猛和自我的奉献可能远远不够，社会问题不仅需要智力，更需要智慧。暂时回避当下某些"剪不断，理还乱"的关系，很有可能会在将来某一个时段的某一个境遇下，获得一个综合、整体意义上的统筹和和谐。

犹如"无解方程"的存在，关乎人类教育的问题，是比解方程问题更加不符合"定理"的一种存在，所以，无解的问题和现象更加普遍和繁杂是正常的。面对充满不确定和无限变数的人类教育现象，过多不切实际的执著可能意味着很多事都无法获得预期的结果。但是，当问题本身无法化解时，却可以通过化解人类追求的方式——以不求解的解决之道——来应对（其实，这或许也是类似宗教的一种圆通和调和的智慧；抑或是道家"无为而无不为"的淡定与释然）。当我们面对"无解"的情境，可以选择"绕行"；绕行，并不意味着一定是气馁的妥协和回避，也有可能意味着一条新道路的开辟，并因此拓展出一个别有洞天的世界。任何学科的发展过程中，都会有意无意绕过一些问题，而去选择趋近另外一些问题，这是通则。所以，评价一门学科或者一个学派，可以行使对它求全责备的权利和自由，但是，直面去欣赏它做过什么和试图做什么，显示出的更是一种温厚的胸襟和坦荡的气魄。

在权变中取舍，在取舍中坚持；没有改变并不断坚定的是作为中国教育学人的一种精神信仰，即在复杂变革的社会大背景下，不以"局外人"的身份，而是作为"中国公民、中华民族一员、知识分子、教育学专业研究人员，在民族复兴伟大事业中"，应尽力去做好自己能做工作的责任感驱动下，践行自己的责任担当，探索中国教育的转型性发展的道路，追求中国教育学的涅槃式重生。①

3. "生命·实践"教育学的划界和开放

对于教育学来说，学科关系问题是最"纠结"的领域之一。

作为个人而言，曾经在教育学"学科独立"、"学科生成"等问题上费过不少思量，并因此促成了博士论文和博士后出站报告的选题。十年来的研究和思考，和"生命·实践"教育学相濡而行，在教育学的"内在构成"和"外部关系"的认识和理解中，虽然还是粗浅，但也庆幸已经有了初步的豁然。"生命·实践"教育学不仅从一般原理和信念上，而且以教育实践和教育思想实践的方式，努力表达着重建教育学的理想、做着

---

① 这种追求融汇和贯穿在"生命·实践"教育学人的学术生命中，但直接表达出来，主要见叶澜、李政涛《为"生命·实践"教育学派的创建而努力》，《教育研究》2004 年第 2 期；叶澜《个人思想笔记式的 15 年研究回望》，载叶澜、李政涛等《"新基础教育"研究史》，教育科学出版社 2010 年版，第 158 页。

重建教育学的努力，并逐步丰盈着"生命·实践"教育学的骨骼和血肉。我们不再为"教育学"是不是可以独立、是不是需要独立、是不是能在中国的学科王国里"自立"等这些前提性、基础性问题所"惑"了。从言说迷惑，到言说不惑，到以不惑的坚定步伐行进，这一历程是属于"我们的"，更是强大"我们的"；这个过程给我们历练，也让我们享受。

"生命·实践"教育学曾经致力于划清教育学的边界，学科立场的探究实为一种表现。但是，学科划界本身不是目的，如何化解教育学和其他学科之间的紧张关系，才是真正的旨归。"生命·实践"教育学给出了在林立的学科王国里处理"科际"关系的基本原则：不同学科之间因为差异而纷呈精彩，因为关系而成就辉煌；每一门学科都有自己独特的视角、立场和发展趣向，因此不同学科的"眼光"看到的世界和社会乃至人生，就呈现出不同的景象、色彩乃至"温度"；在揭示世界的奥秘、解释世界的神奇、对人类生存发展过程中遭遇的种种问题处理过程中，没有知识不发挥价值，没有学科不值得尊重，没有学科不需要"敬畏"。

这个原则，也许不是"生命·实践"教育学研究者的独创，但却成为这个研究群体的高度自觉和清晰坚守。自从有了"教育学"的自我，看到的"学科王国"便开始呈现另一番景象。

因为有了教育学立场，才有了独特的教育学的语言，所以，才能真正听懂、领悟非教育学语言，并以一种欣赏的眼光和开放的心态，体会教育学近邻和远邻等异域知识的独特价值和美感。作为教育学的学习者和研究者，不仅可以从教育学的相关学科中获得理论滋养和启迪（社会学、经济学、文化学等，一直是教育学"和而不同"的近邻），而且更进一步，还可以感受和分享似乎不相关的学科发展带来的心灵震撼。从案头信手拈来一些教育学的"远邻"，可以"气定神闲"地去品读和回味：认知科学作为探究人脑或心智工作机制的前沿性尖端学科，怎样引导人类的认识回归到人类自身；建筑科学的研究、建筑设计、检测、鉴定、测量，建筑的历史、文化和美学以及更加符合自然伦理的发展趋势，等等，怎样使之成为一个无限丰富斑斓的领域；环境科学如何从大气、水、土壤、生物，到村落、城市、区域、全球、宇宙等，展现出人类生存环境和条件的变化与追求，并以一种高度综合、整体的方式，突出和彰显出它的宏大气象。

因为有了教育学立场，所以才能真正拥有一种超越具体学科囹圄的"胸怀"，即从事教育但胸怀社会，研究教育学但汲取各种知识；爱教育学，但对教育学之外的文明世界心存敬畏。

明确学科界限的目的不是为了自我封闭，恰恰相反，是为了更好地认清自己的限度，从而打破学科壁垒。每一门学科都有自己的限度，但所有的学科总能在终极意义和现实意义上寻找到精神和价值的相通。每一种知识发展虽然都遵循自己独特的逻辑，但是它们存在都不是孤立的、封闭的，更不是为了发展而发展。知识，归根到底是"人类"的知识，是"为了人的知识"，无论学科的对象是客观世界还是人类自身，是宏观宇宙还是微观颗粒，无论知识获得的途径、方法乃至"成就"在形式上多么远离人类生活，但是，它们最终都能在人类综合的、复杂的生活实践中汇聚在一起，转化成为一种"为人"的力量，从而获得价值和新生。学科之间的关系，不是存亡之争，不是霸权之争，而是共生共荣的成长和繁盛。放眼历史，可以看到在很远的古希腊时期，数学与哲学撞击出的璀璨古代文明的亮色；也可以看到在近一点的 17 世纪，二者再次孕育的人类文明史上无法绕过的几个重要人物，如笛卡儿、帕斯卡尔、莱布尼兹。被誉为"科学皇后"（康德）的数学，成就着物理学、艺术、天文学、建筑学，等等；但反过来，阿尔贝蒂（艺术家）对数学的兴趣和研究也导致了一门数学分支——射影几何学的诞生。达·芬奇的艺术和数学成绩斐然，丢勒"被认为是文艺复兴时期所有艺术家中最懂数学的人"[1]。无论科学的，还是人文的，是新兴的，还是传统的，都是自成系统并同时向其他领域无限开放的。学科发展的历史诉说了学科珠联璧合的辉煌过去，我们谨以期待之心，想象人文的、科学的、社会的知识，在未来交叉、沟通、联合而呈现一种全新的生态繁荣。

（二）学术共同体对个体研究者的影响[2]

2001 年 9 月以后，开始相遇、逐步参与并理解"新基础教育"。

一个人持续去经历一个"事件"，他的变化绝不是单方面的。在特定事件的经历过程中，也会获得和这一件事相关的独特的、丰富的"意

---

① 他有几何学著作《圆规直尺测量法》，书中谈到了空间曲线及其在平面上的投影，还介绍了外摆线，即一个圆滚动时圆周上一点的轨迹，参见蔡天新《数学与人类文明》，浙江大学出版社 2008 年版，第 140、125 页。

② 参见叶澜、李政涛主编《"新基础教育"研究史》，教育科学出版社 2010 年版，第 325—333 页。

义感"。

对于传统文化、对于教育实践、对于教育理论，乃至对于人生等的态度与认识，都在经历"新基础教育"的过程中发生着这样那样的改变。

1. "新基础教育"之前——感觉文化和教育

我们这一代人的中学时代是看着"伤痕文学"成长的。人性的扭曲和挣扎，以及与此相关的对相应制度和文化的评判，清晰地印刻在青春的、容易叛逆的大脑中。虽然那时人是懵懂的、无知的，但也许正因为懵懂无知的"底子"过于单纯，在那一时期形成的文化印记才过于深刻。曾经毫无辨别力地热情接受反传统、反文化的观念，就和这种简单又不失真诚的情感基础有关。叛逆的热血沸腾，当时把中国经济、科技等一切"落后"根源都归结于文化的、传统的观点盛行一时，这种观念也就自然成为加剧内在心灵和精神躁动的催化剂。只要是"否定"的，就特别容易被呼应，所以"民族的劣根性"和"文化的低劣性"等词汇就更能投合渴望激变的幼稚心理。虽然还没有涉世的哪怕最粗浅的经验，也确确实实不懂得什么是"文化"、什么是"传统"，但并不妨碍为了批判而批判，为了否定而否定。对我们来说，有吸引力的是批判和否定的行为本身，而根本不需要去弄懂批判和否定到底是什么。

无知足以产生大无畏的勇气；无知也最容易产生大无畏的勇气。

另一方面，中学时期的学习过程一次次强化着对于"一分为二"的肤浅认识和理解。"一分为二"的观点没有形成真正辩证的思维，但却逐步形成和加固着黑白分明、非此即彼的思维方式和价值观。要么一切肯定，要么否定一切，认识和情感更多以非此即彼的频繁方式转换。

频繁的认识和情感转换，把大学的大部分时光也搞得光怪陆离，让人目眩。20世纪80—90年代，在一代人的心目中，真是一个越理越乱的别样时期。人们对"现代化"的内涵好像进行着"超文化"的理解，因此会无限地、无条件地向往着"现代化"。但在现实中，"现代化"和"西方文化"却又有着紧密又神秘的联系。西方文化借助"现代化"既可以招摇过市一路通行，但有时又因为其不同的文明性质随时接受着不同角度的评判和抑压。与此同时，由于现代性的迅速膨胀，也在从反面刺激和培育着对传统的怀旧情绪，现代化进程中的失落感、无意义感乃至无方向感，使"传统"成为第一个也可能是最后一个被民族群体和个体记起的心灵家园。对"传统"的态度，也是忽冷忽热，以儒家为代表的"黄色文明"的温度上上下下，让人无法做出从容的调整和适应。在那种特定环境下，一部分人一路大无畏地"现代"下去，但是也有一部分人，在现代化的喧嚣中却感受到不安和迷茫，盲目、激进的乐观被飘忽不定的不确定感、不安全感中和了。

但两种情绪的中和并不等于认识的层级得到提升，此种情绪对彼种情绪的拉锯式纠结，好像并不能促使和加速人的理性成熟。

现在回过头来反思自己的思想变化过程，似乎坚定地接受过对传统文化的评判和审视，但并没有完全认同过彻底否定传统文化的观点。对传统文化的亲切感和归属感也并不是"天然"的，少小开始接触过的一些古典文化（除了中小学课本中正规的学习，还有家庭、学校以其他方式耳濡目染的传统文化价值观，这些东西累积式地沉淀为一种温暖而深厚的感情基础）起到了重要的奠基作用，此外，也很大程度上得益于大学以及之后的学习经历。

第一次以初步的理性感受到传统文化的力量是大学时期的课程，如古代教育名著选读，中国教育史等。《论语》、《大学》、《学记》等儒家经典是作为重点来读的，同时由于个人爱好，道家的学说自己也涉猎一些，《道德经》、《逍遥游》非常热爱，其中"道可道，非常道"、"名可名、非常名"的玄妙，大鹏扶摇千里的超脱与磅礴境界，也极大地开拓了胸怀与眼光。此时虽然仍然懵懂，但也确确实实得到一种朴素的，但是相当有力量的来自远古文化的震撼。

文化的喜爱、文化的自豪根植于心底层，但从外观来看，表现出来的也仅限于情感层面的明朗，比如同学之间经常地在日常的讨论中，以非理性、非逻辑的方式呈现一下。大学时代，人生其实还没有定向，自己的存在方式也没有定型，所以对于自己模糊的思想也没有一种合适的辨析和表达途径。对一切的爱是肤浅的，憎也是浅薄的。大学时期的文化讨论，对立的观点已经泾渭分明，眼光所及、耳所能闻的，一方面是对民族文化的强烈非议，另一方面则是异乎寻常的热诚拥戴，两种截然的立场充斥在当时还不算丰富的传媒（与现在形式多样、功能强大的传播媒介相比）和书籍中。作为一个文化讨论的文本"阅读者"，自我内在本能感受到的信息是：本土文化好像已经很脆弱，很不堪一击，需要很多的人和强大的力量来维护，否则就是岌岌可危；"山雨欲来风满楼"的惶惶不安充斥着内心，但又无所适从，不知所以。

对民族文化命运的惶恐不安随我潜入研究生阶段的学习。所幸的是导师杨启亮先生对文化传统的立场坚定鲜明，最重要的是，他用授课和著述的方式，不间断地表达、宣扬自己的立场和观点。从他那里我明白：文化可以通过"人"的存在而存在，并且可以通过人"这样"的行为方式得以延续和发展。记得他曾经说过一个愿望，希望能带领一支队伍，通过扎根的方式，用上若干年的时间去"采集"曲阜当地还健在的老人，从他们的日常生活行为和文化仪式中去捕捉古老的儒家传统文化的影子，而且忧虑这项工作此时不做，若干年后，那些还"活"在老人身上的文化因子，就成为永远无法弥补、无法复活的"永逝"。十几年后的今天，这种忧虑很大部分也许已成为现实，老一代带着他们延续的文化基因逝去，新一代在客观的社会文化条件下根本并没有可能把这个基因完整续接下来，新文化的冲击、生存方式的改变，文化以一种完全陌生的、个体无法掌控的方式在现代人身上发生了异变。在现代社会，如果还想知道我们的祖先过去怎么生存、如何思想，大概只有回到文化"源头"这一条路是最可靠的了。

奇怪的是，虽然从大学时代就是进入师范大学的教育系，进行的是"系统的教育学专业课程"的学习，但对"教育"的认识却并不特别具体和清晰。原因也许是，教育类课程的学习基本上以"确定知识"为主，我们的分内之事就是把相关知识接受并通过考试。当时学习和掌握的知识，大概是在90年代中期以后才开始受到广泛、热烈的质疑和论争。而我们读书过程中感受到的"百家争鸣"集中在几个有限的范畴中，比如"教育起源于劳动还是起源于需要、或者起源于教育前身"、"教育是上层建筑还是生产力"等。教育论争离我所生活和学习的现实有点距离，所以感觉"那不是我的事情"，我的事情是埋头接受教材中的观点，接受老师授课时的观点，而不需要去思考为什么会有这些观点。

非常值得庆幸的是，经过大学和研究生阶段的懵懂和周折，最终所收获的一种文化和教育信念：中国传统文化没有那么简单，一种经历了千年岁月的文明也不会那么简单，不是谁想彻底否定就能够否定彻底的。如果一种文化一经冲击就大厦将倾，其实这种文化本身就显示出自己内在生命力的衰微，最终是倾覆还是存续、是生存或消亡，虽然是个问题，但似乎已经不是人力所能及了。更何况人力不及的事，自古也并不少见。教育理论的学习虽然显得单调和枯燥，但教育的世界是丰富多彩的，而且由于教育在人类社会文明发展以及个体发展之中承担着无可比拟的神圣使命，所以教育事业当之无愧可以称为"天底下最光辉的事业"。

如果说对民族传统文化的确信多少已经有了点理性的成分，但对教育事业的倾心也许一厢情愿的"感情"因素占据了大多数。这种感情产生的缘由说起来相当简单明了：因为我从事它，所以我要无条件地热爱它、维护它；爱它，是因为"我从事它"。此外，感情的固执，也有点向"心理学"表明立场和看法的意思。师范学校的教育学虽然和心理学唇齿相依，但"科学"的心理学往往总是习惯性地对教育学的"不科学"表达自己的不满和优越。这虽然伤及不到教育学，但却多少挑战了年轻教育学人的小小耐受力和自尊心。同学过程中，心理学人和教育学人之间偏见对无知的论战时有发生，但是最终都因为认识过于肤浅，这样的争鸣似乎并不能促进彼此多大的长进。

但"对立"却成为教育学和心理学学科之间相处的定势或习惯。对学科性质和学科发展史的认识局限可以导致盲目的热爱，就像导致盲目的"仇视"一样。对于这一点，我也是后来才明白的。

2. "新基础"之后——体悟文化中的教育

经过几年工作的磨砺和沉淀，2001 年秋做叶澜老师的学生时，对传统文化已经不单纯是一种感性与本能的"同情"，而是比较执著的有意识的追求和亲近；这种倾向性，在进入学习过程之后更变得异乎寻常的强烈。

真正深入认识教育理论和实践，也是从这个时候开始。

2000 年前后的教育研究在盛行一种风气，用借鉴代替研究，外来的学说、教育理论之外的理论，铺天盖地地充斥在各种教育著作和论文中，在一定程度上可以说已经到了"言必称"后现代、解释学等的地步。做教育研究，如果不用到教育学之外的某某学科理论或知识，或者说没有其他学科为背景，论文的可信、可靠和科学性会遭遇习惯性质疑。"真理标准"都是外在的，"道理"和"立场"都是外在的，教育的"内在性"倾巢出动，到"他乡"漂泊（或者教育还没有找到自己的内在性），教育学人想要守住自己的领地，都不知道要守的是什么、能守些什么。

而对年轻的学习者来说，虽然对教育理论、对教育实践充满热情，但又不了解教育理论存在什么问题，也不知道教育实践到底是怎么回事，更无法从根本上把握"教育理论和实践"的关系。

离开外来理论、非教育学话语就无法表达"教育"的窘境，沤发着一种莫可言状的郁闷和无助感。

这个时候，开始接触"新基础"教育；而我更大的幸运还在于，不久正好赶上"新基础教育"推广性、发展性阶段的中期评估，有条件在一个多学期的时间内全面而集中地进入教育实践、教育变革的第一线。这次全方位的接触在几个大的方面感受到新鲜而强烈的冲击：第一，对广大的中小学教师的实践状态和生存方式，以及他们对待变革的反应方式、在变革中的发展情况有了初步的了解。第二，对以"理论为业"的研究者的存在方式、价值体现、存在基础、理论创造源泉等有了丰富的直观体验和理性认识。第三，逐步领悟了"理论和实践"的相互滋养、研究者和实践者在"研究性变革实践"中共同发展的真正内涵。

需要特别说明的是，在这几方面的认识，都不是一次完成的。叶老师对"新基础教育"研究和实践的相关著述，以及个人后续的对"新基础教育"实践的不断参与和感受，是认识的丰富性、深刻性得以逐步提升的必要条件。

对一个事件，不深入实践，不亲身体验，有些内在的东西可能永远无法参悟；没有必要的、起码的共同理解为基础，不同话语之间的交锋，有时候只能是想当然的自说自话。这是后来又慢慢悟出的道理。在之后的学习和工作过程中，遇到不同的声音和观点，在第一时间内努力去理解而尽量避免轻易地"批判"和"否定"，也成了对自己的行为要求；而自己的观念和立场，并不去过度苛求得到理解和赞同，也是出于同样的考虑。这种行为原则的养成，得益于切身参与"新基础教育"。"新基础教育"研究性变革实践的每一步推进，都建立在不同参与者之间相互信任、理解和包容的基础上；变革本身就不易，如果没有理解和包容这一前提，更是举步维艰。

进入"新基础教育"之后，逐步明确、坚定了一些新的教育信念，形成、稳固了一些新的教育认识：

在中国文化中研究中国教育。在教育研究中，把教育"真空化"，不研究或无视教育赖以生存和发展的具体环境和条件，这是初入研究行列的研究者最容易犯的一个毛病。外在的症状特别容易表现为以他山之石为仿效的绝对标准，最后演变为"外来的就是先进的"、"他者的过去就是我们的现在和未来"，"自我"被严重掏空。离开外来话语，不知道如何

"说话"、如何表达，更甚者，自己传统的文化价值和教育思想，也需要仰赖"别人"首先的肯定，自己才敢确认。

就个体而言，这种毛病，初学习者易犯；但如果没有得到及时诊治和自我调节，也比较容易演化成多年或者终身痼疾。

但是，一旦沉浸在实践之中，零距离地感受（不是闭门臆想或远距离地旁观）中国教育实践的现实，就会发现单纯依赖借鉴方式形成的话语系统的捉襟见肘，因为这种话语无法表达或者不能完全表达清楚在这块土地上、这样的文化环境中生成、存在并延续着的教育事实和教育问题。而要进行更进一步的教育变革，如果不研究、透析和把握变革对象所依赖的社会文化条件，那将更是一种匪夷所思的行为。尽管"匪夷所思"，但这种尝试却并不少见。

"新基础教育"变革的每一步都告诉我们，无视社会文化条件，对教育进行"真空操作"式的变革根本行不通、走不远。正视、承认客观的现实条件，不抱怨没有更有利的条件，而是利用现有条件、改变现有条件、创造可能的条件以寻求新的发展空间，这是"新基础教育"的基本经验之一。

研究教育实践中的"实践"。在教育中研究"教育"，研究教育实践中的"实践"，这不是一句同义反复、纯粹文字游戏式的说法。

理论要联系实际，教育研究去关注实践、研究实践，在教育研究中是一个非常重要的理论转向。但问题是：关注和研究实践，并不等于一定能正确理解实践；对实践的偏执认识，很大程度上导致了教育研究中的"实践"远离了现实中"教育实践"的本身。

在教育理论界下述对待"教育实践"的情况是客观存在的：或者以理论的清高方式拒斥实践，执著于知识生产和理论创造的封闭逻辑，追求"纯粹理论"；或者局限在认识论中谈实践，使实践远离尘寰，作为理论符号存在，实践被理论化或神圣化；或者把实践视为非理性的实践活动，过分夸大实践的不确定性、随机性、偶然性、盲目性，认为实践是"经验的"，不需要理论。

几种对待和处理"教育实践"的想法与做法，在不少人身上多多少少地都有过，虽然有时是昙花式的一现。在中国的理论界，由于"理论血统"被认为比较"正宗"，大概潜意识里都有"轻视实践"的倾向。在这种心理支配下，所谓教育理论和教育实践的结合，也只能是说说而已，很多情况下"教育实践"都摆脱不了做"理论的谈资"的命运。不过，这种情况近几年来有了可喜的改观。

"新基础教育"让我真切认识、感受到实践力量的强大，并由衷地对教育实践保持着一种敬畏。"具有理论品性的实践"和"具有实践品性的理论"，是"新基础教育"给我们的一个重要财富。

建设比批判更重要；没有新的建设，旧的往往批不倒。任何改革都很艰难，这是共识。旧的难以革除，新的所以不容易树立。但是反过来想，正因为新的"立"不起来，所以只能用旧的维持正常的秩序。"不破不立"和"不立不破"，虽是一样的道理，但在教育变革的现实中，"推倒墙容易"，"建设比推倒更难"。这个道理是叶澜老师讲课时说的，但对其中真正内涵的信服和体悟，是在"新基础教育"的变革实践过程中实现的。

教育变革和教育研究，都要关注"基础"，关注大多数。"新基础教育"在课堂中关注曾经是沉默者的大多数学生，"新基础教育"变革所选择的学校也不是所谓的重点学校、名校，"新基础教育"对不同层次的教师给予的是一样的关怀和期待。这是一种朴实的、普适的人文关怀。耳濡目染中，个人也会形成一种习惯性的价值取向和行为方式，即在自己的研究和工作中，去关注中国教育的整体、中国教师和学生的大多数。对经常看到、听到的"名校经验"、"名师经验"，持谨慎的态度，进行具体、有条件的分析。因为揽括了各种优势资源的名校、如鱼得水的名师，他们如何发展，如何成功，对绝大多数的学校和教师来说，其实并没有多少能够借鉴的经验。作为一个普通的教育研究者，应该持有的基本立场和思考视角是：在中国当前的现实条件下，研究普通学校、普通教师的发展问题、发展条件，更加是一种迫切的现实需要。

科学理性，不一定是教育认识的最高目标。虽然自认为始终没有被"科学"和"理性"彻底征服过，但是唯科学思维在个体学习和成长的过程中，也多多少少发挥过压倒一切的影响力。对不少人来说，这是个体认识发展的有益经历，可能也是个体认识成熟的必经的、无法超越的阶段。在参与"新基础教育"之后发现，越是深入了解教育实践，越是充分了解教育实践的丰富性和复杂性，就越是能感受到科学理性在认识教育中的局限。

中国教育实践和教育变革中的（无论传统的还是现代的）价值、人性、文化、理想、信念或信仰等许许多多的东西，都无法用科学的眼光来审视，也不能用"理性认识"来概括，尤其是那些依然涌动在时下教育变革中的传统式教育理想和追求，虽然只能用心灵去体悟，但不见得不是一种超越于"科学认识"之上的更高境界。

不是所有的问题都有"解"，当原有的思路走不通的时候，回到"原点"可能会寻找到新的行进方向。长期形成的思维定式，会让人习惯性地沿着原有的思路去寻找出路。当一个问题在求解过程中无路可走的时候，回到最基本的前提和基础去追问，可能会发现别有洞天。比如教学有效性的问题、课程与教学的关系问题、师生关系性质的问题等，当我们对教学有效性的标准、师生是主客体关系还是平等、民主或交往关系等一些问题争执不清时，如果回过头去重新审视和求解"教学是什么"、"师生关系是什么"这些基本的原点式问题，可能那些后继性、分支性、衍生性的问题就会迎刃而解。教学的有效性问题是永恒的，但追求什么样的"效"是随时变化的。教学追求的是知识的量增、是能力的提升，还是人的综合发展？教学效果是单位时间内可控可测因素的机械叠加，还是多种因素复杂纠合出的"结果"？这些问题的答案，其实都蕴藏在对"教学是什么"的理解中。师生关系在经历了一般意义上的哲学主客体关系、政治学的民主平等关系、法学的法律关系、社会学和文化学意义上的交往关系之后，最后还是要回到"教育关系"中、"教学关系"中，才能得到合适合理的阐释和理解。

老生常谈的命题，不见得是"过时"的命题。这是"新基础教育"给我的理论灵感。

主要参考文献

中文著作部分

1. 安宇：《冲撞与融合——中国近代文化史论》，学林出版社 2001 年版。

2. 安文铸等：《教育科学学引论》，江西教育出版社 1997 年版。

3. 常春元、黄济、陈信泰主编：《社会主义教育学》，江苏教育出版社 1987 年版。

4. 常金仓：《二十世纪古史研究反思录·自序》，中国社会科学出版社 2005 年版。

5. 陈桂生：《教育学的建构》，湖南教育出版社 1998 年版。

6. 陈桂生：《历史的"教育学现象"透视——近代教育学史探索》，人民教育出版社 1998 年版。

7. 陈桂生：《元教育学的探索——"教育学"辨》，福建教育出版社 1998 年版。

8. 陈平原：《中国现代学术之建立——以章太炎、胡适之为中心》，北京大学出版社 1998 年版。

9. 陈平原：《从文人之文到学者之文》，三联书店 2004 年版。

10. 陈学恂主编：《中国教育史研究》（近代部分）（分卷主编田正平），华东师范大学出版社 2001 年版。

11. 陈永明等：《教师教育研究》，华东师范大学出版社 2003 年版。

12. 戴本博主编：《外国教育史》（上、中、下），人民教育出版社 1990 年版。

13. 邓正来：《关于中国社会科学的思考》，上海三联书店 2000 年版。

14. 刁培萼：《教育文化学》，江苏教育出版社 1992 年版。

15. 丁钢：《中国教育的国际研究》，上海教育出版社 1996 年版。

16. 范国睿：《教育生态学》，人民教育出版社 2000 年版。

17. 冯天瑜、杨华：《中国文化发展轨迹》，上海人民出版社 2000年版。

18. 冯增俊：《教育人类学》，江苏教育出版社 2001 年版。

19. 高奇：《新中国教育历程》，河北教育出版社 1999 年版。

20. 高王凌：《活着的传统——十八世纪中国的经济发展和政府政策》，北京大学出版社 2005 年版。

21. 葛兆光：《中国思想史·导论思想史的写法》，复旦大学出版社2001 年版。

22. 葛兆光：《中国思想史（第一卷）——七世纪前中国的知识、思想与信仰世界》，复旦大学出版社 2001 年版。

23. 葛兆光：《中国思想史（第二卷）——七世纪至十九世纪中国的知识、思想与信仰》，复旦大学出版社 2001 年版。

24. 国家教育委员会办公厅：《中国教育改革和发展文献选编》，人民教育出版社 1993 年版。

25. 郝德永：《课程与文化：一个后现代的检视》，教育科学出版社2002 年版。

26. 何敏：《教育时空问题初探》，博士学位论文，华东师范大学2003 年版。

27. 河清：《现代，太现代了！中国》，中国人民大学出版社 2004年版。

28. 何国华：《民国时期的教育》，广东人民出版社 1996 年版。

29. 洪晓楠：《文化哲学思潮简论》，上海三联出版社 2000 年版。

30. 侯长林：《校园文化略论》，贵州教育出版社 1991 年版。

31. 湖北省中青年教育理论工作者协会编写：《迈向 21 世纪的中国教育科学》，华中师范大学出版社 1998 年版。

32. 华中师范学院等五院校编：《教育学》，人民教育出版社 1982年版。

33. 黄书光、王伦信、袁文辉：《中国基础教育改革的文化使命》，教育科学出版社 2001 年版。

34. 姜琦：《现代西洋教育史》，商务印书馆 1935 年版。

35. 教育部师范教育司编写：《教师专业化的理论与实践》，人民教育出版社 2003 年版。

36. 金林祥主编：《20 世纪中国教育学科的发展与反思》（叶澜总主编），上海教育出版社 2002 年版。

37. 金铁宽、吴式颖主编：《中外教育大事年表》，上海教育出版社 2001 年版。

38. 金一鸣主编：《中国特色社会主义教育研究》，山东教育出版社 1998 年版。

39. 李承贵：《通向学术真际之路——中国现代学术研究方法史论》，江西人民出版社 2002 年版。

40. 李世涛主编：《知识分子立场——激进与保守之间的动荡》，时代文艺出版社 2000 年版。

41. 李世涛主编：《知识分子立场——民族主义与转型期中国的命运》，时代文艺出版社 2000 年版。

42. 李世涛主编：《知识分子立场——自由主义之争与中国思想界的分化》，时代文艺出版社 2000 年版。

43. 李政涛：《教育学科与相关学科的"对话"》，上海教育出版社 2001 年版。

44. 林大中主编：《90 年代文存（1990—2000）》（下卷），中国社会科学出版社 2001 年版。

45. 马芳编：《中国文化建设讨论集》，国音书店 1936 年版。

46. 马风歧：《教育政治学》，人民教育出版社 2002 年版。

47. 孟繁华主编：《90 年代文存（1990—2000）》（上卷），中国社会科学出版社 2001 年版。

48. 南京师范大学教育系编：《教育学》，人民教育出版社 1984 年版。

49. 钱亦石：《现代教育原理》，中华书局 1934 年版。

50. 瞿葆奎主编，雷尧珠、余光等选编：《教育学文集·中国教育改革》，人民教育出版社 1991 年版。

51. 瞿葆奎主编：《社会科学争鸣大系》（教育学卷），上海人民出版社 1992 年版。

52. 瞿葆奎主编，瞿葆奎、沈剑平选编：《教育学文集·教育与教育学》，人民教育出版社 1993 年版。

53. 瞿葆奎、郑金洲主编：《教育基本理论之研究（1978—1995）》，福建教育出版社 1998 年版。

54. 瞿葆奎、郑金洲编：《中国教育研究新进展·2000》，华东师范大学出版社 2001 年版。

55. 上海市社会科学界联合会编：《人文社会科学与当代中国》（第一卷），人民教育出版社 2003 年版。

56. 上海市社会科学界联合会编：《二十世纪社会科学》（文学学卷、哲学卷、社会学卷、历史学卷、教育学卷等），上海人民出版社 2004—2005 年版。

57. 盛洪：《经济学精神》，上海三联书店 2003 年版。

58. 石中英：《教育学的文化性格》，山西教育出版社 1999 年版。

59. 苏国勋、刘小枫主编：《社会理论的开端和终结》，上海三联书店 2005 年版。

60. 孙培青主编：《中国教育思想史》（第一、二、三卷），华东师范大学出版社 1995 年版。

61. 孙培青主编：《中国教育史》，华东师范大学出版社 2000 年版。

62. 唐莹：《元教育学》，人民教育出版社 2002 年版。

63. 陶行知：《中国教育改造》，东方出版社 1996 年版。

64. 汪晖：《现代中国思想的兴起》（四卷），三联书店 2004 年版。

65. 王道俊、王汉澜主编：《教育学》，人民教育出版社 1989 年版。

66. 王汉澜主编：《教育实验学》，河南大学出版社 1992 年版。

67. 王坤庆：《教育学史论纲》，湖北教育出版社 2000 年版。

68. 王坤庆：《20 世纪西方教育学科的发展与反思》（叶澜总主编），上海教育出版社 2002 年版。

69. 王守常主编：《20 世纪的中国：学术与社会》（哲学卷），山东人民出版社 2001 年版。

70. 吴德刚：《中国教育改革发展报告——改革开放二十年回顾与发展》，中共中央党校出版社 1999 年版。

71. 吴文侃、杨汉清：《比较教育学》，人民教育出版社 1999 年版。

72. 夏建中：《文化人类学理论学派——文化研究的历史》，中国人民大学出版社 1997 年版。

73. 熊明安、周洪宇主编：《中国近现代教育实验史》，山东教育出版社 2001 年版。

74. 许纪霖编：《二十世纪中国思想史论》（上下卷），东方出版中心2000年版。

75. 薛理银：《当代比较教育方法论研究》，首都师范大学出版社1993年版。

76. 杨德广等：《邓小平教育思想与中国教育改革》，上海教育出版社2003年版。

77. 杨适主编：《原创文化与当代教育》，社会科学文献出版社2003年版。

78. 杨贤江：《杨贤江教育文集》，教育科学出版社1982年版。

79. 杨小微、旷习模：《中小学整体改革实验》，四川教育出版社1997年版。

80. 杨移贻等：《问题及其出路》，中央文献出版社2000年版。

81. 姚文忠：《元教育科学导论——教育科学研究的理论和方法》，成都科技大学出版社1992年版。

82. 叶澜：《教育概论》，人民教育出版社1991年版。

83. 叶澜：《教育研究方法论初探》，上海教育出版社1999年版。

84. 叶澜：《面向21世纪新基础教育探索性研究结题总报告》，载《新基础教育探索性研究报告集》，上海三联书店1999年版。

85. 叶澜主编：《中国教育学科年度发展报告·2001》，上海教育出版社2002年版。

86. 叶澜主编：《中国教育学科年度发展报告·2002》，上海教育出版社2003年版。

87. 叶澜主编：《"新基础"教育发展性研究报告集》，中国轻工业出版社2004年版。

88. 叶澜：《"新基础教育"论》，教育科学出版社2006年版。

89. 尹继佐、周山主编：《中国学术思潮兴衰论》，上海社会科学院出版社2001年版。

90. 张健：《中国教育的方针与政策研究》，教育科学出版社1992年版。

91. 张保庆、高如峰：《比较教育学》，上海外语教育出版社1992年版。

92. 张岱年：《中国哲学史方法论发凡》，中华书局2003年版。

93. 张光成：《中国现代哲学的创生原点（熊十力体用思想研究）》，上海人民出版社 2002 年版。

94. 张健、徐文龙等：《中国教育新走向——21 世纪中国教育改革和发展展望》，广东教育出版社 2002 年版。

95. 张景超：《文化批判的背反与人格》，黑龙江人民出版社 2001 年版。

96. 张立文主编：《中国学术通史》，人民出版社 2004 年版。

97. 张汝伦主编：《时代与思考：中国哲学 1996》，上海人民出版社 1998 年版。

98. 张志扬：《偶在论》，上海三联书店 2000 年版。

99. 张子河：《大教育学》，商务印书馆 1914 年版。

100. 赵林：《告别洪荒——人类文明的演进》，东方出版社 1998 年版。

101. 赵祥麟主编：《外国现代教育史》，华东师范大学出版社 1987 年版。

102. 郑杭生：《中国特色社会学理论的拓展》（郑杭生社会学学术历程之三），中国人民大学出版社 2005 年版。

103. 郑金洲：《教育文化学》，人民教育出版社 2000 年版。

104. 郑金洲、瞿葆奎：《中国教育学百年》，教育科学出版社 2002 年版。

105. 钟启泉：《国外课程改革透视》，陕西人民教育出版社 1993 年版。

106. 周超、朱志方：《逻辑、历史与社会——科学合理性研究》，中国社会科学出版社 2003 年版。

107. 祝新华、林可夫主编：《中国教育实验研究会论文集》，浙江大学出版社 1995 年版。

108. 庄锡华：《二十世纪的中国文艺理论》，上海三联书店 2000 年版。

109. 《关于建国以来党的若干历史问题的决议》，《中国教育年鉴》（1949—1981）。

110. 《简明社会科学词典》，上海辞书出版社 1984 年版。

111. 《教育改革重要文献选编》，人民教育出版社 1988 年版。

112. 《现代汉语词典》，商务印书馆 1996 年版。

113. 《中国大百科全书·教育卷》，中国大百科全书出版社 1985 年版。

中文译著部分

1. ［德］布列钦卡：《教育科学的基本概念：分析、批判和建议》，胡劲松译，华东师范大学出版社 2001 年版。

2. ［德］哈贝马斯：《认识与兴趣》，郭官义、李黎译，学林出版社 1999 年版。

3. ［德］哈贝马斯：《理论与实践》，郭官义、李黎译，社会科学文献出版社 2004 年版。

4. ［德］哈拉尔德·米勒：《文明的共存》，郦红等译，新华出版社 2002 年版。

5. ［德］赫尔巴特：《普通教育学、教育学讲稿纲要》，浙江教育出版社 2002 年版。

6. ［德］加达默尔：《真理与方法》（上卷），洪汉鼎译，上海译文出版社 1999 年版。

7. ［德］克里斯托弗·福尔《1945 年以来的德国教育：概览与问题》（顾明远主编），肖辉英等译，上海人民出版社 2002 年版。

8. ［德］李凯尔特：《文化科学和自然科学》，涂纪亮译，商务印书馆 1986 年版。

9. ［德］斯宾格勒：《西方的没落》，齐世容等译，商务印书馆 2001 年版。

10. ［德］雅斯贝斯：《历史的起源与目标》，魏楚雄等译，华夏出版社 1989 年版。

11. ［德］雅斯贝斯：《时代的精神状况》，王德峰译，上海译文出版社 1997 年版。

12. ［法］埃德加·莫兰：《复杂思想：自觉的科学》，陈一壮译，北京大学出版社 2001 年版。

13. ［法］埃德加·莫兰：《方法：思想观念——生境、生命、习性与组织》，秦海鹰译，北京大学出版社 2002 年版。

14. ［法］埃米尔·迪尔凯姆：《社会学方法的规则》，胡伟译，华夏出版社 1999 年版。

15. ［法］皮埃尔·布迪厄、［美］华康德:《实践与反思——反思社会学导引》,李猛、李康译,中央编译出版社 1998 年版。

16. ［法］让·卡泽纳弗:《社会学的十大概念》,杨捷译,上海人民出版社 2003 年版。

17. ［美］C. 赖特·米尔斯:《社会学的想象力》,陈强、张永强译,生活·读书·新知三联书店 2001 年版。

18. ［美］R. K. 默顿:《十七世纪英国的科学技术与社会》,范岱年等译,四川人民出版社 1986 年版。

19. ［美］R. K. 默顿:《科学社会学》(上、下),鲁旭东、林聚任译,商务印书馆 2003 年版。

20. ［美］R·K·默顿:《科学社会学散忆》,鲁旭东译,商务印书馆 2004 年版。

21. ［美］艾萨克·康德尔:《教育的新时代——比较研究》(顾明远主编),王承绪等译,上海人民出版社 2001 年版。

22. ［美］波林·罗斯诺:《后现代主义与社会科学》,张国清译,上海译文出版社 1988 年版。

23. ［美］布鲁柏克:《教育问题史》,吴元训主译,安徽教育出版社 1991 年版。

24. ［美］丹尼尔·贝尔:《意识形态的终结》(英文版),纽约,1960 年版。

25. ［美］丹尼尔·贝尔:《资本主义文化矛盾》,赵一凡等译,北京三联书店 1989 年版。

26. ［美］菲力普·库姆斯:《世界教育危机》(顾明远主编),赵宝恒等译,上海人民出版社 2001 年版。

27. ［美］费正清:《美国与中国》,张理京译,商务印书馆 1987 年版。

28. ［美］亨廷顿:《文明的冲突与世界秩序的重建》,周琪等译,新华出版社 1999 年版。

29. ［美］华勒斯坦等《开放社会科学》,刘锋译,三联书店 1997 年版。

30. ［美］沃勒斯坦:《所知世界的终结——二十一世纪的社会科

学》，冯炳昆译，社会科学文献出版社 2003 年版。

31. ［美］怀特：《文化科学——人和文明的研究》，曹锦清等译，浙江人民出版社 1988 年版。

32. ［美］杰夫瑞·G. 亚历山大：《世纪末社会理论》，张旅平译，上海人民出版社 2003 年版。

33. ［美］克利福德·格尔茨：《文化的解释》，韩莉译，译林出版社 1999 年版。

34. ［美］鲁思·本尼迪克特：《菊与刀——日本文化的类型》，吕万和等译，商务印书馆 1990 年版。

35. ［美］罗兰·罗伯特：《全球化——社会理论与全球文化》，梁光严译，上海人民出版社 2000 年版。

36. ［美］玛丽·沃纳·玛利亚：《摄影与摄影批评家——1839 年至 1900 年的文化史》，郝红尉、倪洋译，山东画报出版社 2005 年版。

37. ［美］麦克洛斯基：《社会科学的措辞》，许宝强等译，生活·读书·新知三联书店 2000 年版。

38. ［美］托马斯·库恩：《科学革命的结构》，金吾伦、胡新和译，北京大学出版社 2003 年版。

39. ［美］沃浓·路易·帕灵顿：《美国思想史》（卷三），陈永国等译，吉林人民出版社 2002 年版。

40. ［美］伊格尔斯：《二十世纪的历史学——从科学的客观性到后现代的挑战》，何兆武译，辽宁教育出版社 2003 年版。

41. ［美］詹姆斯·B. 鲁尔：《社会科学理论及其发展进步》，郝名玮等译，辽宁教育出版社 2004 年版。

42. ［挪威］斯坦因·U. 拉尔森主编：《社会科学理论与方法》，任晓等译，上海人民出版社 2002 年版。

43. ［日］绫部恒雄：《文化人类学的十五种理论》，中国社会科学院日本研究所社会文化室译，国际文化出版公司，1988 年版。

44. ［日］藤田英典：《走出教育改革的误区》，张琼华、许敏译，人民教育出版社 2001 年版。

45. ［瑞士］让·皮亚杰：《人文科学认识论》，郑文彬译，中央编译出版社 2002 年版。

46. ［西班牙］何塞·加里多：《比较教育概论》（顾明远主编），万秀兰译，上海人民出版社 2001 年版。

47.［英］安东尼·吉登斯：《为社会学辩护》，周红云等译，社会科学文献出版社 2003 年版。

48.［英］伯特兰·罗素：《伦理学和政治学中的人类社会》，肖巍译，河北教育出版社 2003 年版。

49.［英］戴维·钱尼：《文化转向：当代文化史概览》，戴从容译，江苏人民出版社 2004 年版。

50.［英］柯林武德：《历史的观念》，何兆武等译，商务印书馆 2003 年版。

51.［英］拉卡托斯：《科学研究纲领方法论》，兰征译，上海译文出版社 1986 年版。

52.［英］罗姆·哈瑞：《科学哲学导论》，邱仁宗译，辽宁教育出版社 1998 年版。

53.［英］帕特里克·贝尔特：《二十世纪的社会理论》，瞿铁鹏译，上海译文出版社 2002 年版。

54.［英］齐尔格特：《通过社会学去思考》，高华等译，社会科学文献出版社 2002 年版。

55.［英］齐格蒙特·鲍曼：《全球化——人类的后果》，郭国良、徐建华译，商务印书馆 2001 年版。

56.［英］汤因比：《历史研究》（上），曹未风等译，上海人民教育出版社 1997 年版。

57.［英］约翰·齐曼：《可靠的知识》，赵振江译，商务印书馆 2003 年版。

外文著作部分

1. Adams, J. , （1994）*The Evolution of Educational Theory*, England, Unifacmanu & Thoemmes Press.

2. Beauchamp, E. R. , （2003）*Comparative Education Reader*, New York & London：Routledge Falmer, 2003.

3. Bourdieu, P. and L. Wacquant, （1992）*An Invitation to Reflexive Sociology*, Chicago：University of Chicago Press.

4. Crossley, M. etal. （1984）, Case-Study Research methodsand Compar-

ative Education, *Comparative Education*, Vol. 20, No. 2.

5. Dupuis, A. M. & Gordon, R. L. , （1996） *Philosophy of Education in Historical Perspective*, New York&London, University Press of American, Inc. Lanham.

6. Edwards A. M. , （1996） *Educational Theory as Political Theory*, USA, *Hong kong*: Aveburry, Aldershot, Bookfield.

7. Geertz, C （1973）: *The Interpretation of Cultures*, New York: Basic Books.

8. Goodlad, J. I. （1997） *In Praise of Education*, New York: Teachers College Press, Columbia University.

9. Hurd, P. D. , （1991） Why We Must Transform Science Education, *Educational Leadership*.

10. Martin J. R. , （1994） *Changing the Educational Landscape*: *Philosophy*, *Women*, *and Curriculum*, New York & London.

11. Popewitz, T. S. & Fendler, L. , （ed. 1999） *Critical Theories in Education*: *Changing Terrains of Knowledge and Politics*, Routledge New York & London.

12. Sadker, M. P. & Sadker D. M. , （2003） *Teachers*, *Schools & Cociety*, McGraw-Hill High Education.

13. Steward, J. , （1955） *Theory of Culture Change*, Urbana: University of Illinois Press.

14. Thomas Kuhn, *The Structure of Scientific Revolutions*, 2d ed, Chicago, 1970.

15. Wall, Edmund, （ed. 2000） *Educational Theory*: *Philosophical & Political Perspectives*, New York: Amherst.

16. Yoshimitsu Khan （1997）, *Japanese Moral Education Past and Present*, London: Associated a University Presses.

17. Yun Lee Too & Niall Livingstone, （ed. 1998） *Pedagogy and Power*: *Rhetorics of Classical Learning*, Cambridge University Press.

中文论文类

1. 白明亮：《文化的教育思考》，《教育理论与实践》2001 年第

10 期。

2. 本刊记者：《为"生命·实践教育学派"的创建而努力——叶澜教授访谈录》，《教育研究》2000 年第 2 期。

3. 蔡雁生：《试谈编写具有我国民族特色的教育学》，《教育研究》1983 年第 2 期。

4. 陈桂生：《略论教育学成为"别的学科领地"的现象》，《教育研究》1994 年第 7 期。

5. 陈桂生：《"元教育学"问对》，《华东师大学报》（教育科学版）1995 年第 2 期。

6. 陈向明：《王小刚为什么不上学了?》，《教育理论与实验》1996 年第 1 期。

7. 陈元晖：《"一般系统论"与教育学》，《教育研究》1990 年第 3 期。

8. 程少波：《论二十世纪中国教育研究的本土化》，《教育理论与实践》1997 年第 4 期。

9. 程少波：《论转型时期的教育话语》，《教育评论》2000 年第 3 期。

10. 成有信：《教育科学的发展和学术自由》，《教育研究》1989 年第 2 期。

11. 丁敏：《师生冲突的文化因素探析》，《苏州科技学院学报》（社会科学版）2003 年第 3 期。

12. 董标：《教育哲学的学科地位及其生长点的再辨析》，《教育研究》1993 年第 8 期。

13. 董标：《教育的文化研究——探索教育基本理论的第三条道路》，《华东师范大学学报》（教科版）2002 年第 3 期。

14. 董纯才：《全国教育科学规划会议开幕词》，《教育研究》1979 年第 2 期。

15. 杜时忠：《论教育学的存在依据和认识方式》，《教育理论与实践》1997 年第 1 期。

16. 杜时忠：《教育学研究什么?》，《教育评论》1997 年第 3 期。

17. 杜时忠：《我国教育文化学研究的回顾与前瞻》，《江苏教育学院学报》（社会科学版）1998 年第 3 期。

18. 范国睿：《当代西方关于教育学理论性质问题的研究方向》，《华东师范大学学报》（教科版）1991 年第 1 期。

19. 方建锋、何金辉、周彬：《教育理论的世纪回顾与展望——全国教育基本理论专业委员会第七届年会综述》，《教育理论与实践》2000 年第 3 期。

20. 傅维利：《教育研究原创性探析》，《教育研究》2003 年第 7 期。

21. 古人伏：《关于德育学学科建设的几个问题》，《浙江教育科学》1995 年第 6 期。

22. 郭戈：《试论当前教育科学研究的若干问题》，《教育研究》1987 年第 10 期。

23. 郭元祥：《元教育学概论——元教育学的性质、对象、方法及意义》，《华东师大学报》（教育科学版）1994 年第 2 期。

24. 何东昌：《在全国教育科学"八五"规划重点课题评审会上的讲话（摘要）》，《教育研究》1992 年第 1 期。

25. 侯怀银：《我国新时期教育学科体系建设和发展的基本历程初探》，《教育理论与实践》1998 年第 4 期。

26. 侯怀银：《教育学对哲学的接受机制及其内化》，《山西大学学报》（哲学社会科学版）2001 年第 5 期。

27. 侯怀银：《20 世纪上半叶教育学在中国引进的回顾与反思》，《教育研究》2001 年第 12 期。

28. 胡斌武、吴杰：《试论课程的文化学基础》，《西南师范大学学报》（人文社科版）2004 年第 5 期。

29. 胡兴宏：《教育学逻辑起点的思考》，《教育研究》1991 年第 4 期。

30. 华中师范教育系：《认真探讨教育规律，努力编好〈教育学〉——华中师院等五院校合编〈教育学〉教材讨论会纪略》，《教育研究》1979 年第 3 期。

31. 贾海英、刘力：《"九五"期间教育研究的一点反思》，《教育研究与实验》2003 年第 4 期。

32. 金志远：《课程文化研究述评》，《中小学管理》2004 年第 7 期。

33. 劳凯声：《教育学与教育研究刍议》，《天津市教科院学报》2002 年第 1 期。

34. 雷鸣强：《对教育理论研究功效低下的反思》，《教育理论与实践》1995 年第 3 期。

35.（香港）李荣安：《日本的教育与发展》，杜晓萍译，赵珩、石伟平校《外国教育资料》1997 年第 6 期。

36. 李江源：《论中国教育学的学术建设》，《吉首大学学报》（社会科学版）1999 年第 2 期。

37. 李培林：《"另一只看不见的手"：社会结构转型》，《中国社会科学》1992 年第 5 期。

38. 李学农：《广义学校文化论》，《江苏教育科学学院学报》（社会科学版）1994 年第 1 期。

39. 李长伟：《论教育理论与实践的本然统一——从实践哲学的角度观照》，《教育理论与实践》2003 年第 4 期。

40. 李政涛：《教育研究的原创性探询》，《教育评论》2000 年第 1 期。

41. 厉以贤：《校园文化是社会文化的反映》，《光明日报》1990 年 5 月 30 日。

42. 刘刚：《教育学研究中的几个问题》，《教育研究》1979 年第 2 期。

43. 刘佛年：《在全国教育改革会议上的讲话》，《教育学》（人大复印资料）1987 年第 1 期。

44. 刘铁芳：《必要与可能：教育学范式的打破与话语的更新》，《高等师范教育研究》1997 年第 5 期（总第 53 期）。

45. 刘振天：《"研究问题"还是"构造体系"？——关于教育学研究的一点思考》，《中国教育学刊》1998 年第 4 期。

46. 柳海民、李伟言：《教育理论原创：缺失归因与解决策略》，《教育研究》2003 年第 9 期。

47. 龙华军：《中国大陆 1991—1995 年与前 40 年——中文教育图书的比较研究》，（台）《教育研究》2003 年 3 月（创刊号）。

48. 鲁洁：《建设具有中国特色的社会主义教育学管窥》，《教育评论》1988 年第 1 期。

49. 鲁洁：《文化变迁与教育》，《教育研究》1990 年第 8 期。

50. 鲁洁：《试论文化选择与教育》，《华东师范大学学报》（教育科学版）1991 年第 1 期。

51. 鲁洁：《实然与应然两重性：教育学的一种人性假设》，华东师范大学学报（教科版）1998 年第 4 期。

52. 陆有铨、迟艳杰：《中国教育哲学的世纪回顾与展望》，《教育研究》2003 年第 7 期。

53. 罗教讲：《浅谈学术规范在我国社会学发展中的作用》，《江苏社会科学》1999 年第 6 期。

54. 马骥雄：《比较教育学科的重建》，《高等师范教育研究》1989 年第 5 期。

55. 彭银详：《由教育学热点问题引发的教育学思考》，《教育发展研究》2000 年 8 期。

56. 启森：《日本中小学"教育病理"诊断——蹲下身来看日本的教育》，《外国教育研究》1999 第 5 期。

57. 瞿葆奎：《建国以来教育学教材事略》，《华东师范大学学报》（教育科学版）1991 年第 3 期。

58. 瞿葆奎、范国睿：《当代西方教育学的探索与发展》，《教育研究》1998 年第 4 期。

59. 全国教育科学规划领导小组办公室：《我国教育学学科研究现状与发展趋势调查报告》（一）、（二），《教育研究》1995 年第 9、10 期。

60. 容中逵：《当前我国比较教育研究中的借鉴问题》，《安徽教育学院学报》2003 年第 1 期。

61. 石中英：《论教育学的文化性格》，《教育研究》2002 年第 3 期。

62. 石中英：《关于推进教育理论创新的若干思考》，《中国教育学刊》2002 年第 6 期。

63. 宋秋前：《行动研究：教育理论与实践相结合的实践性中介》，《教育研究》2000 年第 7 期。

64. 孙俊三：《教育学研究在当代的发展与教育学逻辑体系的建构》，《高等师范教育研究》2000 年第 4 期。

65. 孙喜亭：《中国教育学近 50 年来的发展概述》，《教育研究》1998 年第 9 期。

66. 谭斌：《论教育学中关于"生活世界"的话语》，《南京师范大学学报》（社会科学版）2001 年第 1 期。

67. 唐莹、瞿葆奎：《元理论与元教育学引论》，《华东师范大学学报》（教育科学版）1995 年第 1 期。

68. ［日］土屋基规：《现代日本的教育改革》，陈永明译，《外国教育资料》2000 年第 2 期。

69. 汪刘生等：《当代我国教育理论研究危机的思考》，《教育科学》1997 年第 1 期。

70. 王北生：《论教育学的学科性质》，《河南社会科学》2001 年第 4 期。

71. 王彬彬：《隔在中西之间的日本》，载林大中主编《90 年代文存》，中国社会科学出版社 2000 年版。

72. 王策三：《教学论学科发展三题》，《北京师范大学学报》（社会科学版）1992 年第 5 期。

73. 王伟廉：《对当前元教育学研究的认识》，《上海高教研究》1997 年第 7 期。

74. 巫肇卉、靳玉乐：《课堂的文化学思考》，《当代教育科学》2004 年第 7 期。

75. 吴刚：《论教育学的终结》，《教育研究》1995 年第 7 期。

76. 吴黛舒：《教育理论与实践问题之再追问》，《教育研究与实验》2002 年第 1 期。

77. 吴黛舒：《教育理论原创的应有之意》，《教育研究》2002 年第 7 期。

78. 吴黛舒：《文化变异与中国教育的文化抉择》，《教育理论与实践》2002 年第 8 期。

79. 吴黛舒：《"研究传统"与教育学的发展——德、美两国教育学"科学化"道路的差异和启示》，《教育理论与实践》2004 年第 2 期。

80. 吴康宁：《我们究竟需要什么样的教育取向研究》，《教育研究》2000 年第 9 期。

81. 吴康宁：《教育研究应研究什么样的"问题"——兼谈"真"问题的判断标准》，《教育研究》2002 年第 11 期。

82. 夏云强：《特色学校建设的文化原理》，《湖南社会科学》2003 年第 3 期。

83. 项贤明：《我国教育科学的民族化道路》，《教育研究》1991 年第 3 期。

84. 项贤明：《教育：全球化、本土化与本土生长 ——从比较教育学的角度观照》，《北京师范大学学报》（人文社会科学版）2001 年第 2 期。

85. 项贤明：《比较教育学的学科同一性危机及其超越》，《比较教育研究》2001 年第 3 期。

86. 谢维和：《论教育理论发展的时代特点——教育学概念体系的创新与转型》，《教育评论》2003 年第 2 期。

87. 熊和平：《我国教学论的发展与课程改革——中国教育学会教学论专业委员会第 8 届学术年会综述》，《中国教育学刊》2002 年第 1 期。

88. 徐继存：《教学论研究中的两种偏向》，《教育研究与实验》1994 年第 3 期。

89. 徐毅鹏等：《当前我国教育学研究中的一些问题——全国教育学研究会第三届年会讨论综述》，《教育研究》1983 年第 11 期。

90. 延建林：《80、90 年代中国比较教育研究主题的演变》，《比较教育研究》2002 年第 4 期。

91. 杨建华：《论教育理论与教育实践的交互制约周期——教育理论危机的根源和元教育理论的误区》，《教育研究》1998 年第 3 期。

92. 杨启亮：《走进"田野"：课程研究理论化趋向的改造》，《山东教育科研》2002 年第 11 期。

93. 杨小微：《美日教育本土化变革的比较及其对中国的启示》，载上海市社会科学联合会编《人文社会科学与当代中国》（第一卷），上海人民出版社 2003 年版。

94. 杨小微、林存华：《聚焦教育研究——基础教育改革与发展新视野论坛第二次全国会议综述》，《教育研究》2004 年第 2 期。

95. 叶澜：《改革课堂教学与课堂教学评价改革——"新基础教育"课堂教学改革的理论与实践探索之三》，《教育研究》2003 年第 8 期。

96. 叶澜：《更新教育观念，创建面向 21 世纪的新基础教育》，《中国教育学刊》1998 年第 2 期。

97. 叶澜：《时代精神与新教育理想的构建》，《教育研究》1994 年第 10 期。

98. 叶澜：《世纪之交中国学校教育的文化使命》，《教育参考》1996 年第 5 期。

99. 叶澜：《让课堂焕发出生命活力——论中小学教学改革的深化》，

《教育研究》1997 年第 9 期。

100. 叶澜：《面向 21 世纪的新基础教育》，《新华文摘》1999 年第 10 期。

101. 叶澜：《世纪初中国教育理论发展的断想》，《华东师范大学学报》（教科版）2001 年第 1 期。

102. 叶澜：《思维在断裂处穿行——教育理论与实践关系的再寻找》，《中国教育学刊》2001 年第 4 期。

103. 叶澜：《重建课堂教学价值观》，《教育研究》2002 年第 5 期。

104. 叶澜：《实现转型：新世纪初中国学校变革的走向》，《探索与争鸣》2002 年第 7 期。

105. 叶澜：《重建课堂教学过程观——"新基础教育"课堂教学改革的理论与实践探究之二》，《教育研究》2002 年第 10 期。

106. 叶上雄：《建设有中国特色的社会主义教育理论体系的思考》，《教育研究》1992 年第 11 期。

107. 于光远：《关于教育科学体系问题——在全国教育科学规划会议上的讲话》，《教育研究》1979 年 3 期。

108. 于海波、孟昭辉：《科学课程的文化学研究：内涵、价值与走向》，《教育理论与实践》2004 年第 3 期。

109. 袁良智：《对"民族化"的界说》，《北京大学学报》（哲学社会科学版）1997 年第 3 期。

110. 袁智慧：《我国社会转型对教育研究主题变迁影响之分析——以〈教育研究〉杂志为例》，硕士学位论文，华东师范大学，2003 年。

111. 张斌贤：《从"学科体系时代"过渡到"问题取向时代"》，《教育科学》1997 年第 1 期。

112. 张焕庭：《碎语教育学》，《教育研究》1987 年第 6 期。

113. 张乐天：《教育学元科学研究的回顾与前瞻》，《教育研究与实验》1993 年第 1 期。

114. 张应强：《教育中介论——关于教育理论、教育实践及其关系的认识》，《教育理论与实践》1999 年第 2 期。

115. 张志远：《我国教育科学学科研究的动向与趋势》，《教育评论》1995 年第 5 期。

116. 赵昌木、徐继存：《我国课程改革研究 20 年：回顾与前瞻》，

《课程·教材·教法》2002 年第 1 期。

117. 郑杭生、王万俊：《论社会学本土化的内涵及其目的》，《吉林大学社会科学学报》2000 年第 1 期。

118. 郑金洲：《教育学终结了吗》，《教育研究》1996 年第 3 期。

119. 郑日昌、崔丽霞：《二十年来我国教育研究方法的回顾与反思》，《教育研究》2001 年第 6 期。

120. 周扬：《进一步解放思想，搞好教育科学研究》，《教育研究》1980 年第 4 期。

121. 周谷平：《凯洛夫〈教育学〉在中国》，《河北师范大学学报》（教育科学版）2003 年第 1 期。

122. 周浩波、王永峥：《走向文化研究的教育》，《现代教育研究》1996 年第 1 期。

123. 周作宇：《论"中国教育学现象"》，《内蒙古师大学报》（哲学社会科学版）1997 年第 4 期。

124. 朱利霞：《论教育研究的原创性》，《教育理论与实践》2002 年第 2 期。

125. 朱志明：《试论教育科学体系结构的改造》，《教育研究》1987 年第 1 期。

126.《教育国际化与本土化研讨会综述》，《教育理论与实践》2000 年第 8 期。

127.《全国教育哲学专业委员 2000 年年会综述》，《教育研究》2001 年第 8 期。

后　记

2004 年夏，在上海叶澜老师身边，完成博士论文《多元文化背景下的中国"教育学研究"》；2007 年夏，在南京杨启亮老师那里，完成博士后出站报告《生成中的"中国教育学"研究》。

华师大的岁月，在忙碌中充实地成长；南师大的时光，在从容中安静地思考与积累。与叶澜和杨启亮两位先生的"相遇"，是上苍给予我的一种特别眷顾与厚爱。期间遇到的那些人，经历的那些事，给我无限丰富的学术滋养与体验，受惠之深，无以表达。

面对一个过程的开始，往往心怀悸动与期待；面对一个过程的结束，却更多了些不安与惶恐。

研究与写作，是一个并不"幸福"的历练过程。时而从容，时而焦灼；时而欣悦，时而沮丧；时而自信，时而自弃；时而收获，时而失落……五味杂陈于其中，想终结，又怕终结；想自拔，但又沉溺难拔……

从博士论文到出站报告的历程，让我深刻体会，研究每前行一步，需要付出的艰辛与代价。

两个阶段的研究成果，如今合并而成此书。虽然结构重组，但在内容上，除新增对"生命·实践教育学"的个人体悟和成长体验，其余稍作调整，并未作大的变动。这样处理，有个人敝帚自珍的味道，也因为其中的基本观点和研究结论，虽形成于彼时，但此时看，似乎并未"过时"。

解答"中国教育学"发展之大题、难题，非一代人之功可成，更非一人一己之力可为。正因为它难解、多解，所以，才需要众多教育学人不断叩问。

中国教育学的问题，依然"鲜活"在当下。

个人绵薄之力的抛砖之作，期待批评与指教。

吴黛舒于宁波大学

2012 年 4 月 26 日